CGE 碳税理论与政策模拟

基于动态碳税 CGE 模型

娄峰 著

中国社会科学出版社

图书在版编目（CIP）数据

碳税理论与政策模拟：基于动态碳税 CGE 模型 / 娄峰著. —北京：中国社会科学出版社，2023.10
ISBN 978-7-5227-2646-5

Ⅰ.①碳… Ⅱ.①娄… Ⅲ.①节能—税收政策—研究—中国 Ⅳ.①F812.422

中国国家版本馆 CIP 数据核字（2023）第 188562 号

出 版 人	赵剑英
责任编辑	黄 晗
责任校对	刘 娟
责任印制	王 超

出　　版	中国社会科学出版社
社　　址	北京鼓楼西大街甲 158 号
邮　　编	100720
网　　址	http://www.csspw.cn
发 行 部	010-84083685
门 市 部	010-84029450
经　　销	新华书店及其他书店

印刷装订	北京明恒达印务有限公司
版　　次	2023 年 10 月第 1 版
印　　次	2023 年 10 月第 1 次印刷

开　　本	710×1000 1/16
印　　张	17.25
插　　页	2
字　　数	241 千字
定　　价	89.00 元

凡购买中国社会科学出版社图书，如有质量问题请与本社营销中心联系调换
电话：010-84083683
版权所有　侵权必究

目 录

第一章 引言 …………………………………………………………（1）

第二章 文献综述 ……………………………………………………（4）
    第一节 国外文献综述 ……………………………………………（4）
    第二节 国内文献综述 ……………………………………………（12）

第三章 碳税理论与作用机理分析 …………………………………（20）
    第一节 碳税理论 …………………………………………………（20）
    第二节 碳税作用机理 ……………………………………………（36）

第四章 碳税政策的国际比较与经验借鉴 …………………………（41）
    第一节 各国碳税征收模式 ………………………………………（44）
    第二节 国际碳税分析 ……………………………………………（51）
    第三节 国际实践的启示 …………………………………………（55）

第五章 碳税社会核算矩阵（SAM）编制 …………………………（59）

第六章 碳税动态 CGE 模型理论构建
        ——能源价格 CGE 模型的构建 ……………………（71）
    第一节 生产模块 …………………………………………………（71）

第二节　贸易模块 …………………………………………… (77)
第三节　价格模块 …………………………………………… (78)
第四节　主体机构模块 ……………………………………… (81)
第五节　均衡闭合模块 ……………………………………… (84)
第六节　居民福利模块 ……………………………………… (86)
第七节　动态方程模块 ……………………………………… (94)

第七章　碳税政策模拟Ⅰ：碳税征收力度 ……………… (105)
第一节　国内碳排放现状 …………………………………… (105)
第二节　碳税设计与情景设置 ……………………………… (110)
第三节　碳税征收力度模拟分析 …………………………… (111)
第四节　主要研究结论 ……………………………………… (135)

第八章　碳税政策模拟Ⅱ：税收中性下的
　　　　税收结构优化 ……………………………………… (137)
第一节　碳税返还方案设计 ………………………………… (137)
第二节　碳税返还方案模拟分析 …………………………… (138)
第三节　主要研究结论 ……………………………………… (170)

第九章　碳税政策模拟Ⅲ：碳税与科技创新 …………… (173)
第一节　清洁电力部门补贴方案设计 ……………………… (174)
第二节　清洁电力部门补贴模拟分析 ……………………… (175)
第三节　主要研究结论 ……………………………………… (205)

第十章　中国工业碳达峰碳中和的路径研究 …………… (207)
第一节　研究背景与意义 …………………………………… (207)
第二节　文献综述 …………………………………………… (210)
第三节　工业碳排放现状、特征和国际比较 ……………… (218)
第四节　研究数据和方法 …………………………………… (224)

  第五节 研究结果分析 …………………………………………（229）
  第六节 工业碳达峰碳中和的路径分析 ………………………（240）
  第七节 研究结论和政策建议 ……………………………………（243）

第十一章 研究结论与政策建议 ………………………………………（246）
  第一节 实行循序渐进的税率 ……………………………………（246）
  第二节 保持碳税税收中性 ………………………………………（247）
  第三节 制定配套政策措施 ………………………………………（248）
  第四节 合理使用碳税收入 ………………………………………（250）
  第五节 实行差异化碳税 …………………………………………（251）
  第六节 发展低碳技术 ……………………………………………（252）
  第七节 加强公众宣传 ……………………………………………（254）

参考文献 ………………………………………………………………………（256）

第一章

引 言

2016年，为应对全球气候变化，178个国家和地区签署了《巴黎协定》，旨在减少温室气体排放，构建绿色环保的工业发展方式。《巴黎协定》的签署表明世界各国开展国际合作、进行低碳绿色转型的决心，节能减排已成为大势所趋。作为世界上碳排放量最大的国家，中国积极在全球碳减排领域做出贡献。2020年，习近平主席在第75届联合国大会上提出中国"二氧化碳排放力争于2030年前达到峰值，努力争取2060年前实现碳中和",[①] 即碳达峰碳中和的"双碳"目标。"十四五"规划纲要中，中国再次提到了"制定2030年前碳排放达峰行动方案"和"2060年前实现碳中和"，这进一步显示了中国积极应对全球气候变化的决心。事实上，早在2009年，中国就制定了碳减排的目标，即到2020年单位国内生产总值二氧化碳排放比2005年下降40%—45%，这说明中国在经济发展中早就意识到"高投入、高能耗、高产出、低效率"的生产方式不是长久之计，必须寻求一种兼顾经济发展与环境保护的可持续发展方式。2011年，国家发展和改革委员会印发《关于开展碳排放权交易试点工作的通知》，决定在北京、上海、天津、重庆、湖北、广东和深圳七个省市开展试点工作。碳排放权交易的逐步推广使得中国提前两年完成了"单位国内生产总值二氧化碳排放比2005年下降40%—45%"

[①] 《习近平在第七十五届联合国大会一般性辩论上发表重要讲话》，http://www.xinhuanet.com/politics/leaders/2020-09/22/c_1126527647.htm。

的目标，这是中国在碳减排领域的一项重大成就。但是，根据相关测算，现在的国家碳排放交易体系完全建成后所管控的碳排放量将占全国碳排放总量的50%以上，① 中国在碳减排领域依然存在广阔的上升空间。为了如期完成"双碳"目标，中国不仅要构建完善的碳排放权交易体系，还需要引入碳税以形成碳减排复合机制。

碳税（Carbon Tax）是指针对二氧化碳排放征收的税，并以煤炭、石油、天然气等化石燃料的含碳比例为基准征收。碳税的实施提高了企业的生产成本，减少了企业化石能源和燃料的使用，从而达到降低二氧化碳排放的目的。中国实施碳税政策对于改善全球气候变化、实现经济高质量发展具有重要意义。第一，实施碳税政策是实现"双碳"目标的重要举措。虽然碳税政策目前还未正式实施，但是可以预见，碳税政策的实施必将助力中国碳减排战略，使中国顺利实现2030年的碳达峰和2060年的碳中和。第二，中国作为世界上最大的发展中国家，在过去40多年的经济发展中对环境保护关注十分不足，实施碳税政策是中国经济转型、实现高质量发展的一项重大举措，也是中国实现可持续发展的必经之路。事实上，芬兰早在1990年就以每吨二氧化碳30美元的价格征收碳税，之后，瑞典、法国、日本等国纷纷对本国的二氧化碳排放以不同的形式进行征税。这些国家在实施碳税政策过程中积累了许多经验可供借鉴，但是中国地域辽阔，各个区域的经济发展状况各有特色，因此，中国可在本土化调研和实践的基础上，适当借鉴国外经验，制定符合中国国情、具有中国特色的碳税政策。第三，中国实施碳税政策对于完善现代税收制度具有重要意义。碳税的概念在20世纪已经有学者提出，国外也有国家较早实施了这一税收政策，中国实施碳税政策必将推进中国绿色税收制度的发展。第四，在新冠疫情背景下，中国积极应对全球气候变化，实现经济高质量发展必将为全球碳减排起到率先垂范的作用。中国一直秉承人类命运共同体理念，全球

---

① 张希良：《全国碳排放交易体系覆盖范围、总量设定和配额分配》，http：//www.tanpaifang.com/tanjiaoyi/2017/1223/61161.html。

气候变化是关乎整个国际社会的大事，需要所有国家的共同努力。中国作为负责任大国，也必将在碳减排领域为其他国家树立典范。碳排放权交易与碳税政策组合而成的碳排放复合机制必将助力全球碳减排事业，为全球环境和气候改善贡献中国力量。

第 二 章

文献综述

第一节 国外文献综述

国外学者对于碳税领域的研究较早，对于理论构建以及实证研究均相对成熟。1920 年，Pigou 首先提出征收税收可以内部化生产活动的负外部性。他指出，对碳排放直接征税是减少二氧化碳排放的最有效的税收手段。尽管实证研究已经对这种直接效应进行了分析和证实，但目前还不清楚这种经济效应的具体影响。化石燃料燃烧向大气中释放二氧化碳，这些二氧化碳累积在大气中，使全球气候变化存在极大不确定性。为了更好地应对这种不确定性，1982 年，William Nordhaus 提出碳税是控制碳排放的价格手段，且碳税价格可以随着经济发展而不断变化。此后，国外学者借助于 CGE 模型对碳税进行了深入研究，具体分为以下几个方面。

一 "双重红利"效应的讨论

David Pearce 在 1991 年提出碳税的"双重红利"效应，"双重红利"效应指的是征收环境税可以兼顾环境保护与经济发展，既可以减少污染排放，改善生态环境，实现所谓的"绿色红利"，也可以通过税收收入纠正原有税制的扭曲作用，促进经济持续增长，实现所谓的"蓝色红利"。这一效应十分重要，会使政客和公众对于碳税的接纳程度大幅提升以及碳税政策实施的阻力减小。此后不少学者围绕这一议题进行研究，大部分学者认为在一定条件下"双重红利"效应可以实现。Bye（1996）为挪威开发了一个跨期一般均衡模型，以测试碳税的非环境福利成本，结果表明，将碳税收入用于减少所得税可以实现"双重红利"效应。Iain Fraser 和 Robert Waschik（2010）构建 CGE 模型来检验"双重红利"假说，结果显示，当对碳的生产（基于产量的核算）而不是对碳的使用（基于消耗量的核算）征税时，"双重红利"效应更加明显。Ferran Sancho（2010）构建 CGE 模型，从非最优的税收制度结构开始，通过探究在技术替代的情景下收入中性的税收制度对均衡的影响，对"双重红利"这一问题进行实证研究，发现实现"双重红利"的最关键弹性是劳动和资本之间的替代弹性。Anton Orlov 和 Harald Grethe（2012）构建 CGE 模型，对俄罗斯征收碳税进行研究，研究发现，在完全竞争和产出市场古诺寡头垄断情况下，碳税代替劳动税可以在俄罗斯产生显著的"双重红利"，然而，福利收益在很大程度上取决于劳动力供应的弹性以及资本、劳动力和能源之间替代的弹性。Jorgenson 等（2013）构建美国的 CGE 模型，评估了碳税在一次性分配、降低资本税率、降低劳动税率和降低所有的税率四种不同回收方式下的影响，研究发现，削减资本税率可以实现"双重红利"效应，因此是循环利用碳税收入的最佳选择。Grant Allan 等（2014）构建 CGE 模型，根据关于税收所筹集的收入使用的三种替代假设来调查苏格兰特定碳税的经济和环境影响，这三种假设分别为：筹集的收入不在苏格兰境内回收，收入用于增加一般政府支出及减少苏格兰所得税。模型结果表明，碳税可能在刺激经济的同时减少二氧化碳排放，从而获得"双重红利"，但仅限于通过所得税回收收入的情况。Vijay P. Ojha 等（2020）构建 CGE 模型，提出碳税的"双重红利"效应可以打破经济增长与减缓气候变化之间的矛盾，而碳税是否存在"双重红利"效应，则取决于碳税收入如何使用。当碳税收入用于各部门投资或者碳税收入按照 1∶1 的比例分别用于家庭转移及各部门投资时,"双重红利"效应可以实现。Subal 等（2022）通过研究哥伦比亚征收碳税对制造业经济和环境绩效的影响，发现碳税的增加能够提升厂商的生产效率，也能够提高温室气体、一氧化碳和一氧化碳排放的环境效率。

但部分学者对于"双重红利"效应仍然持谨慎态度。Goulder（1995）构建美国的跨期 CGE 模型，纳入了不可再生资源供应动态（包括石油和天然气库存的消耗），从传统燃料到合成燃料的转变，并考虑了资本在各个行业的不完全流动，虽然发现利用碳税收入减少其他扭曲性税收显著降低了总体政策成本，但并没有发现"双重红利"效应。McKitrick（1996）构建 CGE 模型，对加拿大碳税的"双重红利"效应进行分析，碳税收入用于降低其他扭曲税的税率，无论污染的减少是否改善了福利，都有可能实现整体效率的提高，因此，加拿大在短期内存在碳税的"双重红利"。但该模型的长期扩展结果表明，"双重红利"不会随着时间的推移而持续存在。Boyd 和 Ibarrarán（2002）通过 CGE 模型研究了在墨西哥实现"双重红利"的可能性，但发现除了在特殊情况下，很少有支持它存在的证据。他们发现只有在较高的经济技术变革率（约5%或6%）下，碳排放增长率的降低和福利的增加可以同时在所有收入群体中实现。Chang 等（2023）将碳税模块引入动态 CGE 模型，分析碳税对中国经济的影响，研究表明：短期内实施碳税政策将抑制 GDP 的增长，但技术进步会使这种负面影响逐渐消失，最终实现 GDP 的增长，只有低碳行业才能够实现清洁转型。在电力行业中，Meng 等（2023）研究发现碳税政策的实施虽然能够带来显著的减排效果，但也会引起电力供应下降和市场效率低下。

二 实施碳税政策的影响

关于实施碳税的影响，国外学者一般认为碳税会对二氧化碳减排产生显著效果，可以提高可再生能源的使用比例，但对于经济会产生或大或小的负面冲击。AbdualHamid Jaafar 等（2008）建立了一个马来西亚的静态可计算一般均衡模型，量化碳税在贸易自由化背景下对马来西亚经济的影响。为了检验碳税的经济影响和有效性，该模型使用马来西亚 2000 年社会核算矩阵进行模拟，模拟结果表明，征收碳税在降低碳排放的同时，降低了 GDP 和贸易额。Larry Dwyer 等（2012）构建动态 CGE 模型研究税收的预期运作方式及引入的经济范围的碳税对澳大利亚的潜在经济影响，模拟结果表明，税收将导致关键宏观经济变量发生变化，从而降低实际 GDP、实际消费和就业。Siriwardana 等（2013）构建澳大利亚经济的可计算一般均衡来模拟碳税的影响，2012 年 7 月，澳大利亚政府推出了碳排放价格，初始价格为每吨 23 美元，该分析是通过模拟每吨 23 美元的碳排放税的影响进行的。模拟结果显示：在短期内，澳大利亚的实际 GDP 下降了 0.68%，消费者价格上涨了 0.75%，在碳税政策实施的第一年碳减排约 12%。Arshad 和 Charles（2014）构建了 20 个部门的 CGE 模型，探讨碳税及其协调实施对巴基斯坦经济的影响，模拟结果表明，碳税对 GDP 的影响是负的，但二氧化碳排放量的减少相对较高。此外，如果分析能源效率的提高，预计 GDP 的增长将呈现相对积极的态势，能源消耗需求下降幅度更大，因此排放量也会下降。Helen 等（2015）构建可计算一般均衡模型，对菲律宾征收碳税进行分析，鉴于菲律宾发电和运输部门的发展水平，温和的碳税措施会对碳减排产生显著影响，但对经济只具有微弱的负面作用，每吨 5 美元的碳税将使二氧化碳排放量减少 9.8%，而 GDP 从基线水平到 2020 年仅下降 0.5%。Garabedian 等（2020）构建 CGE 模型，评估法国为实现《巴黎协定》的目标而引入的碳价格政策对环境和宏观经济的影响，模拟结果显示，碳税可以实现化石能源和可再生能源生产的替代，并减少二氧化碳的排放，税收对总体经济有负面影响，实施的税收回收补偿机制减轻了负面影响。Duy Nong（2020）构建 CGE 模型用于研究南非碳税的潜在影响，提出二氧化碳排放的减少是以实际 GDP 的降低作为代价，如果税率为 9.15 美元/吨，该国能够将其碳排放水平降低 12.25%—15.6%，而实际 GDP 下降 1.17%—1.59%。将更多部门纳入征收范围则会增加经济成本，以化石为基础的工业部门的情况尤其糟糕，而清洁和可再生能源部门则占据优势，并大力扩大其生产，南非可能会通过这样的政策转向低碳和可持续的经济。Zhang 等（2022）通过建立动态 CGE 模型研究碳税和碳排放交易系统协调使用能够促进能源消费结构优化，加速能源强度和碳强度的下降，有助于一直能源消耗总量和碳排放总量的增长。DwiPangestu 等（2022）基于 GTAP-E 模型，以印度尼西亚为例，分析了碳边境税征收带来的经济影响，碳边境税的征收将对周边国家的经济和贸易发展带来负面的影响。Xu 等（2023）通过构建动态 CGE 模型，研究碳税和碳排放交易两种环境监管政策的效果，碳税实施能够产生显著的减排效果，对能源产业、重工业和交通运输业产生的影响更大。

  部分学者也对实施碳税政策的社会福利进行研究，对此具有不同的观点。TaranFæhn（2015）构建 CGE 模型模拟西班牙征收碳税对社会福利和失业率的影响，在西班牙的经济分析中，在同一框架内研究失业和福利的一个明显好处是，由于失业反映了未开发的劳动力资源，将失业影响考虑在内可以完善福利估计，模拟结果显示，征收碳税会使社会福利降低 0.93%。Masoud 和 Jamal（2017）构建 CGE 模型，评估了马来西亚基于市场征收碳税对整个社会的影响，模拟结果显示，在碳税税收中立的假设下征收碳税可以提高社会福利，同时降低二氧化碳排放。Presley 等（2018）构建可计算一般均衡模型，模拟结果显示，碳税最佳税率范围为服务业的 0.03% 到制造业的 2.02%，尽管引入碳税会使包括电力部门在内的许多部门的产出有所下降，但引入碳税后仍能带来整体福利收益。Zakariya（2018）构建伊朗的动态可计算一般均衡模型，仿真结果表明，碳排放税对二氧化碳排放的影响显著，在纳入污染负效应的情况下，征收碳税的影响显著增加，从而导致更低的排放和更高的社会福利。Mojtaba 等（2020）研究了芬兰碳税征收政策的实施发现：尽管芬兰的碳税政策在减少碳排放方面取得了成功，但对芬兰人的社会福利产生了负面影响。Chen 等（2022）研究碳税征收对中国城市家庭福利的影响，结果表明：各省份在征收碳税时居民福利损失程度存在差异，如青海、海南和新疆在实施碳税政策时，居民福利损失巨大，而江苏、广东和河南居民福利损失较少。

除此之外，学者们对于碳税的不平等影响、农村与城镇差异影响等进行了广泛研究。Yazid Dissou 等（2014）构建 CGE 模型，进行研究，结果表明，碳税引发的要素价格的变化和商品价格（特别是能源商品价格）的变化对不平等产生了相反的影响，即碳税倾向于通过要素价格的变化来减少不平等，并且倾向于通过商品价格的变化来增加不平等。Marisa 等（2016）构建 CGE 模型对不列颠哥伦比亚省的碳税进行模拟，模拟结果显示，农村人口会因为碳税政策经历不成比例的负担，但与税收并行引入的税收回收计划足以平衡不平等。Nikolai（2017）构建动态 CGE 模型模拟征收碳税的影响，模拟结果显示，不征收碳税时二氧化碳排放上升幅度较大，而征收碳税会降低二氧化碳排放，同时，由于农村与城镇能源消费模式的差异，碳税对城镇家庭能源消费的影响会更大，即城镇能源消费下降幅度更大。Liu 等（2022）研究表明中国碳税政策的实施能够有效抑制能源消耗和减少污染，也会通过价格机制影响居民福利，城镇居民煤炭需求收入弹性为 -0.741，农村居民煤炭需求收入弹性为 0.392，征收碳税税率达到 30 美元/吨时，低收入阶层居民和高收入阶层居民福利损失分别为 1.55% 和 0.62%。

三　碳税收入的使用

国外学者对碳税收入的使用途径进行研究，并分析不同使用途径所产生的影响。Claudia 和 Heinz（2000）用计量经济学方法估计了能源、资本和劳动力之间的替代弹性，以评估德国碳减排的一般均衡效应，研究发现，较高的弹性对减少二氧化碳的宏观部门效应的影响在很大程度上取决于税收收入循环进入经济的方式。如果收入被用来降低劳动力成本，实施碳税政策导致的就业与 GDP 负面影响会减小；如果收入分配给私人部门，那么 GDP 变化不大。Shiro（2007）构建动态 CGE 模型研究日本实施碳税政策的影响，模拟结果显示，通过利用碳排放税的收入来支持原有的扭曲性税收的削减，相对于一次性将税收收入返还家庭的情况，可以实现成本节约。Govinda 等（2011）构建了一个多部门、多国家的可计算一般均衡模型，研究表明，部分碳税税收用于资助生物燃料补贴，将有助于刺激生物燃料的市场渗透，而将全部碳税收入通过一次性转移支付再循环给家庭，即使在更高的税率下，也无助于显著促进生物燃料的发展。William 和 Julien（2018）构建巴西的 CGE 模型，设置碳税税率为 200 雷亚尔/吨，模拟不同的碳税收入使用方式对巴西经济的影响，结果表明，不同的碳税收入使用方式对 GDP 的损失在 1%—4%，而当碳税收入用来偿还债务时，巴西经济受到的负面影响最大。Basanta 和 Joydeep（2019）构建印度的递归动态 CGE 模型，将符合 2°C 全球变暖目标（《巴黎协定》目标）的气候政策成本与气候变化引起的农业生产力冲击的成本进行比较，提出征收碳税产生的收入可以成为支持开发和采用新能源和农业技术、增加社会部门支出和降低减排成本的一种手段。Rafael 等（2021）构建了一个多区域可计算一般均衡模型，评估碳税收入对巴西家庭的分配影响，结果表明，碳收入的一次性转移支付有助于将低收入者的收入提高到 4.5%，而转移支付目标对准最弱势群体，到 2030 年可使收入增长 42.2%。Basanta 和 Joydeep（2021）构建印度的递归动态 CGE 模型，在新冠疫情对 GDP、不平等、碳排放等产生长期重大冲击的背景下，将碳税收入用于投资可以刺激经济增长和就业，减少不平等，并减少碳排放。Marek 等（2022）构建波兰的动态可计算一般均衡模型，考虑了三种回收碳税收入的方法：一次性转移支付，能源价格补贴和劳动税减免，模拟发现，分配效应取决于收入的回收利用，使用它们来降低劳动税可以减轻碳税对 GDP 和就业的负面影响，但与向家庭一次性转移支付相比，碳税增加了不平等。Zhao 等（2022）评估了碳税定价政策和收入分配计划，一方面累进式个人所得税制度有助于重新分配，减少不平等；另一方面对低收入群体给予更高的纳税回报率，减少经济扭曲和提高个人所得税的再分配效应。

四 关于碳税的其他方面研究

学者们对于碳税的研究十分广泛，除了上述研究，他们还对碳税的性质、实施差异化还是统一的碳税、征收方式等问题进行了研究。

部分学者研究了对碳税的性质进行了研究。例如，Marisa 等（2015）构建不列颠哥伦比亚省的 CGE 模型研究中性碳税政策的影响，模拟结果显示，碳税是高度累进的，即碳税对收入低于中位数的家庭的负面影响小于对收入高于中位数的家庭的负面影响，这一发现是碳税的福利效应的结果，碳税主要由家庭收入来源决定，而不是由其支出去向决定。Jakob 等（2021）使用递归动态可计算一般均衡模型研究欧盟排放交易计划（Emission Trading Scheme，ETS）未涵盖的奥地利经济部门的单边碳定价的经济影响，对不同收入及居住地的家庭进行分组研究，模拟结果显示，对非 ETS 二氧化碳排放定价，而不对家庭进行任何有针对性补偿，此时碳税是累进的，即低收入家庭在征收碳税时状况会更好。

也有学者对于碳税实施统一价格还是差异化价格进行了讨论。例如，Stefan（2014）构建 CGE 模型以研究在次优世界中，哪种碳税价格模式更好，模拟结果显示，碳价格的最佳模式高度差异化，跨度从高税收到高补贴，而从统一价格转向最佳差异化价格的福利收益是巨大的，相当于免费减排 27%。Presley 等（2019）构建静态 CGE 模型分析利比亚的碳税政策，结果表明，统一的碳税对利比亚来说是可行的选择，因为它不仅为就业和福利带来经济红利，而且还鼓励利比亚采用可再生能源技术。Zhai 等（2021）基于 CGE 模型研究了地区碳税的制定，结果表明：根据碳排放量的差异确定碳税价格更有利于降低排放强度。

还有学者对于碳税的征收方式进行了比较。例如，José（2016）构建静态 CGE 模型，将经济分为 23 个行业和 23 种商品，并使用四种消费者主体（家庭、政府、投资和国外部门），碳税被假设为两种情景下的从价税：仅对生产者燃烧化石燃料的排放征税，以及对生产者和家庭燃烧化石燃料的排放征税，结果表明，只对生产者征税，而不是对生产者和家庭同时征税更具成本效益。

第二节　国内文献综述

21 世纪以来，随着中国提出高质量发展经济，环境问题受到越来越多的关注。2016 年，第十二届全国人大常委会通过《中华人民共和国环境保护税法》，并于 2018 年 1 月 1 日正式实施，这说明中国开始采取税收的方式来减少污染排放。而碳税作为环境保护税的重要组成部分，未来实施碳税政策（目前《中华人民共和国环境保护税法》未包括碳税）势必对中国经济发展和环境保护产生重要影响。因此，国内学者运用 CGE 模型对实施碳税政策这一课题进行了深入研究，主要分为以下几个方面。

一　碳税"双重红利"效应是否存在的讨论

国内学者对于实施碳税政策是否可以实现"双重红利"效应存在分歧，部分学者认为碳税的"双重红利"效应可以实现。王健（2011）构建可计算一般均衡模型，设置了四种模拟情景，模拟结果表明在征收碳税的同时降低居民所得税税率或企业间接税税率可实现社会福利的提升，并达到碳减排的效果，因而碳税的"双重红利"

效应可以实现。毛艳华和钱斌华（2014）基于 CGE 模型，从低税率开始模拟国内八大区域（东北区域、北部沿海区域、黄河中游区域、西南区域、长江中游区域、东南沿海区域、大西北区域和东北沿海区域）的环境效应和经济效益，结果显示，国内八大区域均可实现"双重红利"效应。许士春等（2016）构建了碳税 CGE 模型，设置了碳税的征收价格分别为 10 元/吨、20 元/吨、30 元/吨和 40 元/吨，模拟显示，征收碳税会对宏观经济产生负向影响，对于高耗能部门的碳减排具有促进作用，但是在保持居民福利不变的前提下降低个人所得税能够有效抵消宏观经济的负面冲击，从而可以实现碳税政策的"双重红利"效用。陈春华等（2022）基于动态 CGE 模型研究了江苏省碳税政策实施的效果，研究表明，从长期来看，江苏省按递增税率征收并配以碳税返还，付出的经济成本较小，能够缓解碳税政策对居民福利的负面冲击，当碳税返还比例足够高时，碳税政策可以实现改善环境绩效和提升社会福利的"双重红利"。

但也有部分学者通过研究认为"双重红利"效应不能实现。梁伟等（2014）构建 CGE 模型模拟实施碳税后产生的影响，设置 10 元/吨、40 元/吨和 60 元/吨三种情景的碳税价格，结果表明，在生产性碳税的情况下碳排放量分别下降 1.46%、4.19% 和 6.14%，GDP 分别下降 0.03%、0.83% 和 1.24%，由此可知，单纯征收碳税并不能实现经济增长与节能减排的"双重红利"效应。李毅等（2021）在 CGE 模型中设置了三种碳税价格情景，模拟价格分别为 10 元/吨、30 元/吨和 50 元/吨，模拟结果显示，二氧化碳排放量分别下降 5.37%、12.26% 和 19.68%，GDP 分别下降 0.04%、0.11% 和 0.26%。由此可见，随着碳税价格上升，减排效果越好，而 GDP 下降幅度越大，因而单纯实施碳税政策不能实现"双重红利"。

二 实施碳税政策的影响

国内学者主要研究实施碳税政策对宏观经济及碳减排效果的影

响,除此之外,还研究了对行业发展、产业结构等其他方面的影响。

(一)对宏观经济及碳减排效果的影响

国内学者普遍认为实施碳税政策虽然可以有效减少二氧化碳的排放,但也给宏观经济带来了一定的冲击。贺菊煌(2002)在国内最早采用 CGE 模型进行碳税分析,设置二氧化碳减排 5%、10%、15%、20%、25% 及 30% 六种情景,结果显示,实施碳税政策对 GDP 及投资均产生负面冲击,而对于消费只有在减排 30% 的情况下才会产生负面影响。赵涛、秘翠翠(2011)在 CGE 模型中设置了 50 元/吨、100 元/吨、150 元/吨、200 元/吨、300 元/吨和 500 元/吨六种碳税价格情景,模拟结果显示,征收碳税使得社会总产出与居民总收入下降,尤其是碳税价格达到 300 元/吨以上后,社会总产出与居民总收入降幅显著,而征收碳税使得总投资额与政府收入上升,尤其是碳税价格达到 300 元/吨以上后,总投资额与政府收入上升显著。曾诗鸿和姜祖岩(2013)在 CGE 模型中设置了无碳税、低碳税(30 美元/吨)、中碳税(50 美元/吨)和高碳税(70 美元/吨)四种情景,随着碳税价格的不断上升,政府部门收入和总储蓄不断上升,而家庭部门收入和家庭部门消费则不断下降。张晓娣(2015)在 CGE 模型中以不征收碳税为基准情景,设置了三种模拟情景,假设单位 GDP 二氧化碳排放相对基准情景分别下降 5%、10% 和 20%,随着减碳目标越高,则需要付出的福利代价越大。黄蕊等(2017)通过构建 CGE 模型研究征收碳税带来的宏观经济及减排效果影响,将碳税税率设置为 50 元/吨,相比不征收碳税的基准情景,预测至 2100 年,征收碳税后 GDP 增长更缓慢,而二氧化碳减排量更大。都泊桦(2017)在 CGE 模型中分别设置了征税 10%、20% 和 30% 三种情景,模拟结果显示,随着碳税力度的加强,GDP、消费、投资、进口、出口及二氧化碳排放量均随之不断下降。肖谦等(2020)构建 CGE 模型,对一次能源消耗产生的二氧化碳进行征税并将碳税税率设置为 10 元/吨,模拟结果表明,征收碳税使得总产出下降了

0.48%，二氧化碳排放量则下降了 1.66%。翁志雄等（2021）构建 CGE 模型，将 21 个产业部门分为四类，不同类别分别征收差异化碳税，模拟结果显示碳税政策对于 GDP、固定资本投资和国内家庭消费都会产生负面影响，而对于二氧化碳排放也具有显著的抑制作用。许文（2021）通过分析"双碳"目标下碳税设计，发现在碳排放交易市场和碳税征收时，只对中小排放企业征收碳税，而对纳入高排放企业不征收碳税将造成一种不公平。

当然，也有部分学者研究发现实施碳税政策对宏观经济可能存在正向作用。朱永彬等（2010）构建可计算一般均衡模型，低、中、高三种碳税税率与消费性碳税、生产性碳税两种征收方式组合成六种情景，结果显示，同种征收方式下，税率越高则减排效果越好，税率相同情况下生产性碳税减排效果更好，征收碳税使得社会总产出和 GDP 不降反升。张明喜（2010）在 CGE 模型中设置了 5 美元/吨和 10 美元/吨两种碳税税率，短期来看 GDP 和投资下降，失业率上升，长期来看宏观经济的负面冲击会减弱，且长期投资上升。王丽娟等（2014）构建 CGE 模型，假设了三种情景并进行模拟，情景一中碳税税率为 50 元/吨，情景二中税率为 20 元/吨，情景三中税率也为 20 元/吨，但对能源生产部门免征碳税，情景一和情景三中征收碳税后 GDP 下降，但情景二征收碳税后 GDP 略微上升。宋国君等（2021）研究表明碳税政策的实施能够为国家能源转型提供动力和资金，也能够刺激先进企业加快技术进步和减少碳排放。李凤荣、何柏霖（2022）研究表明，合理制定碳税税率能够有效促进企业低碳转型。

（二）对其他方面的影响

除了研究碳税对宏观经济和碳减排效果的影响，国内学者还研究了碳税对能源等部门的影响。王灿等（2005）构建 CGE 模型，在基准情境下设置碳排放分别减少 20% 和 30% 两种情景，结果显示，随着二氧化碳减排率的提升，各部门减碳边际成本上升，而能源消费则下降，重工业和电力部门在碳减排中发挥了主要作用。樊星等（2013）在 CGE 模型中假设在基准情况（征收碳税）上将碳税税率分别提升 5%、10%、20%、40% 和 50%，模拟结果显示，随着税率的上升，煤炭和石油消费量不断下降，天然气消费量出现小幅下跌，煤炭、石油和天然气价格均逐步上升。周晟吕等（2012）构建可计算一般均衡模型，设置碳税税率为 40 元/吨，从生产环节征税，模拟结果显示，征收碳税对三次产业结构的影响不大，主要影响第二产业中的煤炭开采和洗选业，其次才是能源密集产业，若将碳税收入用于投资非化石能源，则十分有助于清洁能源对化石能源的替代。赵文会等（2016）在可计算一般均衡模型中设置了碳税收入占基期 GDP 比例分别为 0.1%、0.2%……0.9% 这九种情景，结果显示，随着碳税收入比例提高，煤炭和石油的消费不断下降，而火电、清洁能源和可再生能源消费则不断提升。梁强等（2016）构建 CGE 模型，设置了低税率组合、中税率组合和高税率组合三种模拟情景，结果显示，煤炭消费出现了不同程度的下降，煤炭价格则出现了不同程度的上升，能源密集型行业的税负上升。钟帅等（2017）构建 CGE 模型，在模型设置的人口高速增长、中速增长和低速增长三种情景下征收 30 元/吨的碳税，模拟结果表示，三种情境下实施碳税政策均将降低一次化石能源消费及强度，而对于化石能源的对外依存度则无显著影响。卓骏等（2018）构建动态 CGE 模型，假设了基准（20 元/吨）、节能（40 元/吨）和强节能（60 元/吨）三种情景，模拟碳税对产业部门能源消费、产出及能源消费结构的影响，结果显示，各产业部门的能源消费和产出均出现了不同程度的下降，煤炭和石油的消费比例下降，而天然气和可再生能源的消费比例提升。

三　税收返还的影响

税收返还方式多种多样，国内学者主要研究了税收返还相对于税收不返还情况下宏观经济和碳减排等各方面的影响。

国内学者普遍认为实施碳税返还政策可以缓冲碳税带来的宏观经济负面影响。例如，胡宗义等（2011）基于 CGE 模型，设置了税收不返还、税收用于降低要素所得税、税收用于个人消费者和税收用于补贴企业消费者这四种情景，相比于税收不返还，税收返还下的 GDP、居民福利、消费和投资均有所改善，碳排放效果则不同程度地减弱，税收用于补贴企业消费者的综合效果最优。刘宇等（2015）构建 CGE 模型，将税收返还方式分为无税收返还、减免消费税和减免生产税三种情景，相对无税收返还情况，减免生产税使得 GDP 下降幅度大幅降低，碳排放量下降，而减免消费税使得私人消费上升，碳排放量上升。许士春和张文文（2016）构建 CGE 模型，将税收返还方式分为直接返还（返还清洁部门部分碳税、返还服务业部分碳税、返还农村和城镇居民全部碳税）和间接返还（减免企业所得税、减免居民所得税、减免生产税）两类，这六种情景均能不同程度地缓解税收不返还下宏观经济的负面冲击，但减免生产税的效果最好。

但也有学者提出税收返还会使宏观经济状况变差。例如，曹静（2009）构建 CGE 模型，设置 50 元/吨、100 元/吨、150 元/吨及 200 元/吨四种碳税税率模拟情景下将税收全部返还给消费者，结果显示，四种情景下 GDP 和投资量相对于只征收碳税的情景均有所下降，而且随着碳税税率的上升，GDP 和投资量下降幅度越大，而二氧化碳排放量相对于只征收碳税的情景则随着税率增加而上升。赵子健和赵旭（2014）构建 CGE 模型，设置了低碳税（10 元/吨）、中碳税（20 元/吨）和高碳税（30 元/吨）三种情景，政府以转移支付的方式进行税收返还，模拟结果表示，实施碳税返还后，这三种情景下实际 GDP 和国民产出相比返税前下降幅度均更大。

四　局部地区征收碳税的影响

除了全国范围内，部分学者也对某个省或直辖市实施碳税政策的效果进行了研究。樊明太等（2015）构建北京CGE模型，设置碳税税率为35元/吨，模拟结果表明，征税后北京经济只受到轻微冲击，大部分行业碳排放量和用电量均出现大幅下降，而煤炭和成品油这两个行业由于与碳排放密切关联因而受打击最大。张兴平等（2015）构建北京CGE模型，设置税率不同的几种情景，结果显示，税率的提高降低了社会福利、居民消费和总投资，但是抑制了高耗能行业的发展，增加了清洁电力所占比重。周丹和赵子健（2015）构建上海CGE模型，设置了30元/吨、50元/吨和70元/吨三种情景，模拟结果显示，随着税率的提升，化石能源使用量、地区生产总值和消费均逐步下降，二氧化碳排放量则逐步上升，税收返还给居民或企业均会缓冲宏观经济的负面影响。吴乐英等（2016）构建河南CGE模型，设置了20元/吨、50元/吨、100元/吨三种碳税税率，模拟结果表明，随着税率水平提高，碳减排量逐步上升，企业收入和储蓄、农村居民消费、储蓄和收入逐步下降，而城镇政府储蓄、居民消费、储蓄和收入逐步上升，税收返还后宏观经济的负面影响有所缓解。王锋等（2017）构建江苏CGE模型，在征税的基准情景下分别提升10%、20%、30%，结果显示，随着碳税税率的提高，碳减排效果越好，实际地区生产总值、社会福利、居民消费随之下降，居民储蓄、政府储蓄和总投资随之上升，碳税返还政策在一定程度上缓冲了宏观经济的负面影响。马骏等（2017）构建江苏CGE模型，设置了20元/吨、30元/吨……90元/吨八种模拟情景，结果显示，随着税率上升，江苏碳减排率随之上升，生产总值和地方政府收入均出现不同程度的上升，而总投资、总消费、居民储蓄和收入均出现了不同程度的下降。周迪等（2020）构建广东的CGE模型，设置20元/吨、40元/吨、60元/吨、80元/吨、100元/吨五种税率进行模拟，结果显示，随着税率的提升，减排效果越好，社会福利成本则越高，征税对于煤炭的消费冲击最大。

也有学者对国内某一区域内实施碳税政策的效果进行研究。例如，钱斌华（2011）构建两省一市（浙江、江苏和上海）CGE模型，设置3%、5%、10%、15%、20%、25%、30%七种税率，模型结果显示，碳税开征对整体经济存在负面影响，碳税的税率要设定在一个合理的范围内以减轻整体经济的负面作用，还能实现生产要素投入的"双重红利"效应。

五 特定领域碳税研究

国内学者还对农业、林业、工业等领域的碳税问题进行了专门研究。刘景卿和俞海山（2013）构建CGE模型，发现征收碳税会损害中国工业创新能力，尤其对化学工业和金属冶炼及压延加工业的工业创新能力造成严重影响，补贴碳税有效缓解这种负面冲击。刘亦文和胡宗义（2015）构建CGE模型，设置在农业部门的生产环节征收碳税，模拟结果显示，征收碳税可以降低单位GDP能耗及二氧化碳排放，从而实现节能减排的效果，但也会使得居民福利、消费、部门产出及资本收益率等经济指标出现下降，对宏观经济造成负面冲击。沈月琴等（2015）构造以林业为对象的可计算一般均衡模型，设置了40元/吨、300元/吨和500元/吨三种碳税税率，结果显示只有40元/吨的情景能使林业产出和增加值同时增加，其余两种情景下林业产出和增加值均会下降，因而强调碳税税率的设置需在合理范围之内。于娟和彭希哲（2017）构建CGE模型，对常规能源收取不同税率的碳税，并将碳税收入补贴到现代生物质能中，可以看到，随着碳税水平的提高，现代生物质能的消费不断提升，而价格呈现"U"形特征。

第三章

碳税理论与作用机理分析

第一节 碳税理论

一 负外部性理论

在经济学中，外部性是指由于一方或多方活动的影响而产生的对无关第三方的间接成本或收益，其本质可以被视为涉及消费者或生产者市场交易但未被定价的商品。当一种产品或者服务的消费与生产的均衡价格不能准确地体现其对整个社会的真实成本或收益时，时常会出现外部性（Mankiw 和 Nicholas，1998）。其对市场主体的影响无论是成本角度还是收益角度都是在市场外部的，因此被称为外部性。

1920 年，阿瑟·庇古提出：环境污染是负外部性的典型例子。比如，厂商的生产排放对河流、空气造成的污染，机动车尾气排放对空气造成的污染，等等。这种污染会给整个社会带来健康、清洁等成本，但生产商不会对环境污染进行补偿性支出（Gruber 和 Jonathan，2018）。

在微观经济理论中，帕累托最优的实现条件是社会边际收益与社会边际成本相等，所以存在外部性的竞争均衡不是帕累托最优的，因此，外部性是市场失灵的主要原因之一（Gruber 和 Jonathan，2018）。为了解决外部性造成的市场失灵，政府机构通常会采取行动将外部性内部化，即对外部性进行市场定价，从而调整资源分配以达到帕累托最优。最常见的方法是对这种外部性的生产者征税，税率制定需要参考交易主体相关的收益和成本等信息。然而政府很难掌握外部性的全部信息，因此很难正确设定税率。

如果外部性可以用货币来衡量，则我们可以用需求曲线和供给曲线探究外部性的作用机理。在传统的需求和供给达到均衡时，我们添加一条额外的供给或需求曲线。

图 3-1 中，竞争均衡由私人成本和需求曲线决定，在此基础上加入一条曲线代表整个社会支付的真实成本，即边际社会成本。由于没有环境法规的竞争性市场中存在负外部性，边际社会成本高于边际私人成本，即环境污染的成本高于私人支付的价格，两条供给曲线的垂直距离表示二者的差距。

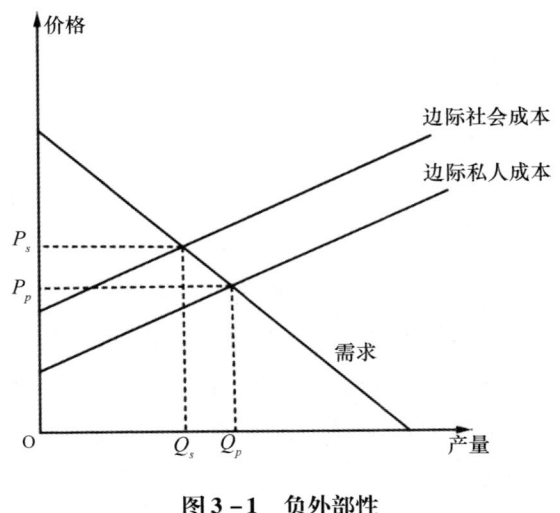

图 3-1 负外部性

如果消费者只考虑自己的私人成本，他们最终在 P_p 的价格购买数量为 Q_p 的商品，而对于社会来说，最优的均衡点应该是以 P_s 的价格购买数量为 Q_s 的商品，后者代表边际社会效益应等于边际社会成本，即只要边际社会效益超过边际社会成本，就应该增加生产。其结果是此时竞争市场是低效的，因为在数量 Q_p 下，社会效益小于社会成本，因此，如果 Q_s 到 Q_p 之间的商品没有生产出来，整个社会福利会增加,也就是说,消费者购买了比均衡状态下更多的商品。

这一讨论意味着负外部性(如污染)不仅仅是一个道德问题。问题在于边际私人成本和边际社会成本之间的脱节,而单纯依靠市场调节无法解决这一问题,需要政府出台环境规制来平衡成本和收益,是一个社会沟通和协调的问题。

外部性的产生原因来源主要有两个。一是不明确的产权,二是交易成本的存在(Dahlman,1979)。当产权不明确时,比如空气、河流等,这使得生产部门可以自由消费这些商品而不支付全部成本,进而导致外部性的产生;交易成本是交易过程本身带来的成本,它会使经济主体的最优化问题产生扭曲,进而无法顺利进行交易,形成低效的市场。

二 庇古税

庇古认为,为纠正负外部性带来的影响,有许多理论方法可以提高整体社会效用。纠正外部性的常用措施是将厂商的收益和成本内部化,例如,要求产生负外部性的部门补偿对经济造成的损失,庇古认为,由于这种损失难以通过市场调解机制自行消纳,应该由政府按照一定税率对其进行征税,后来这种税收被称为"庇古税"。

庇古税是对产生负外部性的市场活动征收的税,以纠正运行不良或低效的市场失灵现象。"庇古税"的最佳税率水平应该参考边际损失或者边际外部成本的大小(Gruber 和 Jonathan,2018)。在前文已经谈到,在存在外部性的情况下,均衡产出要高于最优产出,而均衡价格要低于最优价格,而庇古税这种对外部性通过税收的手段弥补了私人成本和社会成本的差距(Barthold,1994),可以将产品产量降低到最优数量,避免市场失灵,实现帕累托最优的竞争均衡。

图3-2说明了庇古税的运行机制。由于存在负外部性,边际社会成本大于边际私人成本,假设市场是完全竞争的,厂商作为价格的接受者,因此价格曲线是一条水平线。价格曲线和边际私人成本

的交点 A 是不考虑对外部性征税的均衡点，决定了均衡产量 Q_A。边际社会成本和价格曲线的交点 B 决定了最优产量水平 Q_B，即此时 Q_A-Q_B 为多余产量。为了弥补外部性对市场造成的损失，政府开始征固定量的税收 T，使边际私人成本上移，最优税收水平下，新的边际私人成本曲线和价格曲线的交点刚好为点 B，此时，政府征税收入为阴影面积，市场达到了最优产量 Q_B。比如，政府对工厂的排放量征税，生产者就有动力将产量降低到社会最佳水平。如果按单位生产的排放百分比征税，工厂有动力转向更清洁的工艺或技术。

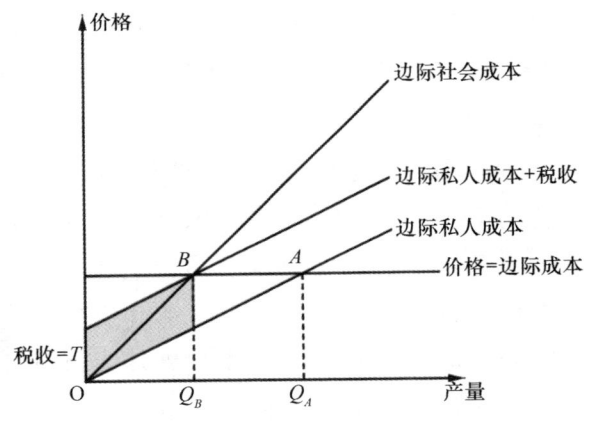

图 3-2 庇古税的作用机理

Carlton 和 Loury（1980）对庇古税提出了批评意见。他们认为，庇古税不会产生长期有效的结果，由于税收只能控制企业排放规模，但不会控制某行业的公司数量。也就是说，对产出征收的庇古税会降低单个企业的排放数量，但如果不断有新的公司进入该行业，污染总量仍然会增加。因此，Carlton 和 Loury 提出了一次性税收或一次性补贴，实现对企业数量和规模的双重控制，来达到长期社会最优水平（Long-run Social Optimum）。

对此批评，Kohn（1986）回应道，对污染排放征收庇古税实际上可以实现长期社会最优，即使没有一次性税收或一次性补贴政策。

他认为二者产生分歧的原因是 Carlton 和 Loury 讨论的是对产出征收庇古税，而他讨论的是对排放征收庇古税。最终二者达成共识，认为只要在税率设定合理的情况下，单一的排放税或单一的产出税都可以达到长期社会最优。

三 污染者付费原则

污染者付费原则（Polluter Pays Principle）是法国环境学家 Jean-Baptiste Fressoz 基于"外部性"理论首先提出的，当时被称为"经济补偿"原则。在市场主导的资源分配过程中，环境的质量经常被生产者忽略，"看不见的手"失灵，工业部门肆无忌惮地将大量污染物和温室气体排放到环境中，进而影响社会福利，这就是"负外部性"产生的"外部费用"，这形成了工业部门制造污染，却由政府及公民出资治理的不公平现象。经济学家认为，为了转变这种市场失灵现象，必须要有污染者付费原则，即产生污染的一方要对自然环境的损害承担赔偿责任，尽管污染不可避免，但对污染负有责任的人或行业必须为环境的污染支付一定的费用。这项原则是环境税等保护环境政策的基础，一般由政府作为执行主体，PPP 原则促使污染者采取措施控制污染，或促使政府等管理部门获得相应的收入以投入污染治理中。

1972 年，经济合作与发展组织（OECD）在其通过的一项决议中提出了详细的污染者付费原则的责任范围。产品制造商和进口部门对其产品在整个产品生命周期内的环境影响要承担重大的责任，具体包括消耗原材料过程中的上游影响、制造商生产过程本身的影响以及产品使用和销售过程中的下游影响。

四 碳税的"双重红利"

碳税的"双重红利"假说的提出，最早可以追溯到 Tullock

（1967），他指出，以收入中性的环境税替代增加收入的税会有两个好处。第一个好处是环境税使得生产者承担排放成本，因而可以减少生产者的污染排放，提升环境质量，从而提高居民福利。第二个好处是税收扭曲的减少使税收制度更加有效，也会带来福利的改善。

到20世纪90年代初，气候变化经济学引起了人们对环境税话题的关注。Pearce（1991）提出了碳税的"双重红利"，开始了对碳税分别对经济和环境的影响的广泛研究。Fullerton 和 Metcalf（1997）赋予了"双重红利"新的解释，提出"双重红利"的含义是环境税可以同时提高经济效率和改善环境质量，从两个角度论证了税收改革的必要性。第一重红利很好理解，环境税减少了厂商污染排放进而改善环境。而第二重红利来源于环境税对原有税收比如所得税扭曲的修正和转变。经过 Fullerton 和 Metcalf 的测算，1美元税收会造成1.35美元的经济负担，多出的35美分是企业承担的额外负担，而环境税可以消除这种超额负担。

环境规制如何影响排放水平？在图3-3中，AC_1 为企业排放温

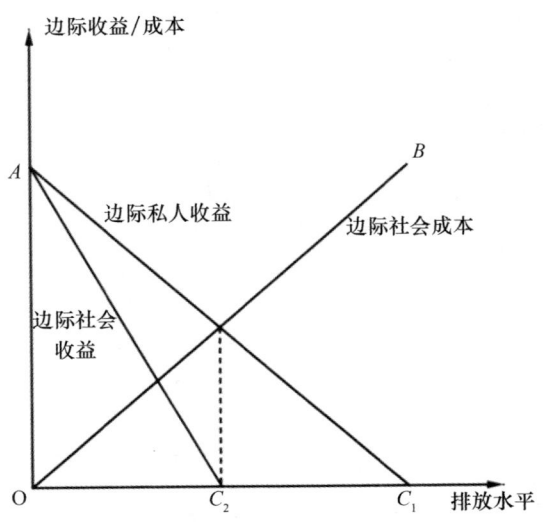

图3-3　环境规制减少排放的作用机理

室气体的边际私人收益，AB 为排放带来的边际社会成本，AC_2 代表边际社会收益。由于边际社会成本的存在，所以边际社会收益在边际私人收益曲线的下方。在不存在环境规制的社会中，企业排放无须支付成本，则企业会选择使边际私人收益为 0 时的最优排放水平 C_1；而当存在环境规制时，假设环境规制按照边际社会成本定价，则企业会选择边际社会成本和边际私人收益相等的最优排放水平 C_2，任何超过 C_2 的排放都会使企业付出额外的成本进而降低利润水平。这说明税收等环境规制有降低排放的作用，也就是碳税的第一重红利。

环境规制如何改善能源结构？在图 3 – 4 中，假设某经济体消费两种能源商品，其中，商品 1 代表污染能源，商品 2 代表清洁能源，在没有环境规制的情况下，预算线为 l_1，无差异曲线为 U_1，则初始均衡点为预算线与无差异曲线的交点 E_1。此时政府制定环境规制，提高了能源的相对价格，预算线围绕 A 点顺时针移动至 l_2，与新的无差异曲线 U_2 相交于新均衡点 E_2。而政府为了实现"双重红利"，避免环境规制造成福利下降，实施了税收返还等政策，使预算线外

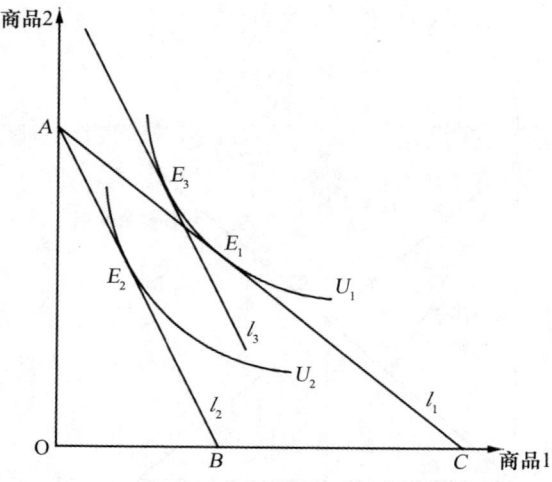

图 3 – 4　环境规制影响能源结构作用

移，因为并未改变清洁能源和污染能源的相对价格，所以预算线由 l_2 向外平移至 l_3，与原无差异曲线 U_1 相交于新的均衡点 E_3。相比于 E_1，清洁能源的消费量上升，污染能源的消费量下降，由此可以看出，在满足"双重红利"的环境规制作用下，社会维持了原有的效用，并且减少污染能源的使用，进而改善能源结构。

而具体实现碳税的"双重红利"需要充分考虑当前经济和环境现状、现行税收制度、许可证制度等要素，同时还要规划好税收收入的去向。任何税收都会给家庭或企业带来成本，而这些成本对其利润和效用的损失可能会超过环境质量改善带来的收益。因此，政府必须降低其他税收来减少经济损失，维持税收中性。另外，庇古税的有效性取决于它对于现存环境法规的作用。如果税收取代了现行法规，则其很有可能对经济有利，而对环境的作用保持中性。如果税收仅仅作为现行法规的补充，税收是否能具有"双重红利"作用则取决于原有法规的有效性。

五 公共物品理论

经济学家保罗·萨缪尔森 1954 年在其专著《公共支出的纯粹理论》中，为公共物品的定义如下：公共物品是一种非排他性和非竞争性的物品，对于这种物品，消费者不会因为没有制服费用而被禁止使用，也不会在一个消费者使用过后降低该物品对其他消费者的可用性。

在缺乏监管的市场中，公共物品通常会面临"搭便车"问题，即不为公共物品付费的消费者也可能会使用公共物品，因此商品可能会被过度使用（Tregarthen，2012）。环境污染问题是非常典型的存在"搭便车"现象的公共物品的例子。对此，瑞典经济学家埃里克·林达尔提出了一种税收形势——林达尔税，即个人根据其边际收益为公共产品付费（Gunnthorsdottir 等，2007）。一个人从这些商品中受益越多，他们支付的金额就越高。人们更愿意为自己珍视的商品买单。公共物品需要税收提供资金来源，这就需要公共物品的使用者们愿意承担税收负担。既然公共物品通过税收支付，则为人民提供这种公共的服务和产品是政府的基本职责。不过，公共物品在少数情况下也可以由私人、企业或非国家团体生产（Kingma，1997）。而且在大多数的情况下，政府从事公共物品的管理是为了改善公众福利，而不是为了创造利润（Samuelson，1954）。林达尔税的意图是提供公共物品的最佳产量和最大限度地保持每个消费者的效用，避免效用由于"搭便车"者存在而降低。林达尔税可以被视为一个经济体中个人税负的一部分。

公共物品对于所有消费者的边际价值之和与提供公共物品的边际成本相等是实现帕累托最优的条件。对于边际价值，可以通过公共物品和私人物品对于同一消费者的边际替代率计算；而边际成本可以通过其于私人物品成本的边际转化率计算，于是我们发现，公共物品的帕累托最优条件和私人物品的帕累托最优条件是相通的（Grave，2009）。但是在实践中帕累托最优的实现难度比较大。由于公共物品的定价取决于个人的效用，所以消费者会有动机低估公共物品对他们的效用（Brown 和 Jackson，1986）。因此，非排他性都会导致无法支付真正的边际价值，这也会导致无法产生适当的收入水平。如果消费者不能单独增加商品，他们在工作和闲暇两种效用来源中会倾向于选择闲暇，因为单个消费者的努力工作并不能提高公共物品产量进而产生效用（Touffut，2006）。这意味着，对于没有显著利益支持的公共产品，成本效益分析是在错误的收入水平上进行的，也就难以决策公共物品的均衡水平。

图 3-5 中，总需求是个人需求的总和，但是对于私人物品和公共物品来说，求和的方式是截然不同的。假设市场中每个消费者的需求曲线是同质的，因为私人物品具有竞争性，所以私人物品的总需求曲线由个人需求曲线水平加总得到。而非竞争性意味着，公共物品的总需求曲线由个体的需求曲线垂直相加得到。

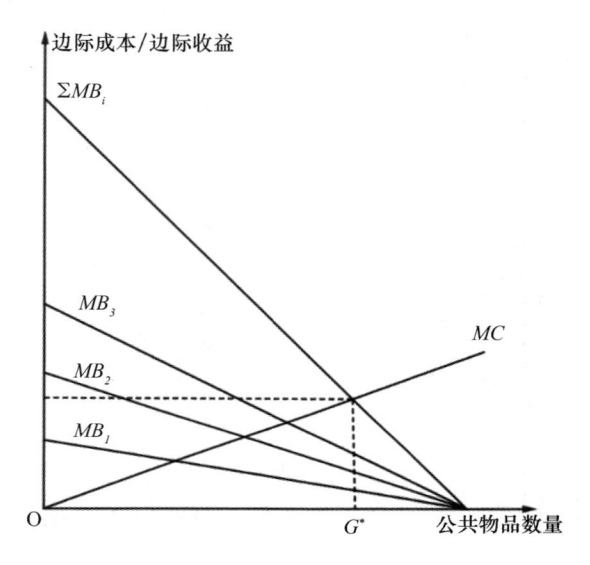

图 3-5 公共物品最优产量的决定

六 税收理论

税收制度的目的是创造足够的收入来维持政府运作、提供公共产品、平衡收入差距的转移支付等，但同时，税收会造成超额负担，即税收的福利成本或无谓损失。征税会引起市场相对价格的变化，造成可支配收入减少，进而扭曲个人行为，降低工作积极性。而大部分情况下，税收的超额负担是无法避免的，因此，最优税收理论是指在经济约束下，如何征税以实现最大化社会福利，即最大化个人效用总和，对市场参与者的帕累托最优干预最小的理论（Mankiw等，2009）。

税收扭曲的来源：传统的供需理论认为，自由市场经济利用价格来分配资源，生产社会需要的产品。当供不应求时，价格上涨，因为需要产品的消费者会争相购买抬高物价，高价格带来了高利润，促进生产商增加产量，直到供求平衡；反之亦然，如图 3-6 所示。

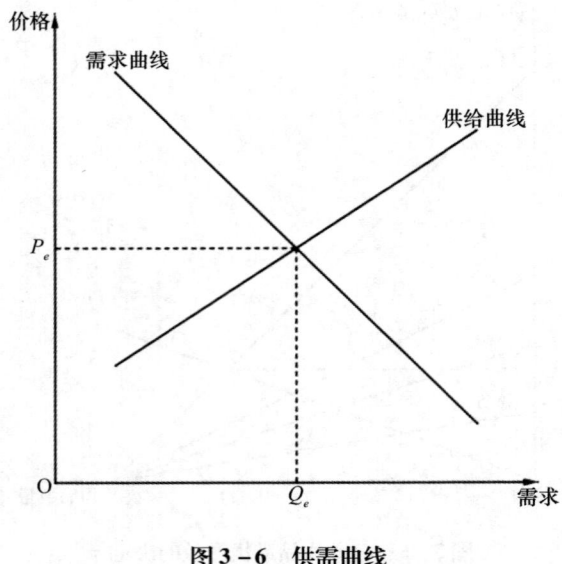

图 3-6 供需曲线

然而，如果政府开始征税，税收额为 $P_d - P_s$，课税后的均衡销售量是 Q'，因此，政府收到的税收总额是 $(P_d - P_s) \times Q'$，税收超额负担的产生，使得消费量从 Q_* 减少至 Q'，图 3-7 中阴影面积表示纳税人支付的税收总额，政府征收后用于提供公共产品。而三角形 ACD 的面积代表税收的超额负担，是由不可避免的产出减少所带来的成本。

如图 3-7 可知，消费者支付的价格为 P_d，生产者支付的价格为 P_s，此时消费者支付价格和生产者收到的价格是不同的，因此，消费者和生产者的税收负担也是不同的，如果需求缺乏弹性，如图 3-8（a）所示，需求曲线较为陡峭，则消费者在价格上升时不会大量减少消费量，所以消费者会承担大部分税收，此时消费者承担的税收为 $B - P_e$，生产者承受的税收为 $P_e - A$。如果供给缺乏弹性，如图 3-8（b）所示，则供给曲线较为陡峭，生产者在收到的价格下降时不会大量减少生产量，此时生产者承担了大部分即 $P_e - A$ 的税收，而消费者只负担了 $B - P_e$ 的税收。

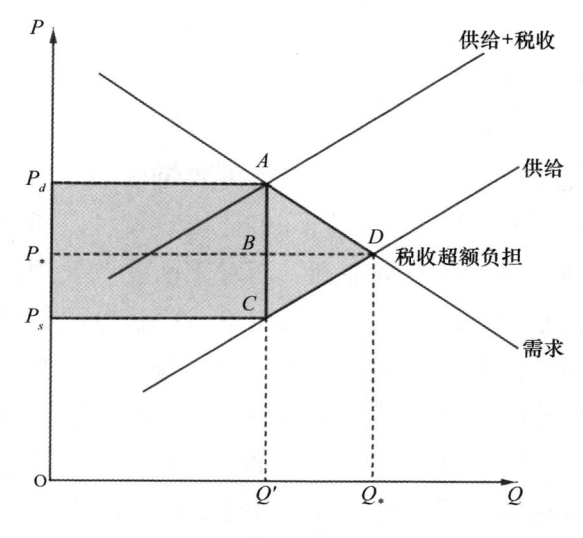

图 3-7 税收超额负担图示

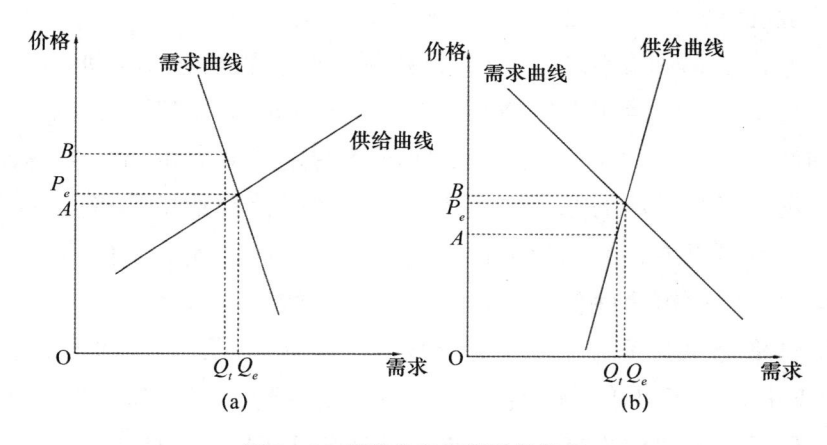

图 3-8 税收负担与弹性的关系

如果供给和需求都是富有弹性的，生产者会减少供给量，而消费者也会减少需求量，均衡数量减少。换句话说，在固定产量水平下，消费者愿意支付的价格低于生产者愿意出售的价格，这个差距一般来说等于税收，最后导致消费者购买了不太理想的产品，而生产者生产了利润较低的产品，此时经济不再生产最佳的产品组合，这就是由于政府征税造成的低效率现象，也是最优税收理论极力避免的结果。

七 福利分析

福利变化的评估是消费者理论的重要组成部分，它帮助决策者评估并比较不同的政策的影响。许多环境政策可以通过改变人们购买商品的价格来影响消费者福利。而对于消费者效用的比较方法有两种，分别是基数效用论和序数效用论。序数效用论更适合评估给定消费者的策略，因为它取决于该个体的偏好，而对于不同消费者的福利之间的比较，基数效用论会更合适，因为它可以回答"消费者的情况变好了或者变坏了多少？"的问题。因此，本节采用基数效用论来探讨政府颁布环境规制后对消费者福利的影响。

为了简化分析，本节将商品分为能源商品和非能源商品，碳税等环境规制实质上是提高了能源商品的相对价格。

计算了福利变化的三个衡量指标：补偿性变换（Compensating Variation, CV）、等价性变换（Equivalent Variation, EV）和消费者剩余的变化量（$\triangle CS$）。补偿性变换衡量的是当商品价格变化时，为了让消费者可以达到原有的效用水平，政府需补偿给消费者的净收入。或者可以理解为，为了让消费者接受税收，他恰好愿意接受的补偿钱数。而等价性变换衡量的是一笔钱数，消费者接受这笔钱和接受价格变化之间的效用是无差异的，也就是说，消费者获得价值为 CV 的钱，可以使自己在相对价格不变的情况下能够达到新的效用。假设征税之前为第 1 期，商品 1 即能源商品的价格为 p^1，商品 2 即非能源商品价格保持不变，这里将其标准化为 1。效用水平为 u^1，消费者可支配收入为 w，则用数学公式来定义 EV 和 CV：

$$EV(p^1, p^2, w) = e(p^1, u^2) - e(p^1, u^1) = e(p^1, u^2) - w$$
$$CV(p^1, p^2, w) = e(p^2, u^2) - e(p^2, u^1) = w - e(p^2, u^1)$$

其中，$e(\cdot, \cdot)$ 代表给定价格和效用水平的支出函数，是支出最小化问题的解。

图 3-9（a）描述了等价性变换。在不征收碳税时，预算线 l_1 与

无差异曲线相交于 E_1。假设政府征收碳税，能源商品相对价格上升，预算线围绕 A 点逆时针旋转至 l_2，此时预算线与无差异曲线相交于 E_2。而假设政府没有征税，从 E_1 到 E_2 的过程中的效用损失，消费者愿意支付一定的金额来弥补，这会导致原预算线向下移动，直到与新的无差异曲线相切于 E_3。此时，AD 为等价性变换的数值。

图 3-9（b）描述了补偿性变换。为了使消费者在征收碳税后达到原来的效用，政府向消费者支付 CV，使预算线 l_2 向上平移，直到与原无差异曲线相切于 E_3。此时，线段 AD 为补偿性变换的数值。

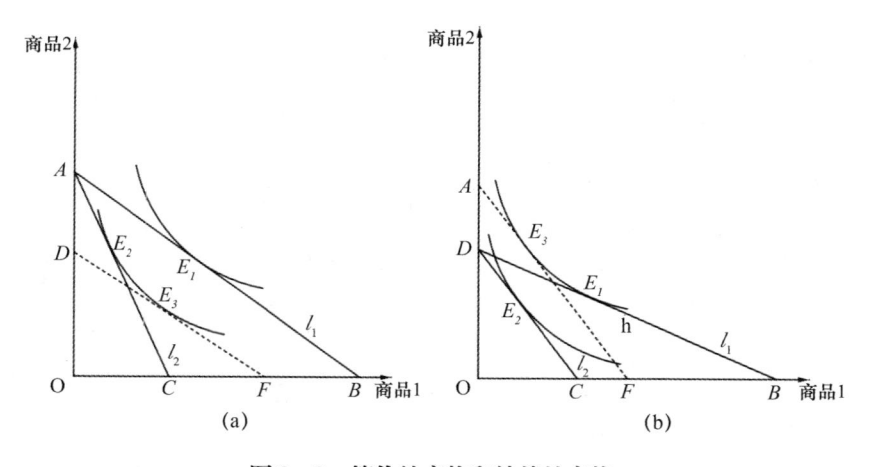

图 3-9　等价性变换和补偿性变换

在供需理论中，我们使用的是马歇尔需求函数，即需求量是由预算约束和价格共同决定的，而最大化效用水平是由最优需求量决定的。但是在福利分析中，我们观察到无论是等价性变换还是补偿性变换，变动的是预算水平，即预算线是沿着同一条无差异曲线在维持相切的状态下旋转。因此，我们引入希克斯需求函数，即固定效用水平的支出最小化问题的最优解，需求量是由固定效用水平 u 和价格决定的。等价性变换和补偿性变换可用希克斯需求曲线来表示：

$$EV(p^1,p^2,w) = e(p^1,u^2) - w = e(p^1,u^2) - e(p^2,u^2) = \int_{p_1^2}^{p_1^1} h_1(p_1,\bar{p}_2,u^2)dp_1$$

$$CV(p^1, p^2, w) = w - e(p^2, u^1) - = e(p^1, u^1) - e(p^2, u^1) = \int_{p_1^2}^{p_1^1} h_1(p_1, \bar{p}_2, u^1) dp_1$$

因此，使用等价性变换衡量的福利变化可以用新效用水平 u^2 定义的希克斯需求曲线左侧与两个价格之间的面积表示，即图 3 - 10 (a) 中的阴影面积，类似地，补偿性变换可以用旧效用水平 u^1 定义的希克斯需求曲线左侧与两个价格之间的面积表示，即图 3 - 10 (b) 中的阴影面积。

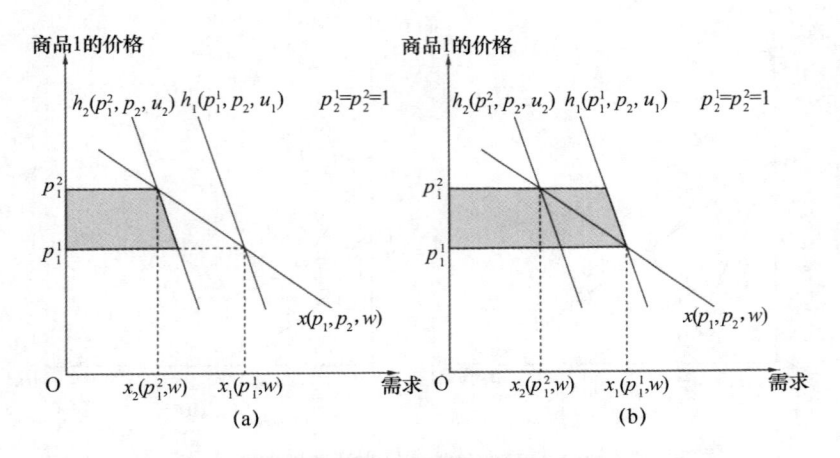

图 3 - 10 补偿性变换和等价性变换的积分形式

八 减税与补贴效用分析

在讨论了环境规制对消费者的作用之后，我们来讨论政府的配套政策对经济社会福利的影响。为维持税收中性，政府可以将碳税收入以财政补贴的形式返还给企业，也可以减免其他税种以降低税负，两种方法都会增加社会福利。本节中，我们将生产者剩余和消费者剩余之和看作福利，如果二者之和在政策实施后增加，则说明该政策是值得制定的。

财政补贴：在图 3 - 11 中，假设财政补贴前，供给曲线是 S_1，

和需求曲线交于 B 点，此时均衡产量为 Q_1，均衡价格为 P_1。现在政府实施金额为 GC 的财政补贴，则供给曲线向下移动至 S_2 和需求曲线交于 C 点，此时均衡产量增加至 Q_2，均衡价格降低至 P_2。再来看社会福利的变化，在政府实施财政补贴政策前后，消费者剩余由 ABP_1 增加到 ACP_2，生产者剩余由 DBP_1 增加到 ECP_2，所以总剩余增加了 $BCED$。而企业因为财政补贴获益为 $BFCG$，政府财政支出为 $CGDE$，因此，整个经济体的社会效益增加 $BCED + BFCG - CGDE = BCF > 0$，说明财政补贴可以增加社会总福利。

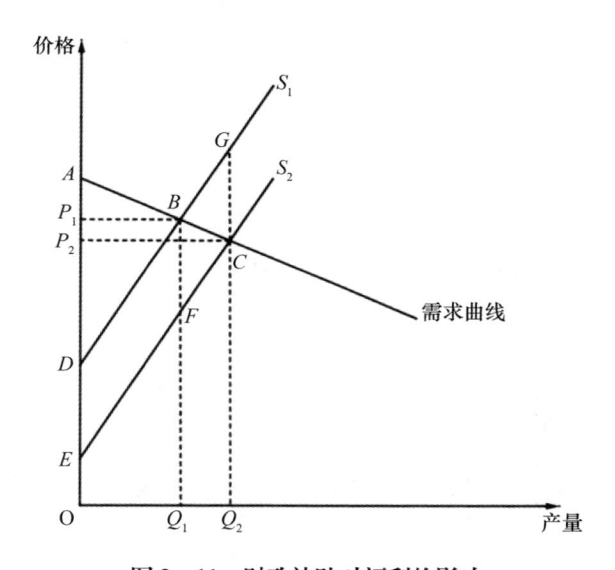

图 3-11 财政补贴对福利的影响

减免其他税种：在图 3-12 中，假设经济是完全竞争的，则价格不受消费者或生产者影响，双方都是价格的接受者，因此，消费者的需求曲线是一条水平线。假设减免税收之前，企业的边际成本函数由 SMC_1 定义，平均成本曲线由 AC_1 定义，则生产者的最优条件为：$MR = MC$，即边际收益 = 边际成本，所以均衡点为 E_1，此时均衡产量为 Q_1，企业利润为 $PE_1S_1R_1$。现在政府选择减免部分税收，则企业的成本曲线下移，边际成本函数变为 SMC_2，平均成本函数变

为 AC_2，根据边际收益 = 边际成本的条件，新的均衡点为 E_2，均衡产量为 Q_2，此时企业利润变为 $PE_2S_2R_2$，明显大于减税之前的利润，说明减税可以增加企业利润水平。因为是在完全竞争市场中，利润水平增加势必吸引更多企业进入市场，进而扩大产业规模，因此政府应该有选择地对减排效果良好的企业或清洁能源企业进行适当减税，调整能源和产业结构。

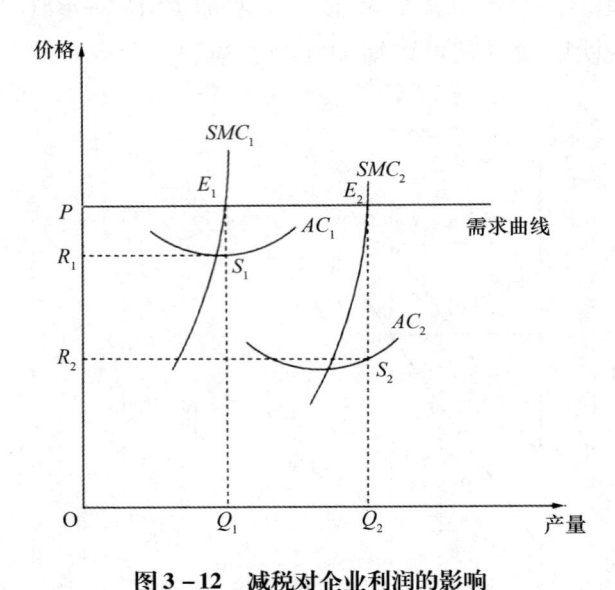

图 3-12 减税对企业利润的影响

第二节 碳税作用机理

一 碳税对经济与环境的作用机理

（一）碳税如何影响经济

通过提高化石燃料的使用成本，实施碳税将倾向于增加产品和服务的生产成本，特别是电力或运输等涉及大量二氧化碳排放的产品和服务。这些成本增加将激励企业以减少二氧化碳排放的方式生产产品，同时，更高的生产成本还会导致排放密集型商品和服务的价格上涨，这将鼓励家庭减少使用这些商品和服务，而更多地使用其他商品和服务。

如果不考虑碳税带来的收入将如何使用，这种税收将对经济产生负面影响。它导致的更高的价格将降低人们收入的购买力，由于商品和服务价格上涨，他们的实际工资也会下降。更低的实际工资会减少人们工作的数量，从而减少劳动力的总供给，投资也将下降，从而进一步降低经济总产出。

与此类似，随着经济对税收进行调整，排放密集型行业的工人和投资者可能会承受相对较大的负担，因为他们的产品需求将出现最大的下降。另外，燃煤发电的地区的电力价格上涨幅度往往比其他地区大。

碳税对劳动、投资及产出的影响如图 3-13 所示。

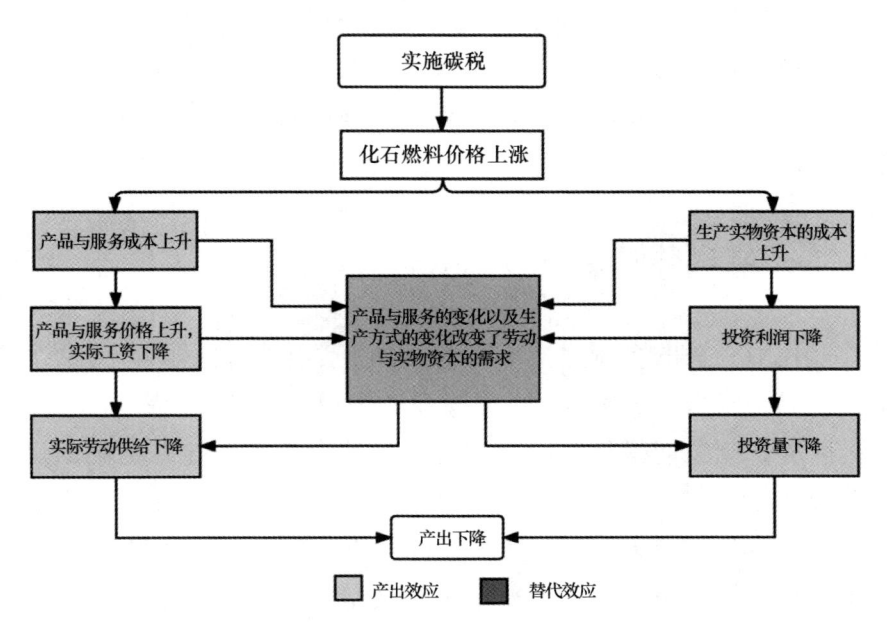

图 3-13　碳税对劳动、投资及产出的影响

（二）碳税如何影响环境

自 200 多年前工业革命开始以来，人类向大气中排放的温室气体越来越多，其中最主要的是二氧化碳，它是燃烧化石燃料时排放的。全球与化石燃料相关的二氧化碳排放预计将在未来几十年大幅增长，不断上升的二氧化碳排放引起了人们的关注，因为它们和其他温室气体一起，在大气中积累，可能导致地球上的平均气温上升。

平均气温上升导致的气候变化是一个长期问题，其原因和后果均是全球性的，包括对人类和生态系统的影响。要显著地限制未来气候变暖的程度，需要温室气体主要排放国的共同努力。研究人员试图估算与二氧化碳排放增加相关的未来气候变化造成的货币价值的损失，这种货币价值被称为碳的社会成本。碳的社会成本的估计是高度不确定的，学术界已经估计出了不同范围的数值。当研究人员重视长期结果，并考虑到气候变化造成的损失在未来急剧增加以及造成非常巨大甚至灾难性损失的小概率时，这些数值是最高的。因此，碳税被视为人们愿意为未来未知的气候变化风险所支付的价格，当人们的支付意愿上升时，碳税实施的阻力越小，对于环境的改善则越大。

二 碳税作用经济的一般机理

碳税对经济的影响是多方面的。经济学家将其影响分为两个方面，一是资源方面的影响，二是碳税作为税收对经济的影响。

首先，碳税使得化石燃料的价格和碳含量成正比，更高的燃料价格反过来会提高生产成本，并最终推高整个经济中商品和服务的价格，碳排放越密集的商品和服务价格的上涨幅度就会越大。因此，汽油、火力发电等行业的价格上涨幅度最大。碳税引起的相对价格的变化将导致厂商生产和消费者购买量减少，从而降低碳排放。例如，火电和汽油等能源涨价之后，这种变化将鼓励家庭减少电力和汽油消费，购买更节能的电器和车辆，更多地使用公共交通工具等。同时，生产部门也更有动力以减排的方式生产产品，比如采用风能或太阳能发电而不是火力发电，在设备上安装隔热材料以减少热量损失，等等。

其次，作为税收对经济的影响，碳税主要对经济产生两个方面的效应：产出效应和替代效应。产出效应是指化石燃料价格升高，降低了实际工资和投资利润。替代效应是指一部分消费的商品和服务的相对价格上升，导致消费者购买另一部分商品和服务的需求增加。产出效应和替代效应将进一步影响实际工资和投资利润。

（一）产出效应

税收的产出效应通过降低劳动力供给和减少投资两种途径影响经济。

第一，碳税使化石燃料价格上涨，从而导致相关商品和服务价格的上涨，这将降低同样可支配收入的购买力，即导致实际工资下降，进而降低劳动力的总供给。实际工资下降对劳动力供给有两个方面的影响，一方面，较低的实际工资降低了人们工作的意愿，人们更愿意花费时间待在家里而不是外出工作；另一方面，较低的工资会减少人们税后可支配收入，而为了维持原有消费水平，工人必须更多地工作。研究表明，第一种效应明显大于第二种效应，因此实际工资下降会降低劳动供给水平。

第二，化石燃料价格上涨将提高生产实物资本的成本，资本成本增加会减少资本所有者从投资中获得的利润，减少投资的总体水平。如果碳税政策可以促使企业提前更换资本设备，比如用风力或核能发电取代燃煤发电，也许会减弱碳税对投资的负面影响。假设在税收宣布和生效之间有一个显著的延迟，在税收政策宣布之后和落实之前，如果企业在这段时间内更换与碳排放相关的密集型资本设备，则可能会导致中期投资略有增加。但总体来说，征收碳税实际上会降低投资。当劳动供给水平和投资水平同时下降时，总产出就会下降。

（二）替代效应

除了对产出的影响，碳税造成的化石燃料的价格上涨将导致消费者减少购买碳含量高的产品和服务，转而消费碳含量低的其他商品和服务。此外，碳税将促使制造商以低碳排放的方式生产产品，主要是通过在生产过程中减少化石燃料的使用。人们购买的产品组合以及这些产品生产方式的改变会导致劳动力和资本在整个经济中转移。例如，为了减少化石燃料的使用，企业可能会采用每单位产出所需的资本数量更多而劳动力数量更少的生产方法（例如通过安装设备，更密切地监测和管理能源使用）。这种替代将导致投资利润的下降要少一些，但实际工资的下降要更多。

另外，如果税收的成本落在对价格变化反应相对较小的劳动或资本类型上，碳税导致的产出减少的幅度会变小。特别是，若税收成本是由现有的化石燃料储备所有者和现有投入到排放密集型产业的固定资本的所有者承担，产出的下降将得到缓解。由于征收碳税，这些所有者将获得更低的利润，但因为这些生产要素已经存在，它们的供给不会因碳税而发生显著变化。因此，此时征收碳税对产出的影响将会减弱，但同时会减少碳税对二氧化碳的减排效应。

第四章

碳税政策的国际比较与经验借鉴

随着全球变暖逐渐加剧，其负面影响已经渗透人类社会经济生活的众多方面。为了缓解人类面临的气候危机。2019 年，世界气象组织（WMO）公开的《温室气体公报》中指出，以二氧化碳为首的温室气体浓度在 2018 年达到新的峰值，并呈现继续上升的趋势。世界气象组织由此警告称，极端天气和高温在未来将更加频发。

2020 年，中国、美国、欧盟 27 国、印度、俄罗斯和日本仍然是世界上最大的二氧化碳排放体——合计占全球人口的 49.5%、全球国内生产总值的 61.8%、全球化石燃料消费总量的 65.2% 和全球化石二氧化碳排放总量的 66.7%。

2020 年，碳排放量排名前十的国家及其人均碳排放量、碳排放强度见表 4-1、表 4-2。

表 4-1   2020 年碳排放量排名前十的国家

国家	2020 年碳排放量（百万吨二氧化碳）
中国	11680.41605
美国	4535.301085
印度	2411.73289
俄罗斯	1674.228016
日本	1061.774366
伊朗	690.240852
德国	636.8764643
韩国	621.4683839

续表

国家	2020年碳排放量（百万吨二氧化碳）
沙特阿拉伯	588.8143736
印度尼西亚	568.2671101

表4-2　2020年世界主要碳排放国家的人均碳排放量及碳排放强度

国家	人均碳排放量（吨/人）	碳排放强度（吨/千美元）
中国	8.199382	0.51
美国	13.68398	0.23
印度	1.743592	0.29
俄罗斯	11.64382	0.43
日本	8.393762	0.21
伊朗	8.257741	0.66
德国	7.715932	0.15
韩国	12.06571	0.28
沙特阿拉伯	16.964	0.38
印度尼西亚	2.087506	0.18
世界平均水平	4.617049	0.28

由图4-1可以看到，这十个国家中只有印度尼西亚和印度的人均碳排放低于世界平均水平，中国人均碳排放虽然小于沙特阿拉伯、

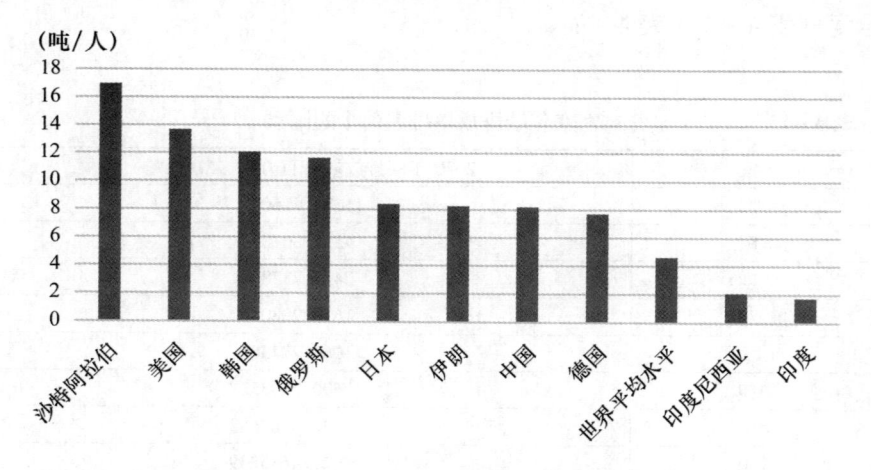

图4-1　2020年主要碳排放国家人均碳排放

美国、韩国、俄罗斯、日本和伊朗,但仍然处于较高水平,居全球第 34 位,为世界人均碳排放的将近 2 倍。

由图 4-2 可以看到,这十个国家中美国、日本、印度尼西亚和德国的碳排放强度低于世界平均水平,中国的碳排放强度处于较高水平,仅次于伊朗,为世界平均排放强度的将近 2 倍。

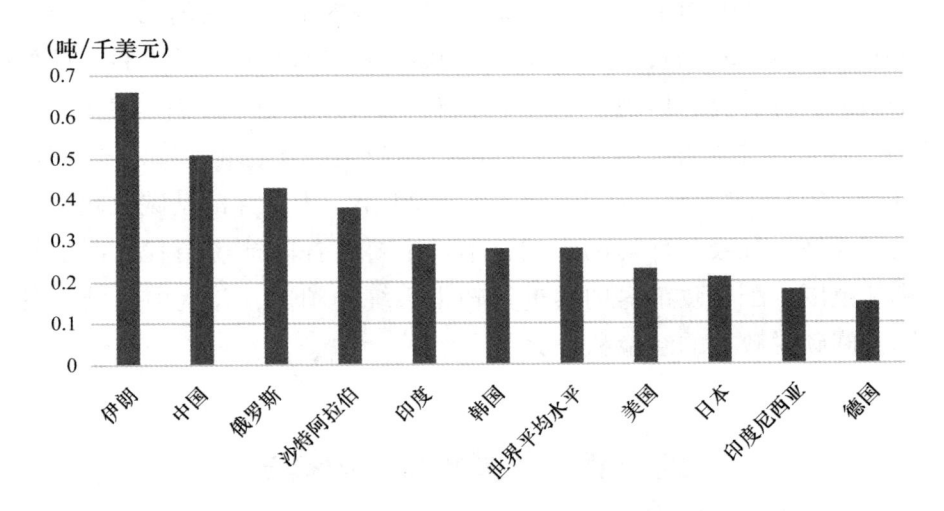

图 4-2　2020 年主要碳排放国家碳排放强度

在 20 世纪 90 年代,为了控制温室气体排放,各国开始思考如何通过政府制定政策来宏观调控产业结构,并相继提出治理政策以减少碳排放,促进清洁能源使用,来应对全球大气温室效应的恶化。从环境经济学的角度看,温室气体的排放很大程度上和经济活动密切相关,属于负外部性现象,本应由生产者承担的成本实际上转嫁给全社会各经济主体承担。由于碳税具有"双重红利"性质,各个国家开始陆续实施碳税以实现经济和环境的"双重红利"。

1990 年,芬兰率先实施碳税,而后挪威、瑞典、丹麦等国纷纷对二氧化碳的排放进行征税。2005 年,欧盟建立起了欧盟碳排放交易体系来配合碳税的实施,实行碳税的国家也从欧洲延伸到世界各地。澳洲由新西兰、北美洲由加拿大、亚洲由日本率先开始征收环境税，而南美洲由墨西哥第一个加入征收碳税的行列中。2019年之后，南非、荷兰等国也纷纷通过碳税法案。直到今日，碳税一直是世界各国全面控制温室气体排放的核心手段之一。

中国是世界第二大经济体，历来重视由碳排放导致的环境问题，早在20世纪90年代就实施降低单位GDP煤炭能耗，并用新能源替代的战略；2009年设立了在2020年单位国内生产总值消耗的碳相比2005年减少40%的目标；2014年确定了在2030年前后达到碳排放峰值的目标，充分体现了中国对改善世界环境治理的责任与担当。

作为最有效的减排政策之一的碳税政策在中国刚刚起步，西方发达国家比中国早进入实施阶段将近20年，为了弄清楚碳税政策对国家经济、社会和环境的影响，本章主要对各国征税历程、课税税率和范围、配套政策等内容进行较为系统的阐述，并从中总结出各国实施碳税政策的经验和启示。

第一节　各国碳税征收模式

一　芬兰

芬兰于1990年开始征收碳税，是第一个对温室气体排放征税的国家。不过芬兰在征收碳税之前，已经存在面向运输燃料的能源税，所以在碳税开征之初，芬兰将运输燃料排除在碳税的征收对象之外。

芬兰的碳税征收标准随着制度的发展经历了两次演变。1990—1994年，碳税以能源产品的碳含量为标准征收。1994—1996年，碳税基于能源产品的碳含量和能源含量计征。二者比例从最初的3∶2变为3∶1。1997年，碳税完全以二氧化碳排放量来计算征收。

从税率来看，芬兰最初的碳税税率为每吨二氧化碳当量征收1.2欧元，并采用了渐进税率的方式，在之后一直缓慢增长，2003年每吨二氧化碳当量征税 18 欧元，2008 年约为 20 欧元。2021 年芬兰对交通运输燃料征收的碳税税率约为 66.2 欧元/吨二氧化碳，对其他化石燃料征收的碳税税率约为 56.6 欧元/吨二氧化碳。

由于芬兰碳税起步很早，所以配套政策比较完善。1997 年，芬兰将个人所得税减少了 5.9 亿欧元，雇主负担的社会保障支出减少了 3.4 亿欧元，税收减少的部分由碳税和垃圾填埋税补偿。1998 年，芬兰进一步降低劳动税，并通过环保税收抵消税收收入赤字，二氧化碳排放量降低了 7%；2000 年，芬兰超额完成了碳减排目标；2008 年，芬兰增加了农业和碳汇工程的税收返还，并对生物质燃料油提供全额豁免。

二　挪威

挪威政府于 1991 年开始面向煤炭、矿油和天然气的消耗征收碳税和硫税，税率为 51 美元/吨二氧化碳。1998 年，挪威补充了商业柴油税，并提高原有碳税的税率。1999 年，将碳税覆盖范围扩大至国内航空运输行业。截至 2002 年，挪威境内 64% 的二氧化碳排放和 52% 的温室气体排放被纳入碳税课税范围之内。

同时，挪威采用了各种税收优惠配套措施，比如对能源密集型产业的出口品免税，以减少碳税对国内商品在国际竞争力上的影响。另外，航空运输、钢铁生产部门也都豁免了部分碳税。因此，挪威的税收减排效果比较显著，并且对经济增长的保护效果也较为明显。1990—1993 年，碳税政策直接导致碳排放下降了 3.4%。到 2010 年，挪威的 GDP 上升了 70%，而碳排放仅增长了 15%。

三　瑞典

瑞典于 1991 年对国内交通运输中使用的石油、煤炭、天然气等航空燃料开征碳税和二氧化硫税，1992 年开征氮氧化物税，税率约为 40 瑞典克朗/吨排放气体。同时，瑞典适当降低了原有的能源税。1993—1997 年，瑞典减免了工业部门 25% 的碳税。1998 年之后，瑞典将税率提高至 365 瑞典克朗/吨排放，对工业部门的豁免比例提高至 50%，并全额豁免了采矿业、制造业、造纸行业的税收以减轻工业部门的税负压力。2007 年，瑞典将税率提高至 930 瑞典克朗/吨排放。

瑞典在征收碳税的过程中，开展了两次规模比较大的环境税和其他税制的改革。第一，1991 年，瑞典削减了 30% 的个人所得税，其中高收入者的个人所得税减免了 50%。个人所得税降低造成的税收亏空由新增的碳税和二氧化硫税来补充。第二，2001 年，瑞典为了打造生态可持续社会并进一步减少中低等收入阶层的税负压力，继续减免个人所得税，并提高环境税率来弥补税收差额。

从碳税政策效果来看，在开征税收之后，1990—2006 年瑞典的碳排放量减少了 9%，其中 90% 的减少来自碳税政策，大大超过了《京都议定书》中设定的目标，同时实现了 44% 的经济增长，说明该税收有助于大幅减少瑞典的二氧化碳排放，并推动了瑞典能源结构从碳氢燃料转向生物质燃料的进程，是引导社会走向气候友好型的主要动力来源。

四 英国

1990 年，英国开始征收化石燃料税，主要面向火电行业，所以燃料税和发电量紧密相关。并且早期化石燃料税收收入分为两种用途，大部分用来补贴核电工业，小部分用来补贴可再生能源发展。1998 年之后，政府将这部分收入完全投入可再生能源项目中。

2001 年 4 月，英国开始面向天然气、电力、煤炭等行业征收气候变化税，并将税收收入纳入转移支付中。气候变化税有以下两点值得借鉴。第一，由于气候条件恶劣，政府对供暖需求高的地区免去采暖燃料税收，减少低收入阶层的生活压力。第二，对污染程度高的燃料收重税，不同类型的石油产品需要缴纳不同的税率，比如交通燃料的税率比其他石油要高很多，超低硫汽油和超低硫柴油的税率约为57.95便士/升。又如柴油的税率高于无铅汽油，因为柴油对环境造成的影响更加严重。2019—2020年，英国的燃油税收入约为275.7亿英镑。

目前，英国对能源供货商、运输行业、食品行业以及其他高碳商品和服务征收碳税，不过英国的碳税一直是隐性税，并未针对消费者购买的商品和服务所产生的碳排放而直接征税。

英国出台了一系列措施来辅助气候变化税，以促进能源转型和减少排放。首先，英国设立了减少90%的电力、减少65%的天然气和液化石油气的减排目标，对达到减排目标的能源密集型企业减免80%的气候变化税。其次，出台了针对节能技术的投资补贴方案以促进技术进步。另外，英国还建立了一系列减免标准，对特定项目和企业，比如利用可再生能源发电的企业实施免税。

五 日本

日本作为全球第五大温室气体排放国，提出碳税政策减排最早可以追溯到1997年12月的《京都议定书》，《京都议定书》制定了2008—2012年温室气体排放应比1990年下降6%的目标。

2004年，日本环境省提出碳税征收方案，2005年10月提出最终方案。2007年1月1日，日本开始正式征收环境税，虽然名为"环境税"，但是实际上环境税是针对二氧化碳排放的税种，可以理解为碳税，当时的税率为2400日元/吨。2010年，东京建立了碳排放交易系统。2012年10月1日，日本开始对煤炭、石油、液化天然气征税。

日本碳税主要对家庭和办公室中、商业活动中和电力公司使用的化石燃料征税。税收总额约3700亿日元；其中，家庭约1000亿日元，产业部门约1600亿日元，商业部门及其他为1100亿日元。

税率为 2400 日元/吨碳。日本的碳税和欧洲国家不同，采取非税收中性的税率，并将其作为政府一般财政资源的一部分，全部用于全球变暖对策，比如森林维护、促进可再生能源的使用和普及、建造房屋和建筑物的节能设施。

《京都定义书》中，日本制定了较为激进的减排目标，很大程度上是依赖于核电对化石能源的替代。而 2007 年、2011 年日本两次大地震后，破坏了很多核电计划和发电站设施。核泄漏不仅对全国及世界环境造成了不可挽回的损失，也迅速增加了日本的减排压力。

六　南非

南非是非洲第一个实施碳排放税的国家。在征收碳税之前，南非高度依赖化石能源等不可再生能源，能源结构严重偏移，成为非洲大陆污染最严重的国家之一。因此南非政府充分考虑到节能减排工作的必要性，以及碳税可能对经济造成的负面影响，提出了"可持续、成本效益和价格合理"的目标减少温室气体排放，努力实现全球气候变化协议的减排目标。

南非政府于 2006 年开始在环境财政改革的政府档中正式提出环境税及相配的激励机制。2009 年 8 月，南非开始对小型机动车征收二氧化碳排放税。2010 年 9 月，南非出台新碳税法案，该税从 2015 年开始征收，将征税的范围扩大至轻型商用车，并将碳税收入固定地作为环境保护和改善项目的资金。但南非矿业、钢铁制造和国有电力公司认为这项举措会侵蚀企业利润，并宣称要提高居民用电价格，因此南非碳税的实施不断地被推迟。2012 年 2 月，南非再次正式宣布将要征收碳税，并承诺在国际援助协助下，到 2020 年降低 34% 的二氧化碳总排放量，到 2025 年降低 42%。但由于国际援助没有到位，直到 2019 年 2 月，南非国民议会才表决通过碳税法案。

南非的碳税法案分两个阶段实施，第一阶段是 2019 年 6 月 1 日至 2022 年 12 月 31 日，税率为 120 南非兰特/吨二氧化碳，约合

8.34美元/吨二氧化碳，补贴额度为 0.42—3.33 美元/吨二氧化碳。第二阶段为 2023—2030 年，政府将对第一阶段的税收影响进行评估，适当提高税率和减少补贴范围。

七 加拿大

1992 年，加拿大签署了《联合国气候变化框架公约》，其目标包括将全球气温增幅控制在 2°C 以下，2030 年污染水平比 2005 年降低 30%。在实施碳税之前，各界公认加拿大政府无法按期达成这一目标，学者预测没有碳税的情况下，2030 年的排放量仅能降低 4% 左右，所以碳税是尽快达成目标的重要政策。

2008 年，加拿大不列颠哥伦比亚省引入了北美洲首个燃料购买及使用的碳税，该税以每吨二氧化碳当量 10 加元的价格征收，并以每年 5 加元的速度逐渐增加，直到 2012 年达到每吨 30 加元。该税种覆盖了全省 70% 的碳排放，根据估计，截至 2015 年，这项税收降低了该省 15% 的排放量，同时实际 GDP 增加了 12.4%，高于加拿大全国平均水平，且清洁经济 GDP 增长了 19.3%，说明该省的碳税实现了"双重红利"效应。另外，碳税增加了不列颠哥伦比亚省 200 家清洁技术部门共 17 亿加元的收入，增加了近 7 万个清洁技术部门的工作岗位，较 2010 年增加了 12.5%。

自由党领袖 Stephane Dion 首先提出中性碳税的概念。税收是收入中性的，因此产生的每一美元都以降低个人所得税税率、低收入气候行动税收抵免和企业所得税减免等形式返还给不列颠哥伦比亚省的居民，减少了对经济的负面影响。

2018 年，加拿大宣布从 2019 年开始在全国范围内实施税收中性的碳税。2020 年 12 月，联邦政府将碳税价格设置为 15 美元/吨，并计划在 2025 年达到 95 美元/吨，2030 年达到 170 美元/吨。

加拿大的碳税实施和其他国家的不同之处在于，加拿大联邦政府允许各省依据本省经济发展状况制定碳税税率等实施细节。截至

2020年9月，加拿大的13个省和地区中有7个省使用联邦碳税计划，有3个省制订了本省独立的碳税计划。

加拿大的碳定价机制分为三类：碳税、基准信用体系和限额交易制度。

碳税是加拿大最常见的碳定价机制，通常作为"燃料费"而实施，即政府通过计算化石燃料的碳含量对其价格收取额外费用，丙烷等低碳燃料的税率为0.05美元/升，而柴油等高碳燃料的燃油费为0.08美元/升。

基准信用体系是加拿大针对工业排放设置的基于绩效标准和产品产量的定价体系。各省级政府可以通过本省具体情况设置基准门槛，如果某企业排放大于基准，则企业必须购买信用额度，如果排放低于基准，则企业可以获得一定的信用，可以抵消未来几年的排放量。

限额交易制度是加拿大针对特定管辖区设定排放上限的制度。不超过上限的碳排放可以通过拍卖或自由分配给工业部门。对于超过上限的排放，排放必须支付一定价格以购买排放权。

碳税收入的使用和返还机制在各省也不尽相同，通常资金以气候奖励金的形式返还至个人，或者使用这些税收收入减少所得税等其他税种，或直接通过退税计划资助清洁能源项目。

八　大洋洲

大洋洲的国家碳税实施情况较为复杂。

新西兰于2005年5月提出碳税实施政策，拟于2007年4月开始征收碳税，预设碳税税率为15新西兰元/吨二氧化碳，适用于大部分经济部门，同时豁免了农业甲烷排放的碳税以及对碳密集型企业设置了详细的特殊豁免条款。但2005年大选之后，当选政府于同年12月，在碳税法案还没有正式投入使用之前就将其废除。2006年12月，新一届政府重新探讨碳税和配套政策的具体实施方案，最终优先选择了碳排放权交易作为节能减排的手段。

澳大利亚是人均碳排放量排名靠前的国家之一。2021年，澳大利亚人均排放量为1388吨，排名世界第四；历史累计人均碳排放量为4013吨，排名世界第三。

2011年，澳大利亚议会通过了碳税征收的提案，提案决定次年7月开始征收碳税。2012年7月1日，澳大利亚联邦政府设定碳税税率为23澳元/吨。但2014年7月17日，澳大利亚政府通过参议院废除了碳税法案，使澳大利亚成了第一个废除碳税的国家，为了继续努力减排，政府设置了减排基金制度。

第二节 国际碳税分析

一 税收政策模式

从减排政策模式来看，目前各国采取的方法有单一碳税政策和复合碳税政策两种。单一碳税政策是指政府只选择碳税作为唯一的减排手段，如芬兰等北欧国家早期阶段的碳税和英国的气候变化税（Climate Change Levy，CCL）。从国际经验来看，芬兰在1990—1998年减少了约8%的碳排放量，爱尔兰在征收碳税之后极大地促进了能源结构向清洁能源转型。不过并不是每个国家的单一碳税政策都很有效。挪威、丹麦、瑞典等国的碳税政策虽然短期内对二氧化碳的排放有显著的抑制作用，但是随着政府为了维持税收中性和保护经济发展，分别对高耗能产业部门实行豁免税收或降低税率的政策，因此并不能长期有效地减排。

复合碳税政策是指碳税或排放税并非是一个独立税种，而是作为一国节能减排税收体系的一部分，可以称为"融入税种"，或是和其他碳定价政策结合来实施。如芬兰、瑞典等北欧国家的消费税、能源税或燃料税、日本的全球变暖对策税、英国的气候变化税、丹麦和斯洛文尼亚等国的环境税等。

另外，在一些国家，碳税可以与碳排放交易政策等定价手段结合来弥补单一政策的不足。如欧盟在 2005 年建立了欧盟碳排放权交易体系作为碳税的补充；日本于 2010 年在东京建立了碳交易市场；加拿大各省在联邦政府的约束下，可以自主选择碳定价政策以达成总体减排目标。从国际实践经验来看，定价手段和碳税的结合能大大提高减排效率。由于税率制定缺乏依据且排放成本固定，但有利于政府设定较为激进的减排目标；而碳交易价格浮动大，很难在经济周期波动中保持稳定，所以二者可以很好地互相弥补。因此，复合碳税成了多数国家的选择。

二 碳税税率

由于各国国情不同，导致碳税税率相差较大。目前，税率最高的国家是瑞典，碳价达到 137.24 美元/吨二氧化碳；最低的国家是波兰，仅有 0.08 美元/吨二氧化碳。部分国家（地区）碳税税率情况见表 4-3。

表 4-3　　　　　　　　部分国家（地区）碳税税率

国家（地区）	开征时间（年份）	碳税税率（美元/吨二氧化碳）
加拿大新不伦瑞克省	2020	31.83
南非	2019	9.15
加拿大西北地区	2019	23.88
加拿大纽芬兰与拉布拉多省	2019	23.88
加拿大爱德华王子岛省	2019	23.88
加拿大	2019	31.83
英国	2013	24.8
日本	2012	2.61
瑞典	1991	137.24
挪威	1991	3.87—69.33
芬兰	1990	62.25—72.83

从碳税税率变化趋势来看，各国均服从先低后高的趋势。排除通货膨胀的影响，呈现这样的趋势是由于在碳税征收初期，为了减少碳税对本国产品进出口的影响，各国通常指定相对较低的税率，而后配套减免措施和其他政策工具，在维持税负水平稳定和税收中性的前提下逐年提高税率。如芬兰在 1990 年开征碳税时税率仅为 1.62 美元/吨二氧化碳，而发展至今，芬兰的交通燃料税率为 72.83 美元/吨二氧化碳，其他化石燃料税率为 62.25 美元/吨二氧化碳。丹麦 1992 年初始税率设定为 100 丹麦克朗/吨二氧化碳，约合 14.84 美元/吨二氧化碳，到 1996 年提高了 15%—20%。挪威在 1991 年碳税税率设定为 40.10 美元/吨二氧化碳，2005 年税率上升为 53.30 美元/吨二氧化碳。南非于 2019 年 6 月开征碳税后，以 8 美元/吨二氧化碳作为初始价格，而后规定 5 年内每年增长 10%，目前南非税率大约为 9.15 美元/吨二氧化碳。日本也在开征碳税后分三个阶段提高碳税税率，目前保持在 2.61 美元/吨二氧化碳的水平。

碳税税率整体水平较低。根据碳定价高级别委员会的估计，《巴黎协定》中的全球减排目标按照现在的各国税率是难以达成的。要达到《巴黎协议》的减排目标，2020 年碳价需要达到 40—80 美元/吨二氧化碳，2030 年碳价要达到 50—100 美元/吨二氧化碳。而根据国际货币基金组织的测算，目前全球碳价平均只有 2 美元/吨二氧化碳，共 27 个国家和地区低于 40 美元/吨二氧化碳的下限，可见依靠碳税减排压力仍然巨大。

三 碳税计算依据

从碳税征收依据来看，国际上主要采用两种指标来计算征收金额。一种是采用二氧化碳的实际排放量作为依据，即收集测算所有温室气体的排放，并转换成二氧化碳当量。采用实际排放量作为依据简单直接，并且可以形成连续型数据来衡量企业一定阶段内的减排努力和成效。但是这种方法有很复杂的技术要求，需要相关企业装备实时监测二氧化碳的设施，并且需要捕捉、测算和汇报等多个环节的准确性，落实难度较大，目前只有波兰、智利、捷克等9个国家采用这种方法。另一种是采用化石燃料消耗量来折算排放量。这种方法实施成本低，而且化石燃料的消耗是碳排放最主要的来源，所以与直接采用排放量作为衡量依据的偏差也比较小，为大多数国家所接受，如芬兰、丹麦、瑞典、挪威、英国、日本等17个国家。

四 碳税征收范围和征收环节

从征收范围来看，各国都呈现覆盖范围先小后大、先集中后发散的趋势。碳税实施早期，多数经济体的碳税都集中在高排放的产业进行征收，比如芬兰于1990年开征碳税时只针对工业和电力行业，而后随着绿色税制改革进程，碳税覆盖了几乎所有能源行业。

从征收环节来看，各国碳税的主要征收环节可以分为三种：消费端、生产端和消费生产两端。消费端指碳税是只面向化石燃料的消耗过程征税，比如波兰和英国。这种形式符合税收公平原则，覆盖范围广，也可以激励购买化石燃料作为原材料的厂商主动转型以及家庭部门节约能源、节俭生活。缺点是消费端价格增加之后，向生产部门传导较慢，无法短时间内降低化石燃料的生产量，并且纳税范围较广，不便于管理。生产端是指碳税只对生产化石燃料的部门按照生产量征税，比如日本、加拿大、冰岛等国。这种方法便于管理，减少社会阻力，但是由于价格提升信号传导需要时间，容易造成供给不足，同时企业会提高产品价格将税收转嫁，本质上还是对消费端进行征税。由于单一地对生产端和消费端征税容易造成脱节，价格信号无法短时间内传导，所以部分国家采用消费生产两端同时征税，即化石燃料的消耗过程和生产过程都要缴纳碳税，比如荷兰将生产部门、进口部门、经销部门和消耗化石燃料的家庭、企业部门全部作为纳税对象。这种方法可以将碳税成本均摊给各个经济主体，使每一个部门不用承受很大的税负压力。

五 碳税中性实现途径

通过对各国碳税实践的总结，各国均采用不同的经济或政策手段实现税收中性，具体可以分为三种途径。

第一，对特定纳税群体如交通运输行业、制造业等适当减税，避免碳税税负压力过大。例如芬兰对交通工具和高耗能企业实行碳税减免；瑞典对制造业、纸浆生产、电力行业和采矿业减免了碳税；挪威对煤炭和焦炭生产企业进行免税。

第二，和其他税种互补，即由于碳税作为新的税种，适当减免其他税收的税率或起征点，维持整体税收中性。日本规定了如果企业减排有显著成效，给予80%的减免力度。另外，日本于2009年减免购买清洁能源汽车的消费者的车辆购置税和重量税，被称为"绿色税制"。丹麦降低了雇主的社会保障税，并对参加减排协议的企业提供80%的税收优惠。荷兰在2001年降低了1/3的个人所得税，等等。

第三，政府将碳税收入纳入一般预算，将碳税收入返还给做出节能减排努力的企业，或投入清洁技术的研发、节能环保投资中。比如英国和日本等国将碳税收入的一部分投入能源节约技术的研发，荷兰与德国将碳税投入养老基金，并减轻了个人和企业的缴纳负担。丹麦将工业企业的碳税收入全部返回到工业，作为改善能效的投资资金。加拿大将碳税收入用于转移支付，直接用于对低收入人群的帮扶。

第三节 国际实践的启示

一 保持渐进税率

从各国碳税实践中我们可以看到，碳税开征时税率不宜太高。

在初期设定过高的碳税税率不利于国家经济的稳定运行，对企业部门的利润损失和家庭部门的效用损失都很显著，还会降低本国产品的比较优势，抑制出口产生贸易赤字。合适的税率应该刚刚足够对纳税对象产生一定的影响，同时不能遏制各经济主体尤其是高排放部门的发展。

二 维持税收中性

过高的税收会对经济体产生超额负担，进而导致扭曲资源分配，因此，为了保证利伯维尔场的资源分配功能不受干扰，需要保证税收中性，让各经济主体只承担固定的税收负担，保证市场功能正常运转。

中国在征收碳税过程中可以参考国际实践经验，从三种途径分别制定相应政策以维持碳税税收中性。第一，减轻各部门碳税税收负担，减少碳税对经济的不利影响，尤其是对于基础设施部门如公共交通运输等利润空间较小的行业，征收碳税之后企业会选择提高使用价格，进而减少消费者福利。第二，可以适当减少其他税种的金额，比如降低企业所得税和个人所得税，或增加清洁能源消费补贴等手段。第三，可以将碳税收入投入企业清洁技术开发、森林保育以提高碳汇、新能源项目的建设等方面，其实质是将税收收入的一部分转移为环保支出。

三 设定差异税率

各国政府都设定了详细的分类依据，对不同行业、对象以及地区设定了差异化税率，这对中国征收碳税具有重要的参考价值。

税率可以依据征收对象进行差异化处理。例如，冰岛和丹麦对含氟温室气体设定了比一般化石燃料低的税率；芬兰和卢森堡针对交通燃料和柴油设定了比其他化石燃料高的税率；英国根据不同化石燃料的碳含量、成本差异、比价等要素制定了多元化的税率。

部分国家对于工业、家庭、进出口等不同部门所使用的化石燃料税率也不尽相同，如英国。丹麦的工业碳税税率是一般税率的50%，意在维持工业部门的生产能力，同时对工业和电力部门实行税收减免的优惠政策，尤其是国家需要重点投入的朝阳产业，这类产业往往具有更强的行业竞争力和良好的发展前景。

四 成本收益分析

政府通过碳税减排是一个长期动态的过程，随着经济周期波动，有关部门应该不断地调整税率和配套措施，以适配当时的经济发展水平。这需要在征收碳税前期进行全面合理的成本收益分析，并在试运行开始之后定期测算征税对排放和经济的双重影响。这方面，中国可以借鉴欧盟设立的 COMETR 项目，该项目在每次碳税税率调整等政策细节改变后对事后影响进行评估，同时能够预测下期的可能排放量，为之后的碳税政策效果进行跟踪预测。

同时，碳税收入中的一部分应固定投入低碳经济发展项目当中，这需要政府建立相应的收入支出预算制度，在征税之前将税收去向提前设定，还要考虑碳税初期预算的规模大小、低碳经济的资金需求等要素。在这方面，中国可以参考英国在 2009 年根据减排目标建立的碳预算和碳基金制度。碳预算制度是指英国政府规定，向低碳经济发展投入约 14 亿英镑，主要用来支持风能发电项目、低碳产业、绿色制造业和碳捕获项目等。碳基金制度是指将部分气候变化税作为低碳技术的研发补助和推广支持的资金来源。通过税收预算等财政工具来明确碳税收入的使用方法和资金去向，可以缓解节能减排项目的资金压力，明确碳税征收的目的，提高碳税使用效果。

五 加强国际合作

气候变化影响着全世界。任何国家的碳排放过量，不仅会造成本国的环境污染，还会影响周边国家的大气环流和季风气候。因此，只有通过全球共同努力，才能有效应对这一问题。面对气候问题带来的复杂国际博弈，作为碳排放量最大的国家，中国主动积极地加入国际气候谈判，坚持《巴黎协定》的原则和目标，寻求国际竞争中的合作。同时，提高中国在国际会议和规则制定中的发言权，推动全球碳税政策和其他碳定价机制的正常发展，逐步提高中国对碳减排的自主贡献，加快国内碳定价体系研究，促进低碳产业发展，妥善应对国际贸易的影响，为包括中国在内的发展中国家争取更大的发展潜力。

第五章

碳税社会核算矩阵(SAM)编制

本书以中国 2020 年 153 个部门的投入产出表为基础，合并扩展成包含 5 个第一产业部门、103 个第二产业部门（其中包括 7 个能源行业，分别为煤炭、石油、天然气、火电、水电、风电、核电及其他）和 45 个第三产业部门，行为主体分为中央政府、地方政府、十类居民家庭（农村低等收入家庭、农村中低等收入家庭、农村中等收入家庭、农村中上等收入家庭、农村上等收入家庭、城镇低等收入家庭、城镇中低等收入家庭、城镇中等收入家庭、城镇中上等收入家庭、城镇上等收入家庭）、企业、投资和储蓄、国外部门的宏观社会核算矩阵（SAM）。该矩阵中的数据除了来源于 2020 年投入产出表，还来自《中国统计年鉴 2021》《中国金融年鉴 2021》《中国环境年鉴 2021》《国际收支平衡表 2021》《中国能源统计年鉴 2021》等统计资料。在宏观 SAM 基础上构建微观 SAM，其中一个重要的细节内容是对电力部门和石化能源部门的拆分（即 153 个部门投入产出表，石油和天然气作为一个部门，电力也作为一个部门，没有细分出火电、水电、风电等）。拆分方法如下：根据《2008 年中国电力统计年鉴》电力生产量的比重，把投入产出表中的电力部门按照火电占 83.06%，核电、其他电力供应占 16.94% 的比例进行拆分，其中煤炭、石油、天然气只对火电的生产存在中间投入，对核电、其他电力供应不存在中间投入分解；石油与天然气开采的分解是根据 2020 年中国能源生产的构成。2020 年中国能源消耗总量为 49.8 亿吨标准煤，同比增长 2.2%。其中，煤炭占比为 56.8%，石油占比为 18.9%，天然气占比为 8.4%，一次电力（包括核电、水电、风电、太阳能发电，不包括火电）及其他能源占比为 15.9%，然后根据消费量的比例对投入产出表的数据进行拆分。碳税宏观社会核算矩阵（SAM）如表 5-1 所示。[①]

表 5-1　　　　2018 年中国碳税宏观社会核算矩阵　　　　（单位：亿元）

	生产	商品	煤炭	焦炭	原油
生产		2146628	20806	4789	6691
商品	1418938				
煤炭	24946				
焦炭	6507				
原油	2281				
石油精炼	34979				
天然气	27737				
燃气	3722				
火电	38933				
水电	7849				
风电	1794				
核电	12011				
劳动	475027				
资本	350868				
农村居民					
城镇居民					
企业					
中央政府					
地方政府					
国内增值税	61372				
营业税	185				

---

① 由于微观 SAM 数据量较大，限于篇幅没有列出，可向笔者索要。

续表

	生产	商品	煤炭	焦炭	原油
国内消费税	10800				
城市维护建设税	4856				
企业所得税	2884				
经营性房产税	2385				
城镇土地使用税	5643				
土地增值税	1630				
资源税	2203				
印花税	831				
车船税	3452				
车辆购置税	1317				
耕地占用税	5726				
契税	151				
环境保护税	17089				
其他间接税		16119	52	11	511
关税					
居民所得税					
投资储蓄					
库存变动					
国外		172934	1707	363	16510
总计	2526116	2335681	22565	5163	23712
	石油精炼	天然气	燃气	火电	水电
生产	27316	2853	5890	44300	8454
商品					
煤炭					
焦炭					
原油					
石油精炼					
天然气					
燃气					
火电					
水电					

续表

	石油精炼	天然气	燃气	火电	水电
风电					
核电					
劳动					
资本					
农村居民					
城镇居民					
企业					
中央政府					
地方政府					
国内增值税					
营业税					
国内消费税					
城市维护建设税					
企业所得税					
经营性房产税					
城镇土地使用税					
土地增值税					
资源税					
印花税					
车船税					
车辆购置税					
耕地占用税					
契税					
环境保护税					
其他间接税	77	50	0	0	0
关税					
居民所得税					
投资储蓄					
库存变动					
国外	2490	1619	0	0	0
总计	29883	4522	5890	44300	8454

续表

	风电	核电	劳动	资本	农村居民
生产	3824	10877			
商品					69607
煤炭					83
焦炭					94
原油					0
石油精炼					468
天然气					0
燃气					95
火电					590
水电					99
风电					29
核电					359
劳动					
资本					
农村居民			103920	12495	
城镇居民			371108	14649	
企业			0	323724	
中央政府					
地方政府					
国内增值税					
营业税					
国内消费税					
城市维护建设税					
企业所得税					
经营性房产税					
城镇土地使用税					
土地增值税					
资源税					
印花税					
车船税					
车辆购置税					

续表

	风电	核电	劳动	资本	农村居民
耕地占用税					
契税					
环境保护税					
其他间接税	0	0			
关税					
居民所得税					2673
投资储蓄					47645
库存变动					
国外	0	0			
总计	3824	10877	475028	350868	121742

	城镇居民	企业	中央政府	地方政府	国内增值税
生产					
商品	265927		11998	136408	
煤炭	50				
焦炭	94				
原油	0				
石油精炼	3153				
天然气	0				
燃气	1949				
火电	2304				
水电	388				
风电	115				
核电	1960				
劳动					
资本					
农村居民		1929	148	3250	
城镇居民		33485	510	11110	
企业			1378	1254	
中央政府				7553	30661
地方政府			75748		30711
国内增值税					

续表

	城镇居民	企业	中央政府	地方政府	国内增值税
营业税					
国内消费税					
城市维护建设税					
企业所得税					
经营性房产税					
城镇土地使用税					
土地增值税					
资源税					
印花税					
车船税					
车辆购置税					
耕地占用税					
契税					
环境保护税					
其他间接税					
关税		32805			
居民所得税	11099				
投资储蓄	143824	258136	15742	2124	
库存变动					
国外					
总计	430863	326355	105524	161699	61372
	营业税	国内消费税	城市维护建设税	企业所得税	经营性房产税
生产					
商品					
煤炭					
焦炭					
原油					
石油精炼					
天然气					
燃气					
火电					

续表

	营业税	国内消费税	城市维护建设税	企业所得税	经营性房产税
水电					
风电					
核电					
劳动					
资本					
农村居民					
城镇居民					
企业					
中央政府	41	10800	1061	630	521
地方政府	145		3795	2254	1864
国内增值税					
营业税					
国内消费税					
城市维护建设税					
企业所得税					
经营性房产税					
城镇土地使用税					
土地增值税					
资源税					
印花税					
车船税					
车辆购置税					
耕地占用税					
契税					
环境保护税					
其他间接税					
关税					
居民所得税					
投资储蓄					
库存变动					
国外					
总计	186	10800	4856	2884	2385

续表

	城镇土地使用税	土地增值税	资源税	印花税	车船税
生产					
商品					
煤炭					
焦炭					
原油					
石油精炼					
天然气					
燃气					
火电					
水电					
风电					
核电					
劳动					
资本					
农村居民					
城镇居民					
企业					
中央政府	1233	356	481	182	754
地方政府	4410	1274	1722	650	2698
国内增值税					
营业税					
国内消费税					
城市维护建设税					
企业所得税					
经营性房产税					
城镇土地使用税					
土地增值税					
资源税					
印花税					
车船税					
车辆购置税					

续表

	城镇土地使用税	土地增值税	资源税	印花税	车船税
耕地占用税					
契税					
环境保护税					
其他间接税					
关税					
居民所得税					
投资储蓄					
库存变动					
国外					
总计	5643	1630	2203	832	3452
	车辆购置税	耕地占用税	契税	环境保护税	其他间接税
生产					
商品					
煤炭					
焦炭					
原油					
石油精炼					
天然气					
燃气					
火电					
水电					
风电					
核电					
劳动					
资本					
农村居民					
城镇居民					
企业					
中央政府	288	1251	33	3734	16821
地方政府	1029	4475	118	13355	
国内增值税					

续表

	车辆购置税	耕地占用税	契税	环境保护税	其他间接税
营业税					
国内消费税					
城市维护建设税					
企业所得税					
经营性房产税					
城镇土地使用税					
土地增值税					
资源税					
印花税					
车船税					
车辆购置税					
耕地占用税					
契税					
环境保护税					
其他间接税					
关税					
居民所得税					
投资储蓄					
库存变动					
国外					
总计	1317	5726	151	17089	16821
	关税	居民所得税	投资储蓄	库存变动	国外
生产					243689
商品			407713	25090	
煤炭				−2514	
焦炭				−1532	
原油				21431	
石油精炼				−8717	
天然气				−23214	
燃气				124	
火电				2473	

续表

	关税	居民所得税	投资储蓄	库存变动	国外
水电				118	
风电				1885	
核电				-3452	
劳动					
资本					
农村居民					
城镇居民					
企业					
中央政府	20860	8264			
地方政府	11945	5508			
国内增值税					
营业税					
国内消费税					
城市维护建设税					
企业所得税					
经营性房产税					
城镇土地使用税					
土地增值税					
资源税					
印花税					
车船税					
车辆购置税					
耕地占用税					
契税					
环境保护税					
其他间接税					
关税					
居民所得税					
投资储蓄					-48065
库存变动			11692		
国外					
总计	32805	13772	419405	11692	195624

第 六 章

碳税动态 CGE 模型理论构建
—— 能源价格 CGE 模型的构建

第一节 生产模块

生产模块中假设一个生产部门只生产一种产品，并且技术规模报酬不变。部门总产出是通过投入产出关系从初始要素逐层进行合成的，各层的合成关系采用 CES 函数，各类能源价格的改变会对合成投入物的需求产生影响，最终对各部门的产出、价格和总产出产生影响。

生产模块采用 7 层嵌套，如图 6-1 所示。第一层是资本—劳动—能源与非能源中间投入的合成，非能源中间投入由列昂惕夫的投入产出关系决定；第二层是劳动和资本—能源的合成；第三层是资本和能源的合成；第四层是化石能源和电力能源的合成；第五层是煤炭和油气的合成；第六层是石油和气体能源的合成；第七层是一次能源和二次能源的合成，包括煤炭和焦炭的合成、原油与成品油的合成、天然气和燃气的合成、火电和清洁能源的合成。

①第一层生产组合函数

$$PX_i \cdot QX_i = PKEL_i \cdot KEL_i + PND_i \cdot ND_i$$

$$\frac{PKEL_i}{PND_i} = \frac{\delta_{KEL}}{\delta_{ND}} \left(\frac{ND_i}{KEL_i}\right)^{1-\rho_i^Q}$$

$$QX_i = (\delta_{KEL} KEL_i^{\rho_i^Q} + \delta_{ND} ND_i^{\rho_i^Q})^{\frac{1}{\rho_i^Q}} \tag{6-1}$$

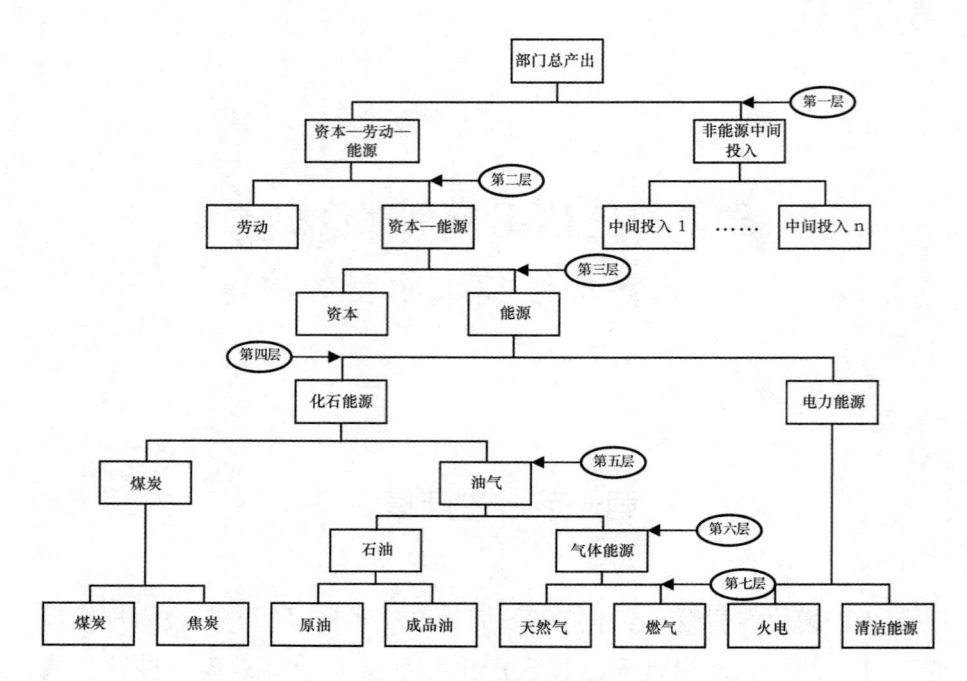

图 6-1 生产模块结构

方程（6-1）表示总产出的利润最大化函数、资本—劳动—能源和中间投入的需求函数和商品供应函数。其中，PX_i 表示 i 部门不含生产税的价格，QX_i 表示 i 部门的产出，$PKEL_i$ 表示 i 部门的资本—劳动—能源的合成价格，KEL_i 表示 i 部门对资本—劳动—能源合成的需求，PND_i 表示 i 部门中间投入的价格，ND_i 表示 i 部门的中间投入，δ_{KEL} 表示 i 部门资本—劳动—能源合成需求的 CES 份额参数，δ_{ND} 表示 i 部门中间投入合成需求的 CES 份额参数，ρ_i^Q 表示 i 部门资本—劳动—能源合成与非能源中间投入合成之间的替代弹性相关系数。

②第二层生产组合函数

第二层生产组合函数包含劳动和资本—能源生产组合函数和中间投入生产函数两个部分。劳动和资本—能源生产组合函数为：

$$PKEL_i \cdot KEL_i = PKE_i \cdot KE_i + PL_i \cdot L_i$$

$$\frac{PKE_i}{PL_i} = \frac{\delta_{KE}}{\delta_L}\left(\frac{L_i}{KE_i}\right)^{1-\rho_i^{KEL}}$$

$$KEL_i = \lambda_i^{KEL}(\delta_{KE} KE_i^{\rho_i^{KEL}} + \delta_L L_i^{\rho_i^{KEL}})^{\frac{1}{\rho_i^{KEL}}} \quad (6-2)$$

方程（6-2）表示劳动和资本—能源的利润最大化函数、劳动和资本—能源的需求函数和商品供应函数。其中，PKE_i 表示 i 部门的资本—能源的合成价格，PL_i 表示 i 部门的劳动价格，KE_i 表示 i 部门对资本—能源合成的需求，L_i 表示 i 部门对劳动的需求，δ_{KE} 表示 i 部门资本—能源合成需求的 CES 份额参数，δ_L 表示 i 部门劳动合成需求的 CES 份额参数，λ_i^{KEL} 表示 i 部门资本—能源—劳动效率参数，ρ_i^{KEL} 表示 i 部门劳动和资本—能源合成的替代弹性相关系数。

中间投入生产函数为：

$$UND_{j,i} = \alpha_{j,i} \cdot ND_i \quad j = 1,2,\cdots \quad (6-3)$$

$$PND_i = \sum_j \alpha_{j,i} \cdot PQ_j \quad j = 1,2,\cdots,13 \quad (6-4)$$

式（6-3）是利用 Leontief 函数对各项非能源中间投入进行的计算，非能源中间投入合成按照固定比例。其中，$UND_{j,i}$ 表示单位 i 部门的产出需要 j 部门的投入，$\alpha_{j,i}$ 表示 i 部门中间投入的直接消耗系数。

③第三层生产组合函数

$$PKE_i \cdot KE_i = PK_i \cdot K_i + PE_i \cdot E_i$$

$$\frac{PK_i}{PE_i} = \frac{\delta_K}{\delta_E}\left(\frac{E_i}{K_i}\right)^{1-\rho_i^{KE}}$$

$$KE_i = \lambda_i^{KE}(\delta_K K_i^{\rho_i^{KE}} + \delta_L E_i^{\rho_i^{KE}})^{\frac{1}{\rho_i^{KE}}} \quad (6-5)$$

方程（6-5）表示资本—能源的利润最大化函数、资本和能源的需求函数和商品供应函数。其中，PK_i 表示 i 部门的资本价格，K_i 表示 i 部门对资本的需求，PE_i 表示 i 部门的能源合成价格，E_i 表示 i 部门对能源合成的需求，δ_K 表示 i 部门资本合成需求的 CES 份额参数，δ_E 表示 i 部门能源合成需求的 CES 份额参数，ρ_i^{KE} 表示 i 部门资本与能源合成的替代弹性相关系数，λ_i^{KE} 表示 i 部门资本—能源效率参数。

④第四层生产组合函数

$$PE_i \cdot E_i = PE_{fosi} \cdot E_{fosi} + PE_{powi} \cdot E_{powi}$$

$$\frac{PE_{fosi}}{PE_{pow}} = \frac{\delta_{fos}}{\delta_{pow}} \left(\frac{E_{powi}}{E_{fosi}}\right)^{1-\rho_i^E}$$

$$E_i = \lambda_i^E (\delta_{fos} E_{fosi}^{\rho_i^E} + \delta_{pow} E_{powi}^{\rho_i^E})^{\frac{1}{\rho_i^E}} \quad (6-6)$$

方程（6-6）表示能源的利润最大化函数、化石能源和电力的需求函数和商品供应函数。其中，PE_{fosi} 表示 i 部门的化石能源合成价格，PE_{powi} 表示 i 部门的电力合成价格，E_{fosi} 表示 i 部门对化石能源合成需求，E_{powi} 表示 i 部门对电力合成的需求，δ_{fos} 表示 i 部门化石能源合成需求的 CES 份额参数，δ_{pow} 表示 i 部门电力合成需求的 CES 份额参数，ρ_i^E 表示 i 部门化石能源与电力合成的替代弹性相关系数，λ_i^E 表示 i 部门能源的效率参数。

⑤第五层生产组合函数

$$PE_{fosi} \cdot E_{fosi} = PE_{coali} \cdot E_{coali} + PE_{pgi} \cdot E_{pgi}$$

$$\frac{PE_{coali}}{PE_{pgi}} = \frac{\delta_{coal}}{\delta_{pg}} \left(\frac{E_{pgi}}{E_{coali}}\right)^{1-\rho_i^{fos}}$$

$$E_{fosi} = \lambda_i^{fos} (\delta_{coal} E_{coali}^{\rho_i^{fos}} + \delta_{pg} E_{pgi}^{\rho_i^{fos}})^{\frac{1}{\rho_i^{fos}}} \quad (6-7)$$

方程（6-7）表示化石能源的利润最大化函数、煤炭和油气的需求函数和商品供应函数。其中，PE_{coali} 表示 i 部门的煤炭合成价格，PE_{pgi} 表示 i 部门的油气合成价格，E_{coali} 表示 i 部门对煤炭合成的需求，E_{pgi} 表示 i 部门对油气合成的需求，δ_{coal} 表示 i 部门煤炭合成需求的 CES 份额参数，δ_{pg} 表示 i 部门油气合成需求的 CES 份额参数，ρ_i^{fos} 表示 i 部门煤炭与油气合成之间的替代弹性相关系数，λ_i^{fos} 表示 i 部门化石能源的效率参数。

⑥第六层生产组合函数

$$PE_{pgi} \cdot E_{pgi} = PE_{petri} \cdot E_{petri} + PE_{gasi} \cdot E_{gasi}$$

$$\frac{PE_{petri}}{PE_{gasi}} = \frac{\delta_{petr}}{\delta_{gas}} \left(\frac{E_{gasi}}{E_{petri}}\right)^{1-\rho_i^{pg}}$$

$$E_{pgi} = \lambda_i^{pg}(\delta_{oil} E_{petri}^{\rho_i^{pg}} + \delta_{gas} E_{gasi}^{\rho_i^{pg}})^{\frac{1}{\rho_i^{pg}}} \qquad (6-8)$$

方程（6-8）表示油气的利润最大化函数、石油和气体能源的需求函数和商品供应函数，其中，PE_{petri} 表示 i 部门的石油合成价格，PE_{gasi} 表示 i 部门的天然气合成价格，E_{petri} 表示 i 部门对石油合成的需求，E_{gasi} 表示 i 部门对天然气合成的需求，δ_{petr} 表示 i 部门石油合成需求的 CES 份额参数，δ_{gas} 表示 i 部门天然气合成需求的 CES 份额参数，ρ_i^{pg} 表示 i 部门石油与天然气合成之间的替代弹性相关系数，λ_i^{pg} 表示 i 部门油气的效率参数。

⑦第七层生产组合函数

第七层生产组合函数包括四个部分：煤炭和焦炭的合成、原油和成品油的合成、天然气和燃气的合成、火电和清洁能源的合成。

煤炭和焦炭的合成为：

$$PE_{coali} \cdot E_{coali} = PE_{coalmi} \cdot E_{coalmi} + PE_{cokingi} \cdot E_{cokingi}$$

$$\frac{PE_{coalmi}}{PE_{cokingi}} = \frac{\delta_{coalm}}{\delta_{coking}}\left(\frac{E_{cokingi}}{E_{coalmi}}\right)^{1-\rho_i^{coal}}$$

$$E_{coali} = \lambda_i^{coal}(\delta_{coalm} E_{coalmi}^{\rho_i^{coal}} + \delta_{coking} E_{cokingi}^{\rho_i^{coal}})^{\frac{1}{\rho_i^{coal}}} \qquad (6-9)$$

方程（6-9）表示煤炭的利润最大化函数、原煤和焦炭的需求函数和商品供应函数，其中，PE_{coalmi} 是 i 部门的原煤价格，$PE_{cokingi}$ 是 i 部门的焦炭价格，E_{coalmi} 是 i 部门对原煤的需求，$E_{cokingi}$ 是 i 部门对焦炭的需求，δ_{coalm} 是 i 部门原煤合成需求的 CES 份额参数，δ_{coking} 是 i 部门焦炭合成需求的 CES 份额参数，ρ_i^{coal} 是 i 部门原煤与焦炭合成之间的替代弹性相关系数，λ_i^{coal} 是 i 部门煤炭的效率参数。

原油和成品油的合成为：

$$PE_{petri} \cdot E_{petri} = PE_{petrmi} \cdot E_{petrmi} + PE_{petrpi} \cdot E_{petrpi}$$

$$\frac{PE_{petrmi}}{PE_{petrpi}} = \frac{\delta_{petrm}}{\delta_{petrp}}\left(\frac{E_{petrpi}}{E_{petrmi}}\right)^{1-\rho_i^{petr}}$$

$$E_{petri} = \lambda_i^{petr}(\delta_{petrm} E_{petrmi}^{\rho_i^{petr}} + \delta_{petrp} E_{petrpi}^{\rho_i^{petr}})^{\frac{1}{\rho_i^{petr}}} \qquad (6-10)$$

方程（6-10）表示石油的利润最大化函数、原油和成品油的需求函数和商品供应函数,其中,PE_{petrmi} 是 i 部门的原油价格,PE_{petrpi} 是 i 部门的成品油价格,E_{petrmi} 是 i 部门对原油的需求,E_{petrpi} 是 i 部门对成品油的需求,δ_{petrm} 是 i 部门原油合成需求的 CES 份额参数,δ_{petrp} 是 i 部门成品油合成需求的 CES 份额参数,ρ_i^{petr} 是 i 部门原油与成品油合成的替代弹性相关系数,λ_i^{petr} 是 i 部门石油的效率参数。

天然气和燃气的合成为:

$$PE_{gasi} \cdot E_{gasi} = PE_{gasmi} \cdot E_{gasmi} + PE_{gaspi} \cdot E_{gaspi}$$

$$\frac{PE_{gasmi}}{PE_{gaspi}} = \frac{\delta_{gasm}}{\delta_{gasp}} \left(\frac{E_{gaspi}}{E_{gasmi}}\right)^{1-\rho_i^{gas}}$$

$$E_{gasi} = \lambda_i^{gas}(\delta_{gasm} E_{gasmi}^{\rho_i^{gas}} + \delta_{gasp} E_{gaspi}^{\rho_i^{gas}})^{\frac{1}{\rho_i^{gas}}} \quad (6-11)$$

方程(6-11)表示气体资源的利润最大化函数、天然气和燃气的需求函数和商品供应函数,其中,PE_{gasmi} 是 i 部门的天然气价格,PE_{gaspi} 是 i 部门的燃气价格,E_{gasmi} 是 i 部门对天然气的需求,E_{gaspi} 是 i 部门对燃气的需求,δ_{gasm} 是 i 部门天然气合成需求的 CES 份额参数,δ_{gasp} 是 i 部门燃气合成需求的 CES 份额参数,ρ_i^{gas} 是 i 部门天然气与燃气合成的替代弹性相关系数,λ_i^{gas} 是 i 部门天然气的效率参数。

火电和清洁能源的合成为:

$$PE_{powi} \cdot E_{powi} = PE_{fipowi} \cdot E_{fipowi} + PE_{clpowi} \cdot E_{clpowi}$$

$$\frac{PE_{fipowi}}{PE_{clpowi}} = \frac{\delta_{fipow}}{\delta_{clpow}} \left(\frac{E_{clpowi}}{E_{fipowi}}\right)^{1-\rho_i^{pow}}$$

$$E_{powi} = \lambda_i^{pow}(\delta_{fipow} E_{fipowi}^{\rho_i^{pow}} + \delta_{clpow} E_{clpowi}^{\rho_i^{pow}})^{\frac{1}{\rho_i^{pow}}} \quad (6-12)$$

方程(6-12)表示电力的利润最大化函数、火电和清洁能源的需求函数和商品供应函数,其中,PE_{fipowi} 是 i 部门的火电价格,PE_{clpowi} 是 i 部门的清洁能源价格,E_{fipowi} 是 i 部门对火电的需求,E_{clpowi} 是 i 部门对清洁能源的需求,δ_{fipow} 是 i 部门火电合成需求的 CES 份额参数,δ_{clpow} 是 i 部门清洁能源合成需求的 CES 份额参数,ρ_i^{pow} 是 i 部门火电与清洁能源合成的替代弹性相关系数,λ_i^{pow} 是 i 部门电力的效率参数。

第二节 贸易模块

在进行对外贸易中，商品主要由三个部分组成，分别是国内生产出口部分、国内生产国内销售部分、进口商品国内销售部分。生产者在进行产品销售时对国内销售和出口进行优化组合，以实现收入最大化，产品之间的分配由 CET 函数描述。同样，消费者在进行商品购买时也会把国内商品和进口商品进行优化组合，产品之间的分配由 CES 函数描述，也被称为"阿明顿条件"。在本模块中，假设本国只是世界经济中很小的一部分，而且本国商品价格不会影响国际市场价格。贸易模块结构如图 6 – 2 所示。

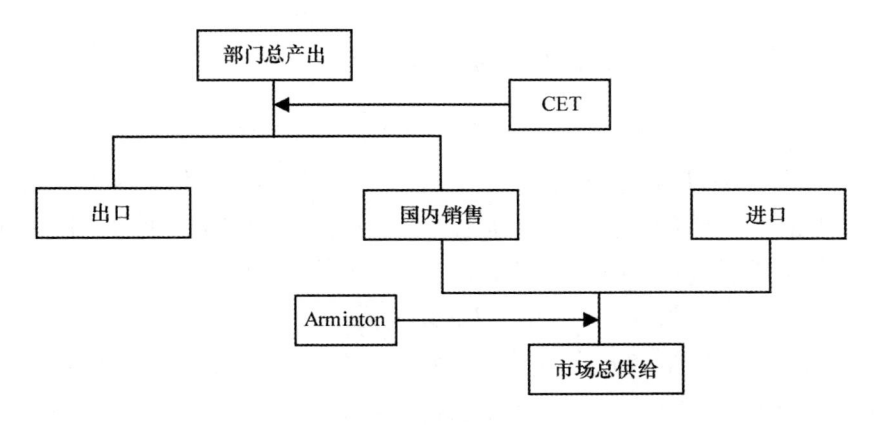

图 6 – 2　贸易模块结构

①国内产品分配函数

$$PEX_i = PWE_i \cdot EXR$$

$$PQA_i \cdot QA_i = PD_i \cdot QD_i + PEX_i \cdot QE_i$$

$$\frac{PD_i}{PEX_i} = \frac{\delta_{DA}}{\delta_{EX}} \left(\frac{QE_i}{QD_i}\right)^{1-\rho_i^{QE}}$$

$$QA_i = \left(\delta_{DA} QD_i^{\rho_i^{QE}} + \delta_{EX} QE_i^{\rho_i^{QE}}\right)^{\frac{1}{\rho_i^{QE}}} \qquad (6-13)$$

方程（6-13）表示国内生产的产品在国内销售和出口之间的CET分配函数，分别是国内产品分配函数、国内销售和出口最优化函数和产品供应函数。其中，PEX_i 表示 i 部门国内生产的出口价格，PWE_i 表示 i 部门出口商品的国际价格，EXR 表示汇率，PQA_i 表示 i 部门国内生产的价格，QA_i 表示 i 部门的生产者产出，PD_i 表示 i 部门国内生产的国内价格，QD_i 表示 i 部门的生产者国内生产国内销售的产出，QE_i 表示 i 部门的生产者国内生产国外销售的产出，δ_{DA} 表示 i 部门国内生产合成产出的CET份额参数，δ_{EX} 表示 i 部门国内出口合成产出的CET份额参数，ρ_i^{QE} 表示 i 部门国内生产合成与出口合成之间替代弹性相关系数。

②国内产品需求函数

$$PM_i = PWM_i \cdot EXR \cdot (1+tm)$$

$$PQQ_i \cdot QQ_i = PD_i \cdot QD_i + PM_i \cdot QM_i$$

$$\frac{PD_i}{PM_i} = \frac{\delta_{DQ}}{\delta_{IM}} \left(\frac{QM_i}{QD_i}\right)^{1-\rho_i^{QM}}$$

$$QQ_i = \left(\delta_{DQ} QD_i^{\rho_i^{QM}} + \delta_{IM} QM_i^{\rho_i^{QM}}\right)^{\frac{1}{\rho_i^{QM}}} \quad (6-14)$$

方程（6-14）表示国内市场销售的产品的国内生产国内销售和进口之间的阿明顿函数，分别是国内市场销售产品需求函数、国内生产国内销售和进口最优化函数和产品需求函数。其中，PM_i 表示 i 部门国内市场上的需求的进口价格，PWM_i 表示 i 部门国内市场上的需求的进口国际市场价格，tm 表示进口关税，PQQ_i 表示 i 部门国内市场上需求价格，QQ_i 表示 i 部门国内市场上的需求，QM_i 表示 i 部门国内需求进口部分，δ_{DQ} 表示 i 部门国内生产国内销售合成需求的CES份额参数，δ_{IM} 表示 i 部门国内进口合成需求的CES份额参数，ρ_i^{QM} 表示 i 部门国内生产国内销售合成与进口合成之间的替代弹性相关系数。

第三节　价格模块

价格模块的构成与生产模块相同，且与生产模块相对应，通过逐层合成使各个部门之间互相影响,能源价格作为产业链的上游,其价格波动会影响各个部门价格和产出的变化。在价格模块中,本模型假设本国只是世界经济中很小的一部分,而且本国商品价格不会影响国际市场价格。价格模块中的价格为相对价格,国内产品与国外产品存在 CES 函数,通过税收、汇率等相互联系。价格模块结构如图 6-3 所示。

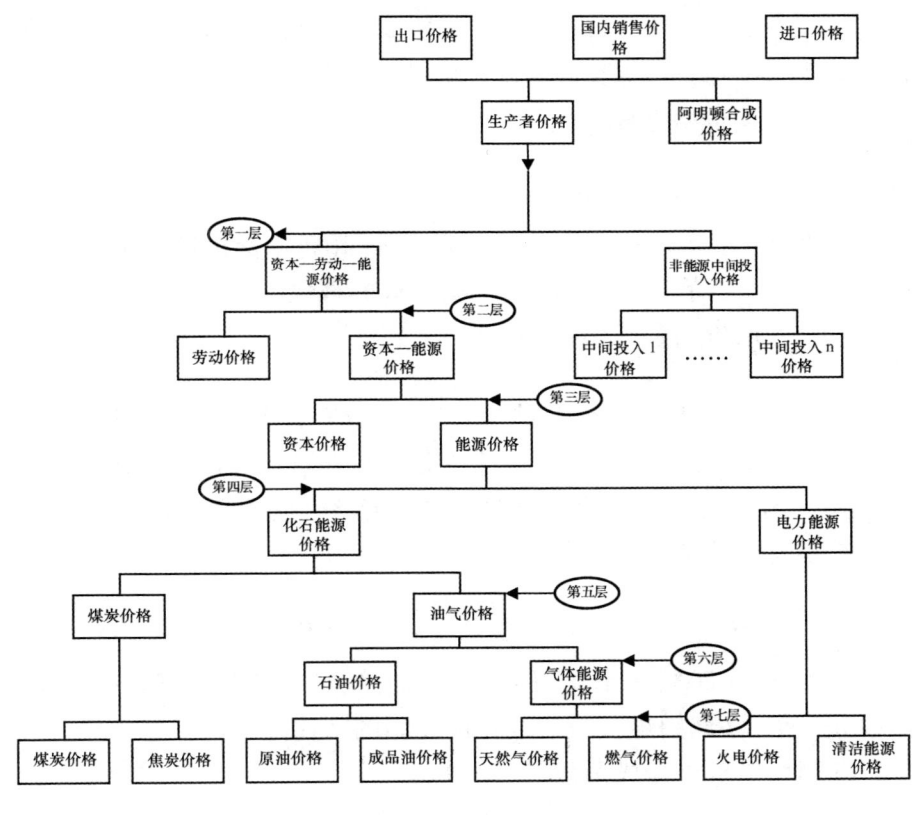

图 6-3 价格模块结构

① 第一层价格合成函数

$$PX_i = (\delta_{KEL}{}^{\varepsilon_x} PKEL_i^{1-\varepsilon_x} + \delta_{ND}{}^{\varepsilon_x} PND_i^{1-\varepsilon_x})^{\frac{1}{1-\varepsilon_x}} \quad (6-15)$$

方程(6-15)表示总产出价格由资本—劳动—能源价格和非能源中间投入价格合成,其中 ε_X 表示 i 部门资本—劳动—能源与非能源中间投入之间的替代弹性。

②第二层价格合成函数

$$PKEL_i = \left(\delta_{KE}^{\varepsilon_{KEL}} PKE_i^{1-\varepsilon_{KEL}} + \delta_L^{\varepsilon_{KEL}} PL_i^{1-\varepsilon_{KEL}}\right)^{\frac{1}{1-\varepsilon_{KEL}}} \quad (6-16)$$

$$PND_i = \sum_j \alpha_{j,i} \cdot PQj = 1, 2, \cdots 13 \quad (6-17)$$

方程（6-16）表示资本—劳动—能源价格由资本—能源价格和劳动价格合成，其中 ε_{KEL} 表示 i 部门资本—能源与劳动合成的替代弹性。方程（6-17）表示非能源中间投入价格合成。

③第三层价格合成函数

$$PKE_i = \left(\delta_K^{\varepsilon_{KE}} PK_i^{1-\varepsilon_{KE}} + \delta_E^{\varepsilon_{KE}} PE_i^{1-\varepsilon_{KE}}\right)^{\frac{1}{1-\varepsilon_{KE}}} \quad (6-18)$$

方程（6-18）表示资本—能源价格由资本价格和能源价格合成，其中 ε_{KE} 表示 i 部门资本与能源合成的替代弹性。

④第四层价格合成函数

$$PE_i = \left(\delta_{fos}^{\varepsilon_E} PE_{fosi}^{1-\varepsilon_E} + \delta_{pow}^{\varepsilon_E} PE_{powi}^{1-\varepsilon_E}\right)^{\frac{1}{1-\varepsilon_E}} \quad (6-19)$$

方程（6-19）表示能源价格由化石能源价格和电力能源价格合成，其中 ε_E 表示 i 部门化石能源与电力能源合成的替代弹性。

⑤第五层价格合成函数

$$PE_{fosi} = \left(\delta_{coal}^{\varepsilon_{fos}} PE_{coali}^{1-\varepsilon_{fos}} + \delta_{pg}^{\varepsilon_{fos}} PE_{pgi}^{1-\varepsilon_{fos}}\right)^{\frac{1}{1-\varepsilon_{fos}}} \quad (6-20)$$

方程（6-20）表示化石能源价格由煤炭价格和油气价格合成。其中 ε_{fos} 表示 i 部门煤炭与油气合成之间的替代弹性。

⑥第六层价格合成函数

$$PE_{pgi} = \left(\delta_{oil}^{\varepsilon_{pg}} PE_{petri}^{1-\varepsilon_{pg}} + \delta_{gas}^{\varepsilon_{pg}} PE_{gasi}^{1-\varepsilon_{pg}}\right)^{\frac{1}{1-\varepsilon_{pg}}} \quad (6-21)$$

方程（6-21）表示油气价格由石油价格和气体能源价格合成。

⑦第七层价格合成函数

$$PE_{coali} = \left(\delta_{coalm}^{\varepsilon_{coal}} PE_{coalmi}^{1-\varepsilon_{coal}} + \delta_{coking}^{\varepsilon_{coal}} PE_{cokingi}^{1-\varepsilon_{coal}}\right)^{\frac{1}{1-\varepsilon_{coal}}}$$

$$(6-22)$$

$$PE_{petri} = (\delta_{petrm}^{\varepsilon_{petr}} PE_{petrmi}^{1-\varepsilon_{petr}} + \delta_{petrp}^{\varepsilon_{petr}} PE_{petrpi}^{1-\varepsilon_{petr}})^{\frac{1}{1-\varepsilon_{petr}}} \quad (6-23)$$

$$PE_{gasi} = (\delta_{gasm}^{\varepsilon_{gas}} PE_{gasmi}^{1-\varepsilon_{gas}} + \delta_{gasp}^{\varepsilon_{gas}} PE_{gaspi}^{1-\varepsilon_{gas}})^{\frac{1}{1-\varepsilon_{gas}}} \quad (6-24)$$

$$PE_{powi} = (\delta_{fipow}^{\varepsilon_{pow}} PE_{fipow}^{1-\varepsilon_{pow}} + \delta_{clpow}^{\varepsilon_{pow}} PE_{clpowi}^{1-\varepsilon_{pow}})^{\frac{1}{1-\varepsilon_{pow}}} \quad (6-25)$$

方程（6-22）表示煤炭价格由原煤价格和焦炭价格合成，其中 ε_{coal} 表示 i 部门原煤与焦炭合成之间的替代弹性。方程（6-23）表示石油价格由原油价格和成品油价格合成，其中 ε_{petr} 表示 i 部门原油与成品油合成的替代弹性。方程（6-24）表示气体能源价格由天然气价格和燃气价格合成，其中 ε_{gas} 表示 i 部门天然气与燃气合成的替代弹性。方程（6-25）表示电力能源价格由火电价格和清洁能源价格合成，其中 ε_{pow} 表示 i 部门火电与清洁能源合成的替代弹性。

⑧国内外价格合成函数

$$PQQ_i = (\delta_{DQ}^{\varepsilon_{QM}} PD_i^{1-\varepsilon_{QM}} + \delta_{IM}^{\varepsilon_{QM}} PM_i^{1-\varepsilon_{QM}})^{\frac{1}{1-\varepsilon_{QM}}} \quad (6-26)$$

$$PQA_i = (\delta_{DA}^{\varepsilon_{QE}} PD_i^{1+\varepsilon_{QE}} + \delta_{EX}^{\varepsilon_{QE}} PEX_i^{1+\varepsilon_{QE}})^{\frac{1}{1+\varepsilon_{QE}}} \quad (6-27)$$

方程（6-26）表示国内市场销售产品价格由国内生产国内销售价格和进口价格合成，其中 ε_{QM} 表示进口商品与国内需求合成的替代弹性。方程（6-27）表示国内生产产品价格由国内销售价格和出口价格合成，其中 ε_{QE} 表示出口商品与国内需求合成的替代弹性。

第四节 主体机构模块

主体机构模块主要是根据各个主体的收入支出描述主体机构收入来源和支出去向，模块包括居民、企业和政府三个主体。居民的收入主要是通过劳动、投资获得，还包括转移支付，居民可支配收入要从总收入中扣除所得税，然后是储蓄和消费。企业的收入主要是投资所获得的收入，包括国内和国外投资，企业的收入中一部分交税，一部分分配给居民，其余的是企业的储蓄，包括再投资额。政府收入主要来源是商品征税、关税、居民所得税、企业所得税；政府支出主要是社会保障支出（居民的转移支付）、对外援助，其余的是政府储蓄。主体机构模块结构如图 6-4 所示。

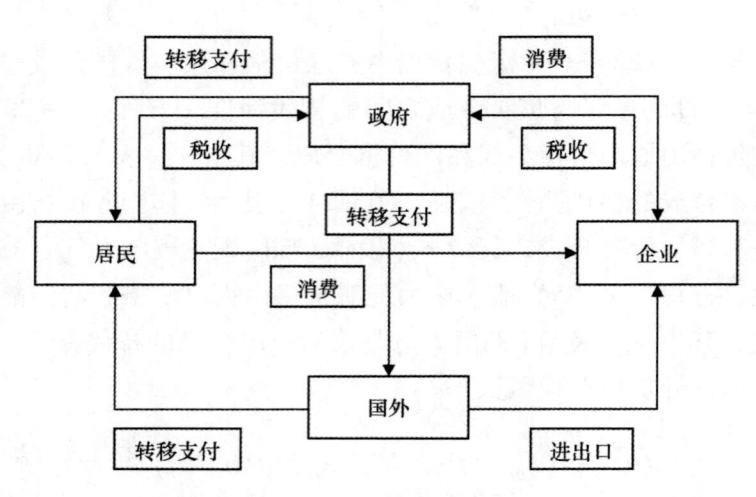

图 6-4 主体机构模块结构

$$YL_i = wL_i \tag{6-28}$$

$$TYL = \sum_i YL_i \tag{6-29}$$

$$YK_i = PK \cdot K_i \tag{6-30}$$

$$TYK = \sum_i YK_i \tag{6-31}$$

$$YHK = shif_{hk} \cdot TYK \tag{6-32}$$

方程（6-28）至方程（6-32）表示劳动和资本的收入，方程（6-28）表示部门劳动收入，方程（6-29）表示总的劳动收入，方程（6-30）表示部门资本收入，方程（6-31）表示总的资本收入，方程（6-32）表示居民资本收入。其中，YL_i 表示居民从部门 i 得到的劳动收入，TYL 表示居民总的劳动收入，YK_i 表示部门 i 的资本收入，TYK 表示总的资本收入，YHK 表示居民的资本收入，$shif_{hk}$ 表示资本收入分配给居民的比例。

$$TAX_Q = ti_q \cdot PX_i \cdot QX_i \qquad (6-33)$$

$$TAX_T = ti_t \cdot PM_i \cdot QM_i \qquad (6-34)$$

$$TAX_H = ti_h \cdot YHT \qquad (6-35)$$

$$TAX_E = ti_e \cdot YEK \qquad (6-36)$$

方程（6-33）至方程（6-36）表示税收，方程（6-33）表示总的增值税税收，方程（6-34）表示总的关税收入，方程（6-35）表示居民所得税，方程（6-36）表示企业所得税。其中，TAX_Q 表示商品征税税收，TAX_T 表示关税税收，TAX_H 表示居民所缴税收，TAX_E 表示企业所缴税收，YEK 表示企业的资本收入，ti_q 表示商品征税税率，ti_t 表示关税税率，ti_h 表示居民的所得税税率，ti_e 表示企业的所得税税率。

$$TYH = TYL + YHK + YHE + YHG + YHW \qquad (6-37)$$

$$YEK = TYK - YHK + YKW \qquad (6-38)$$

$$TYG = TAX_Q + TAX_T + TAX_H + TAX_E + YGW \qquad (6-39)$$

方程（6-37）至方程（6-39）表示主体机构收入，方程（6-37）表示居民收入，方程（6-38）表示企业收入，方程（6-39）表示政府收入。其中，TYH 表示居民总收入，YHE 表示企业对居民的转移支付，YHG 表示政府对居民的转移支付，YHW 表示居民的国外收入，YKW 表示企业的国外资本收入，TYG 表示政府总收入，YGW 表示政府国外收入。

$$SH = shif_{sh} \cdot TYH \qquad (6-40)$$

$$SE = YEK - YHK - TAX_E \qquad (6-41)$$

$$SG = shif_{sg} \cdot TYH \qquad (6-42)$$

方程（6-40）至方程（6-42）表示主体机构的储蓄，方程（6-40）表示居民储蓄，方程（6-41）表示企业储蓄，方程（6-42）表示政府储蓄。其中，SH 表示居民储蓄，SE 表示企业储蓄，SG 表示政府储蓄，$shif_{sh}$ 表示居民的储蓄比例，$shif_{sg}$ 表示政府的储蓄比例。

$$CH_i = \frac{shif_{ch} \cdot (TYH - TAX_H - SH)}{PX_i} \quad (6-43)$$

$$INV_i = \frac{shif_{inv} \cdot (SE + SH + SG + SF)}{PX_i} \quad (6-44)$$

$$CG_i = \frac{shif_{gi} \cdot (TYG - YHG - YWG - SG)}{PX_i} \quad (6-45)$$

方程（6-43）至方程（6-45）表示主体机构的消费，方程（6-43）表示居民对各部门的消费，方程（6-44）表示企业对各部门的投资，方程（6-45）表示政府对各部门的消费。其中，CH_i 表示居民对部门 i 的消费量，INV_i 表示部门 i 的投资，SF 表示国外投资，CG_i 表示政府对部门 i 的消费量，YWG 表示政府对外援助，SG 表示政府储蓄，$shif_{ch}$ 表示居民对部门 i 消费的比例，$shif_{inv}$ 表示部门 i 的投资比例，$shif_{gi}$ 表示政府对部门 i 消费的比例。

$$YHE = shif_{he} \cdot YEK \quad (6-46)$$

$$YHG = shif_{hg} \cdot TYG \quad (6-47)$$

$$YWG = shif_{wg} \cdot TYG \quad (6-48)$$

方程（6-46）至方程（6-48）表示转移支付，方程（6-46）表示企业对居民的转移支付，方程（6-47）表示政府对居民的转移支付，方程（6-48）表示政府对国外的转移支付。其中，$shif_{he}$ 表示企业对居民转移支付的比例，$shif_{hg}$ 表示政府对居民转移支付的比例，$shif_{wg}$ 表示政府对外援助的比例。

第五节 均衡闭合模块

宏观闭合是 CGE 模型要达到平衡的前提，宏观闭合使各个模块方程组形成一个可解的方程组，从而求解内生变量。均衡闭合模块主要包括储蓄投资平衡、国际收支平衡、产品市场均衡。本书采取新古典主义宏观闭合，即要素市场均衡。

①国际收支平衡闭合法则

国际收支平衡中，世界其他地区的收入主要由中国的进口、企业对外投资的收益和政府对外援助组成，世界其他地区的支出主要是进口国内的出口商品、对中国居民和政府的转移支付。

$$\sum_i PM_i \cdot QM_i + YKW + YWG = \sum_i PEX_i \cdot QE_i + YHW + YGW \tag{6-49}$$

②储蓄投资平衡闭合法则

采用新古典主义宏观闭合，因此，所有储蓄等于投资。

$$TINV = TSAV \tag{6-50}$$

$$TSAV = SH + SE + SG + SF \tag{6-51}$$

其中，$TINV$ 表示总投资，$TSAV$ 表示总储蓄。

③商品市场平衡法则

商品市场平衡要求总需求等于总供给。

$$CH_i + CG_i + INV_i + ND_i = QQ_i \tag{6-52}$$

④要素市场均衡法则

要素市场均衡要求劳动力充分就业和资本得到充分利用。

$$\sum_i L_i = \overline{L_s} \tag{6-53}$$

$$\sum_i K_i = \overline{K_s} \tag{6-54}$$

其中，$\overline{L_s}$ 表示总劳动供给，$\overline{K_s}$ 表示总资本供给。

⑤GDP

名义 GDP 以收入形式进行计算，实际 GDP 以产出形式进行计算。

$$GDP = \sum_i (PL_i \cdot L_i + PK_i \cdot K_i + ti_q \cdot PX_i \cdot QX_i) \tag{6-55}$$

$$RGDP = \sum_i [CH_i + CG_i + INV_i + QE_i - (1 + ti_t) \cdot QM_i] \tag{6-56}$$

$$PGDP = \frac{GDP}{RGDP} \tag{6-57}$$

其中，GDP 表示名义 GDP，RGDP 表示实际 GDP，PGDP 表示 GDP 平减指数。

第六节　居民福利模块

居民福利是用居民效用函数来衡量的，居民效用函数可以测定居民福利的增加或者减少，也可以测定居民福利增加的程度或者减少的程度。

$$EV = U_b - U_a = \sum_i (PX_i^b \cdot CH_i^b - PX_i^a \cdot CH_i^a) \quad (6-58)$$

其中，EV 表示居民福利的变化，U_b 表示政策实施后的居民福利，U_a 表示政策实施前的居民福利，PX_i^b 表示政策实施后的部门 i 消费价格，PX_i^a 表示政策实施前的部门 i 消费价格，CH_i^b 表示政策实施后的部门 i 消费量，CH_i^a 表示政策实施前的部门 i 消费量。

征收碳税时，在碳强度约束下，居民社会福利变化采用希克斯等价变化（Hichs' equivalent variation）进行测算，公式如下（董梅等，2018）：

$$UH_h^b = \prod_c (QH_{ch}^b)^{shrh_{ch}}$$

$$UH_h^s = \prod_c (QH_{ch}^s)^{shrh_{ch}}$$

$$\sum_c shrh_{ch} = 1$$

$$EV = e(PQ_c^b, UH_h^s) - e(PQ_c^b, UH_h^b)$$

$$= (UH_h^s - UH_h^b) \cdot \prod_c \left(\frac{PQ_c^b}{shch_{ch}}\right)^{shch_{ch}}$$

其中，UH_h^b 和 UH_h^s 分别为政策实施前后居民 h 的效用和水平，QH_{ch}^b 和 QH_{ch}^s 分别为政策实施前后居民 h 对商品 c 的消费量，PQ_c^b 为政策实施前商品 c 的价格，EV 为效用等价变化。

在实证中，为将一国居民福利影响扩展至多国，而采用累计福利效应，并在微观模型中转化为对不同家庭群体的影响。为协调各个国家总体福利的影响（与基准水平相较），而在所有收入群体中采用齐次调整系数，以获得与 CGE 模型中代表性家庭相同的每个国家的总体福利影响（相对于收入）。具体来讲，微观层面，通过 i 商品的相对消费价格变化 $\Delta p_i/p_i$、相对要素价格变化 $\Delta r/r$ 和 $\Delta w/w$（对于资本和劳动禀赋 K^h 和 L^h）和转移收入的变化 ΔT^h 来货币化 h 家庭的福利影响 Δy^h，具体公式如下：

$$\Delta y^h = rK^h \frac{\Delta r}{r} + wL^h \frac{\Delta w}{w} + \Delta T^h - \sum_{i=1}^{14} p_i q_i^h \frac{\Delta p_i}{p_i}$$

该方程表示假设"要素数量固定"的福利影响，表示当家庭的禀赋 K^h 和 L^h 以及消费选择 q_i^h 保持不变时的直接影响。然后，我们将总体福利影响与宏观模型的结果相结合，使用调整因子 d 选择代表性家庭的补偿变量（Δy^{RH}）作为福利指标，该调整因子由以下等式定义：

$$\underbrace{1 + \frac{\Delta y^{RH}}{y_0^{RH}}}_{JRC-GEM-E3} = \underbrace{d\left(1 + \frac{\sum_h \Delta y^h}{\sum_h y_0^h}\right)}_{EUROMOD-ITT}$$

其中，y_0 代表改革前的可支配收入，然后我们将调整因子 d 用于家庭层面的相对福利影响（$\Delta y^h/y_0^h$）来计算与宏观一致的微观影响 $\Delta y'^h$。计算公式如下：

$$1 + \frac{\Delta y'^h}{y_0^h} = d\left(1 + \frac{\Delta y^h}{y_0^h}\right)$$

下面，我们提供了模型和参数值的完整代数表示。

1. 注释

・所有函数都写成校准共享的形式。

・为了符号的简单性，所有参考价格被省略。

2. 符号

表 6-1　集合

符号	解释
i	商品索引
j	部门索引
S_ELY	所有传统电力部门：E_F, E_N, E_H
S_PCG	PET, COP 及 G_H 集合
S_TRN	交通部门集合：RAI, R_P, R_F, WAT, AIR
G_F_F	所有的私人能源产品：OIL, COA, GAS
G_PET	所有的原油产品：GSO, JET, KER, LOI, HOI, NAP, LPG, OPP
G_COP	所有的煤炭产品：COK, COP
G_ENE	所有的能源产品：ELY ∪ G_H ∪ G_F_F ∪ G_PET ∪ G_COP − NAP − OPP − COP
G_NELY	非电力能源：G_ENE − ELY

表 6-2　活动变量

符号	描述
Q_{jt}	部门 j 的产出
Q_{it}^{DX}	分配至国内及出口市场的商品 i 的数量
A_{ijt}^{F}	阿明顿商品 i 用于部门 j 的数量
A_{ijt}^{C}	阿明顿商品 i 用于私人消费的数量
A_{ijt}^{G}	阿明顿商品 i 用于政府消费的数量
A_{ijt}^{I}	阿明顿商品 i 用于投资的数量
A_{ijt}^{E}	用于部门 j 的能源总和
C_t	总消费
G_t	政府消费
I_t	投资
EX_t	商品 i 的出口
IM_t	商品 i 的进口
U_t^P	t 时期的周期效用

续表

符号	描述
U^L	终生效用
L_t^S	劳动供给
Q_t^{RENE}	可再生能源发电
CCS_t	CCS 活动
K_t	t 时期的资本存量

表 6-3　价格变量

符号	描述
p_{it}	商品 i 的产出价格
p_{it}^D	国内商品 i 的价格
p_{it}^X	出口商品 i 的价格
p_{ijt}^{AF}	阿明顿商品 i 用于部门 j 的价格
p_{it}^{AC}	阿明顿商品 i 用于私人消费的价格
p_{it}^{AG}	阿明顿商品 i 用于政府消费的价格
p_{it}^{AI}	阿明顿商品 i 用于投资的价格
p_{it}^M	进口商品 i 的价格
w_t	工资率
$\tilde{w}_{jt}$	包含社会保险款支付的工资率
p_t^{LEI}	闲暇价格
p_t^{FX}	外汇汇率（外汇价格）
p_t^{GOV}	政府消费价格
p_t^C	总消费价格
p_t^U	周期效用价格
p^{LU}	终生效用价格
p_t^{LND}	土地的租金价格
p_{jt}^{RES}	用于部门 j 的资源价格

续表

符号	描述
$p^{RES}_{RENE,t}$	用于可再生能源发电的资源价格
$p^{RES}_{CCS,t}$	用于 CCS 的资源价格
p^{K}_{t}	资本存量价格
p^{INV}_{t}	投资商品价格
r^{K}_{t}	资本的租金价格
$\tilde{r}^{K}_{t}$	公司税后资本的租金价格
r^{Q}_{jt}	部门 j 的单位收入
p^{KLE}_{jt}	部门 j 资本劳动组合价格
p^{NLND}_{jt}	部门 j 非土地投入价格
p^{NRES}_{jt}	部门 j 非资源投入价格
$\tilde{P}^{AC}_{it}$	商品 i 的消费者价格
p^{RENE}_{t}	用于可再生能源发电的非资源投入价格

表 6-4　　　　　　　　　　收入与政策变量

符号	描述
m^{H}	家庭终生收入
m^{G}_{t}	t 时期政府收入
m^{CCS}_{t}	来自 CCS 的要素收入
m^{RENE}_{t}	来自可再生能源电力的要素收入
τ^{SSC}_{jt}	社会保险款支付利率
τ^{INC}_{t}	收入税率
τ^{COR}_{t}	公司税率
τ^{C}_{t}	消费税率
τ^{M}_{it}	商品 i 的关税率
τ^{LUMP}_{t}	家庭定额税
$\tau^{CO_2}_{t}$	碳税

续表

符号	描述
CO_{2t}	CO_2 净排放
$VT_t^{CO_2}$	碳税收入
$\overline{CO_{2t}}$	CO_2 净排放外生目标
$\overline{G_t}$	政府消费外生水平

表 6-5　　　　　　　　　　　禀赋及排放系数

符号	描述
$\bar{L}_t$	闲暇与劳动总时间
E_t^{LND}	土地禀赋
E_{jt}^{RES}	用于部门 j 的资源禀赋
E_t^{RENE}	用于可再生能源电力的资源禀赋
E_t^{CCS}	用于 CCS 的资源禀赋
E_{it}^{H}	国内产品 i 的家庭禀赋
E_{it}^{INV}	投资产品家庭禀赋
TB_t	贸易均衡的外生价值
K_0	外生初始资本存量
ξ_{ij}^F	能源商品 i 用于部门 j 的碳排放系数
ξ_i^C	能源商品 i 用于消费的碳排放系数
δ	折旧率

表 6-6　　　　　　　　　　　替代弹性（EOS）参数

符号	描述	数值
η_{DX}	国内与出口分配的转换弹性	2.0
σ_{KLE}	能源组合与资本劳动组合的替代弹性	0.5
σ_j^{KL}	部门 j 资本与劳动的替代弹性	
σ_j^{ELY}	部门 j 电力与非电力能源投入替代弹性	

续表

符号	描述	数值
σ_j^{ENE}	部门 j 非电力能源投入间替代弹性	
σ_{LND}	AGR 中土地与非土地之间的替代弹性	0.1
σ_{RES}	资源与非资源投入之间的替代弹性	0.1
σ^{IT}	跨时期替代弹性	0.5
σ_{LEI}	周期效用函数中消费与闲暇之间的替代弹性	0.73
σ_C	周期效用中能源消费与非能源消费之间的替代弹性	0.5
σ_{CE}	能源消费中商品间的替代弹性	1.0
σ_{CNE}	非能源消费中商品间的替代弹性	1.0
σ_{RENE}	可再生能源发电中资源与非资源投入间的替代弹性	0.2
σ_{DM}	阿明顿国内商品与进口商品之间的替代弹性	4.0

σ_j^{KL} 的值

  0.1, $j \in S\_ELY$

  0.7, 其他部门

σ_j^{ELY} 的值

  0.1, $j \in S\_ELY$

  0.5, 其他部门

σ_j^{ENE} 的值

  0.3, $j \in S\_ELY$

  0.5, $j \in S\_TRN$

  1.0, 其他部门

表 6-7   成本份额参数

符号	描述
θ_{ij}^Q	部门 j 产量中产品 i 的份额
θ_j^K	部门 j 资本劳动组合中资本所占份额
θ_j^{ELY}	部门 j 能源投入中电力所占份额

续表

符号	描述
θ_{ij}^{ENE}	部门 j 非电力能源中能源产品 i 所占份额
θ_{ij}	部门 j 中间产品 i 所占份额
θ_j^{KLE}	部门 j 中 KLE 组合所占份额
θ_j^{AE}	部门 j 能源组合所占份额
θ_j^{KL}	部门 j 资本劳动组合所占份额
θ_j^{LND}	部门 j 土地所占份额
θ_j^{RES}	部门 j 资源所占份额
θ_i^{DX}	产品 i 国内市场供给占供给份额
θ_{ij}^{AF}	阿明顿部门 j 组合中国内产品 i 所占份额
θ_i^{AC}	阿明顿消费组合中国内产品 i 所占份额
θ_i^{AG}	阿明顿政府消费组合中国内产品 i 所占份额
θ_i^{AI}	阿明顿投资组合中国内产品 i 所占份额
θ^{EC}	消费中能源产品所占份额
θ_i^{CE}	总能源消费中能源产品 i 所占份额
θ_i^{CNE}	总非能源消费中非能源产品 i 所占份额
θ^C	消费所占份额
θ_t^U	t 时期的周期效用所占份额
θ_i^G	政府消费中阿明顿产品 i 所占份额
θ_i^{INV}	投资中阿明顿产品 i 所占份额
θ_i^{RENE}	可再生能源电力中中间产品投入 i 所占份额
θ_K^{RENE}	可再生能源电力中资本所占份额
θ_L^{RENE}	可再生能源电力中劳动所占份额
θ_{RENE}^{RES}	可再生能源电力中资源所占份额
θ_i^{CCS}	CCS 中中间产品投入 i 所占份额
θ_K^{CCS}	CCS 中资本所占份额
θ_L^{CCS}	CCS 中劳动所占份额
θ_{CCS}^{RES}	CCS 中资源所占份额

第七节　动态方程模块

由于静态 CGE 模型不能模拟分析随时间变化的政策累积效应，而许多政策，比如财政税收政策、温室气体减排政策等通常是在多年内实施，经过一段时间才能使生产者和消费者的行为发生变化；或者政策短期效应与累积效应不同，例如某些政策短期不利于经济增长，而长期却有利于经济增长。因此，要系统完整地对相关政策的经济影响进行评估（包括短期效应和累积效应），构建动态 CGE 模型显得非常必要。

从广义上来讲，动态 CGE 模型可以分为两类："递归动态"和"跨期动态"。"递归动态"模型是静态模型的一个简单拓展，通过每期的最优化问题来解决。具体而言，不同时期"期间内"的解是通过"区间之间"的调整相互联系的，这种"区间之间"的调整包括对所有外生变量以及对关键政策参数的修正。模型中的经济行为主体只针对于当前阶段解决各自的最优化问题，而没有考虑到其行为对未来一段时间福利的影响。"跨期动态"模型最优化问题的解决需要将所涉及的时间段都考虑在内。因此，在递归动态模型中，家庭会做出一种只考虑当前效应最大化的消费决策；但是在跨期模型中，家庭会寻求终生效应最大化，并且在第一阶段就做出将未来时间考虑在内的消费方式。目前，由于"递归动态"设置相对比较简洁，而"跨期动态"的"跨期"期望参数设置存在诸多争议，且效果并不显著，因此，"递归动态"成为国际学者和政策研究者的主流选择。

动态分配包含从一个时期到另一个时期的关联。它们可以分成两类：其中一类，更新的变量在每个时期增长率是固定的；另一类中的方程控制着资本的累计［方程（6-59）—方程（6-65）］。

当一个方程为动态时，不能忽视人口随时间变化不断增长这一事实。但在这个模型中，没有一个实际的人口变量。然而，在每一个时期都有一个人口指数 pop_t，其增长率为 n_t，这是从一个时期到另一个时期变化的变量，对于第一时期 T1，$pop_{T1} = 1$，而且有 $pop_t = pop_{t-1}(1 + n_{t-1})$。很自然地，如果认为 n_t 是相关的，那么便可以将其值设为零，或是一个固定的数。模型中使用这个指数的目的是更新变量和参数值，假设这些变量和参数值增长率为该指数。

模型中本书还假设一些常量增长率与人口指数 pop_t 增长率 n_t 是相同的，适应以下几种情况：家庭储蓄的方程截距为 $sh0_{h,t}$；家庭和企业收入税收方程截距分别为 $ttdh0_{h,t}$ 和 $ttdf0_{h,t}$；家庭向政府转移方程的截距 $tr0_{h,t}$；来自政府的转移支付 $TR_{agng,gvt,t}$，以及来自世界其他地区的转移支付 $TR_{agd,row,t}$。

受人口增长，或者是劳动参与率的变化，或者是两者的结合影响，本书假设在同一时期，劳动力供给变量与人口指数 pop_t 的增长率是相同的。

$$LS_{l,t} = LS_l^O pop_t, 等价于 LS_{l,t+1} = LS_{l,t}(1 + n_t)$$

与人口增长率同步的其他变量还有：当前账户余额、ELES 需求方程中商品消费的刚性消费需求、政府当前支出、公共投资范畴、公共部门行业以及库存变化。之所以假设常数项和外生变量的增长与劳动力供给率的增长相同，主要是为了能使模型拟合出一个平衡的增长路径。如果所有的变量都遵循一种稳定的增长，那么该经济也会遵循一种平衡的增长路径[1]，然而相关价格仍然是不变的。当然，均衡增长路径绝对是不现实的。但是如果和往常一样（BAU），或者是检验模型具有一致性，这样均衡增长路径便是有效的。在静态模型中，均衡增长可以被看成是均匀性检验的动态模拟，或者是宏观经济模型中货币中性的检验。

---

[1] "所谓的均衡增长，我们指的是这样一种状态，即在每一个时期每一种商品的产出以一种固定的比率增长，也即这样一种相互之间的比例，即商品生产是固定的"（索罗和萨缪尔森，1953年）。在此，我们只运用了第二种情况。

资本累计规则如方程（6-59）所示：

$$KD_{k,j,t+1} = KD_{k,j,t}(1 - \delta_{k,j}) + IND_{k,j,t} \qquad (6-59)$$

其中，$IND_{k,j,t}$ 为针对于部门 j 的新的资本投资量（或者是公共部门或者是私人部门），$\delta_{k,j}$ 为在 j 部门资本 k 的折旧率。

$t+1$ 时期工业部门 j 的资本类型 k 的存量等于前一期的存量减去折旧，加上前一期新资本的投资量。所以，潜在的时间结构是投资完成后，一个时期新的资本就会投产①。给定公共投资价格，那么公共投资支出量就是确定的：

$$IT_t^{PUB} = PK_t^{PUB} \sum_{k,pub} IND_{k,pub,t} \qquad (6-60)$$

其中，PK_t^{PUB} 为新的公共资本的价格。方程（6-60）表示公共投资在多大程度上会影响储蓄，并假设库存增长率与人口增长率是相同的。

$$IT_t^{PRT} = PK_t^{PRI} \sum_{k,bus} IND_{k,bus,t} \qquad (6-61)$$

其中，PK_t^{PRI} 为新的私人资本的价值，$IND_{k,bus,t}$ 为针对于私人商业部门 bus 的新的资本投资 k 的数量。

方程（6-62）和方程（6-63）给出了新的私人资本和新的公共资本价格，这两个方程表示新资本的生产函数服从道格拉斯生产。本书进一步假设，新的私人资本具有弹性—粘性性质：当产生投资费用时，新的私人资本的总量将会很自然地转换为任何类型的资本 k，这对于任何私人资本生产 bus 都是适应的；一旦新的资本得以分配，那么它便是固定的。这表明，不管安装的是 k 类型还是工业 bus，任何单位新的资本储备都是相同的。这就是为什么 PK_t^{PRI} 变量只有时间指数，而没有其他指数的原因。当然，资本储备的校准必须与这个说明相一致。我们根据公共投资提出弹性—粘性的相同假设。然后，对于新的私人资本，只存在一个单一价格，新的公共资本也有一个价格，新资本的值是通过一个简单的求和得到的，正如

---

① 动态模型中时间结构的定义具有重要的含义，但兴趣的读者可以参考 Lemelin 和 Decaluwe（2007，p. 6-26）。

方程（6－64）和方程（6－65）：新的私人资本的值为 $\sum_{k,bus} IND_{k,bus,t}$，新的公共资本的值为 $\sum_{k,pus} IND_{k,pus,t}$。这样从投资需求函数的间接生产方程中得到私人投资和公共投资价格：

$$PK_t^{PRI} = \frac{1}{A^{K\_PRI}} \prod_i \left[\frac{PC_{i,t}}{\gamma_i^{INVPRI}}\right]^{\gamma_i^{INVPRI}} \quad (6-62)$$

$$PK_t^{PUB} = \frac{1}{A^{K\_PUB}} \prod_i \left[\frac{PC_{i,t}}{\gamma_i^{INVPUB}}\right]^{\gamma_i^{INVPUB}} \quad (6-63)$$

其中，A^{K_PRI} 为尺度参数（新的私人资本的价格），A^{K_PUB} 为尺度参数（新的公共资本的价格）。

分类和行业之间的新的私人资本分配遵循的是修改后的 Jung－Thorbecke（2001）投资需求。分配到业务部门生产的 k 型资本量与当前资本存量是成比例的；而且根据出租率和资本使用者成本比的不同，这种比例也是有差异的，Tobin 的 q 值对此做出了解释（参考 Lemelin 和 Decaluwe，2007，p.20－30）。

$$IND_{k,bus,t} = \varphi_{k,bus} \left[\frac{R_{k,bus,t}}{U_{k,bus,t}}\right]^{\sigma_{k,bus}^{INV}} KD_{k,bbus,t} \quad (6-64)$$

其中

$$U_{k,bus,t} = PK_t^{PRI}(\delta_{k,bus} + IR_t) \text{ 以及 } U_{k,pub,t} = PK_t^{PUB}(\delta_{k,pub} + IR_t)$$
$$(6-65)$$

是资本的使用者成本，而且 IR_t 为利息率，$U_{k,j,t}$ 为行业 j 中 k 型资本的成本，$\varphi_{k,j}$ 为尺度参数（行业投资的分配），$\sigma_{k,bus}^{INV}$ 为与 Tobin 的 q 值相关的私人投资需求弹性。

本书以一种常用方式来定义资本的使用成本：它依赖于新资本的价格（资本的替代成本）、折旧率以及利息率。需要指出的是，投资需求方程（6－64）意味着，当 Tobin 的 q 值为 1 的时候，有 $IND_{kbus,t}/KD_{k,bus,t} = \varphi_{k,bus}$。根据 Tobin 理论，投资应该达到 q=1 的点。所以，$\varphi_{k,bus}$ 可以解释为投资的增长均衡率。

另外，还有一种间接的动态 CGE 模型构建方法。一方面，两个时期之间修正的外生变量包括劳动储备、资本储备、外汇储备以及政府的实际消费；另一方面，对增长集结柯布—道格拉斯生产函数中的平移参数值也进行了修正，以此来表现碳税收益为教育所提供的额外公共资本的效果。以下方程描述的是"各个时期之间"的变化，这种变化在求解各个时期内生变量时，需要在模型中加以考虑。

（1）劳动储备。假设劳动力每年的增长率都相同，并且该增长率与总人口增长率相同。

$$\overline{ls}_{t+1} = (1 + gr_{\overline{ls}}) \cdot \overline{ls}_t \qquad (6-66)$$

其中，$gr_{\overline{ls}}$ 为劳动力增长率。

（2）资本储备。每个时期都会有一部分资本折旧，而与此同时，也会有一些新的资本通过经济中的投资而产生。假设将总投资中的一部分用于创造生产性资本，增加资本存量。

$$\overline{ks}_{t+1} = (1 - depr_{eco}) \cdot \overline{ks}_t + fr_{inv} \cdot \sum_c QINV_c^t \qquad (6-67)$$

其中，$depr_{eco}$ 为经济中的资本折旧率，fr_{inv} 为总投资中用于创造生产性资本的部分。

（3）国外储蓄。国外储蓄以近几年所观察到的增长率持续增长。

$$\overline{fsav}_{t+1} = (1 + gr_{\overline{fsav}}) \cdot \overline{fsav}_t \qquad (6-68)$$

其中，$gr_{\overline{fsav}}$ 为国外储蓄增长率。

（4）实际政府消费。为了满足人口的不断增长以及经济规模的扩大，实际政府消费是不断增长的。

$$\overline{qg}_c^{t+1} = (1 + gr_{\overline{qg}}) \cdot \overline{qg}_c^t \qquad (6-69)$$

其中，$gr_{\overline{qg}}$ 为政府消费增长率。

（5）劳动力生产率。如 Park（1995），假设劳动生产率受到教育公共支出增长的影响，以如下形式表示：

$$\varphi_a^{t+1} = \varphi_a^t \cdot [1 + (\eta_a \cdot e_t)] \qquad (6-70)$$

其中，η_a 为活动 a 的效率参数。

$$e_t = \frac{(BASEEDUEX P_t - BASEEDUEX P_{t-1}) + (ADDEDUEX P_t - ADDEDUEX P_{t-1})}{BASEEDUEX P_{t-1} + ADDEDUEX P_{t-1}}$$

其中，e_t 为在 t 年用于公共教育总支出的变化。

需要指出的是，本书假设公共教育总支出不只是碳税提供的额外支出，而且它可以提高劳动生产率。一旦得到一个新的劳动技能参数值，增长集结柯布—道格拉斯方程的平移参数就需要重新计算：

$$\Psi_a = \varphi_a^{(1-\alpha_a)}$$

另外，在构建动态 CGE 模型时，需要注意以下两点。

（1）消费函数

在这种人口增长假设下，由于模型设定居民家庭都在需求的扩展线性支出系统（ELES）下消费商品，该系统将独立于收入水平的刚性消费需求 $PQ_i \times \gamma_{i,h}^m$ 视为每个家庭对每种商品消费的最低需求，不受可支配收入变化的影响。

$$QH_{i,h} \times PQ_i = PQ_i \times \gamma_{i,h}^m + \beta_{i,h}^m \times$$
$$\left(EH_h - SH_h - GIHTAX_h - \sum_j PQ_j \times \gamma_{i,h}^m\right) \quad (6-71)$$

上述消费函数中的其余项，确定了随收入变化而变化的额外消费需求水平。在此模型中，本书认为人口增长通过其对私人消费支出水平的直接影响及积极影响进入模型。在动态更新过程中，随着人口的增长，每个家庭对特定商品的消费水平向上调整，以反映更大的消费需求，这是通过与人口增长相同的速度增加，独立于收入的刚性消费需求 $PQ_i \times \gamma_{i,h}^m$ 实现的。

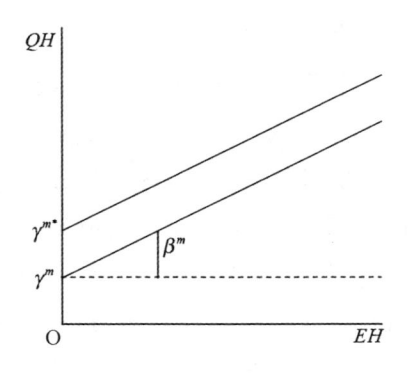

图 6-5　家庭消费需求与人口增长

上述消费函数如图 6-5 所示，表示单个代表性家庭对特定商品（$QH_{i,h}$）的消费，然后将其与家庭的总消费支出水平（EH_h）相关。上升的消费需求曲线反映了家庭可支配收入与消费水平之间的正相关关系以及收入和消费之间存在线性关系，这反映在消费曲线的恒定斜率（β^m）中。

在动态模型中，人口增长导致 γ^m 的值按比例增加，以及消费曲线向上移动，以反映更高的最低消费水平（γ^{m*}）。如图 6-5 所示，假定消费曲线的斜率（β^m）保持不变。因此，本书认为人口增长只影响平均消费需求，而非边际消费需求，所以新消费者与现有消费者具有相同的消费偏好。

(2) 劳动力增长

每个劳动力类别所采取的劳动力市场闭合，决定了更新相关参数以反映当前模型中劳动力供应变化的方法。每个要素市场有四种可选的闭合选项，在第一种闭合选项中，劳动力供应是灵活的，但受制于劳动力供应实际工资弹性的调整能力。不需要外生更新劳动力供应（QFS_f），劳动力供应会内生地调整，确定最终就业和工资。如果该要素的劳动力供应正在外生增长，则相应地调整方程 L 中的 QFS_f^0。在第二种闭合选项中，一个劳动力类别的部门需求保持不变，随着劳动力供应的变化，对需求的任何调整都是外生的，在这种情况下，本书假定供应增长在所有部门中相同。在第三种闭合选项中，假定劳动力以固定实际工资失业，代表了第一种闭合选项的特殊情况，即劳动力供应的工资弹性（$etals_f$）无穷大，由于对要素供应没有限制，所以不需要外生调整劳动力供应（QFS_f）；否则，就有必要外生调整实际工资率。第四种闭合选项假设要素供应固定，并调整实际工资，使需求和供应相等，最终这种闭合意味着充分就业。在期间之间，固定水平的劳动力供应会外生调整，也代表了第一种闭合选项的特殊情况，其中劳动力供应的工资弹性（$etals_f$）为零。

总结如下：模型的动态主要涉及人口与劳动力的增长、技术进步（全要素生产率的提高）、资本的积累以及在部门之间的流动。具体描述如下方程所示：

劳动供给方程为：$L_{s,t+n} = L_{s,t} \cdot (1 + g^l)^n$

家庭储蓄的方程截距为：$sh0_{h,t} = sh0_{h,t-1} \cdot (1 + g^l)$

家庭和企业收入税收方程截距分别为：

$$ttdh0_{h,t} = ttdh0_{h,t-1} \cdot (1 + g^l)$$

$$ttdf0_{h,t} = ttdf0_{h,t-1} \cdot (1 + g^l)$$

家庭向政府转移方程的截距：

$$tr0_{h,t} = tr0_{h,t-1} \cdot (1 + g^l)$$

来自政府的转移支付：

$$TR_{agng,gvt,t} = TR_{agng,gvt,t-1} \cdot (1 + g^l)$$

以及来自世界其他地区的转移支付：

$$TR_{agd,row,t} = TR_{agd,row,t-1} \cdot (1 + g^l)$$

$$\lambda_{t+n}^{tfp} = \lambda_t^{tfp} \cdot (1 + \gamma^{tfp})^n$$

$$ARK_t = \sum \left[\left(\frac{K_{i,t}}{\sum_i K_{i,t}} \right) \cdot R_t \cdot kdist_{i,t} \right]$$

$$\eta_{i,t} = \left(\frac{K_{i,t}}{\sum_i K_{i,t}} \right) \cdot \left(1 + \beta_i \cdot \left(\frac{R_t \cdot kdist_{i,t}}{ARK_t} - 1 \right) \right)$$

$$\Delta K_{i,t} = \frac{\eta_{i,t} \cdot \sum_i PQ_i \cdot INV_i}{PK_t}$$

$$PK_t = \frac{\sum_i PQ_i \cdot INV_i}{\sum_i INV_i}$$

$$K_{i,t+1} = K_{i,t} \cdot \left(1 + \frac{\Delta K_{i,t}}{K_{i,t}} - depr_i \right)$$

$$K_{t+1} = K_t - \sum_i K_{i,t} \cdot depr_i + \sum_i \Delta K_{i,t}$$

其中，$L_{s,t+n}$ 为 $t+n$ 期的劳动供给量；ARK_t 为 t 期的资本平均收益率；$\Delta K_{i,t}$ 为 t 期部门 i 的新资本积累量；PK_t 为 t 期单位资本的价格；

$K_{i,t+1}$ 为 $t+1$ 期部门 i 的资本存量；K_{t+1} 为 $t+1$ 期资本供给总量；g^l 为劳动力增长率；λ^{tfp} 为全要素生产率增长率；β_i 为资本的部门流动系数；$\eta_{i,t}$ 为 t 期部门 i 的新资本积累系数。

值得提及的是，由于本模型假定各部门的投资需求由其资本存量和资本相对收益率决定，因此我们需要将投资资金来源中的某项设为内生（可调节）变量，以保证投资资金随投资额变化，即保证投资储蓄平衡条件成立（张晓光，2009）。这里，我们选择将外资流入量 B 设为内生变量。当然，我们也可以选择将居民储蓄率设为内生变量。

还需要指出的是，模型包含的方程总数为比内生变量的总数多一个，这意味着模型存在过度识别问题。根据瓦尔拉斯法则，需要剔除其中一个多余的方程，以保证模型能够求解，也就是使模型闭合（closure）①。本书选择增加 WALRAS 变量，这意味着在国内总储蓄和投资总额给定的情形下，WALRAS 变量将作为一个均衡变量自动调整到使总储蓄和投资平衡的水平。

另外，二氧化碳排放量的计算主要是计算二氧化碳排放系数，目前已有文献中关于二氧化碳排放系数的计算方法有以下几种。

第一，采用联合国政府间气候变化专门委员会（Intergovernmental Panel on Climate Change，IPCC）编制的《IPCC 国家温室气体减排放清单指南》能源中化石能源的缺省碳含量、缺省氧化碳因子计算出有效的 CO_2 排放因子，再通过能源实物消费量与实际热量的相互转换来计算。

基本公式为：

$$CO_2 = \sum_{i=1}^{3} CO_{2,i} = \sum_{i=1}^{3} E_i \times NCV_i \times CEF_i \times COF_i \times (44/12)$$

其中，CO_2 代表估算的二氧化碳排放量，$i=1, 2, 3$ 分别代表煤炭、石油、天然气三种一次能源，E 代表它们的消耗量。NCV 为 2007 年《中国能源统计年鉴》附录 4 提供的中国三种一次能源的平

---

① 参见 Dervis 等（1982）、Dewatripont 和 Michel（1987）及马钢（1998）。

均低位发热量（IPCC 称为净发热值），CEF 为 IPCC 提供的二氧化碳排放系数，COF 是碳氧化因子。运用该方法的有王灿（2003）、陈诗一（2009）。

第二，直接引用《日本能源经济统计手册》中的能源排放系数，其中焦煤 0.692tc/tce，焦炭 0.776tc/tce，原油 0.546tc/tce，石油制品 0.532tc/tce、天然气 0.394tc/tce（tc/tce 的含义为每释放一吨标准煤的热量所需要排放的碳量），运用该方法的有朱成章（2008）。

第三，直接引用国家发展和改革委员会能源研究所课题"中国可持续发展能源碳排放情景分析"综合报告中的二氧化碳排放系数，该系数实质也是 IPCC 编制指南中的排放因子缺省值。应用该数据的有徐国泉等（2006），具体计算的排放系数见表 6-8。

表 6-8　　　　　　　各类能源的二氧化碳排放系数

项目	煤炭	石油	天然气	水电、核电
t 碳/t 标准煤	0.7476	0.5825	0.4435	0.00

资料来源：国家发展和改革委员会能源研究所：《中国可持续发展能源暨碳排放情景分析综合报告》，2003 年。

第四，利用国际能源署的 *International Energy Statistics* 中的统计数据，通过中国三种化石能源的二氧化碳排放量与能源的实际消费量来计算，运用该方法的有王克（2008）。

目前，关于二氧化碳排放量的估算方法较多，采用不同的方法相互之间的差距较大，哪一种方法更为准确也难以评价。本书的基础数据，即社会核算矩阵中的数据来自投入产出表，本身是价值变量，同时涉及部门之间的合并，关于能源消费总量的数据不像能源统计年鉴里的那样为实物量数据。在此，采用第四种方法进行计算，具体计算结果见表 6-9。

表6-9 二氧化碳排放系数

类型	二氧化碳排放量 （百万吨）	最终需求量 （价值单位：亿元）	二氧化碳排放系数 （吨/万元）
煤炭	6258.8	29946.3	20.90
石油	1151.3	51628.1	2.23
天然气	194.4	5907.6	3.29

注：二氧化碳排放量来自 International Energy Statistics，能源需求量来自微观社会核算矩阵化石能源三部门的总需求相对实物量。

第 七 章

碳税政策模拟Ⅰ:碳税征收力度

第一节　国内碳排放现状

图 7-1 为中国 2020 年燃料消费状况,可以看到,煤炭、石油和天然气这三种传统化石燃料依然占据较大比重,分别占燃料总消费的 57%、20% 和 8%,其中煤炭的消费超过总数的一半。水力发

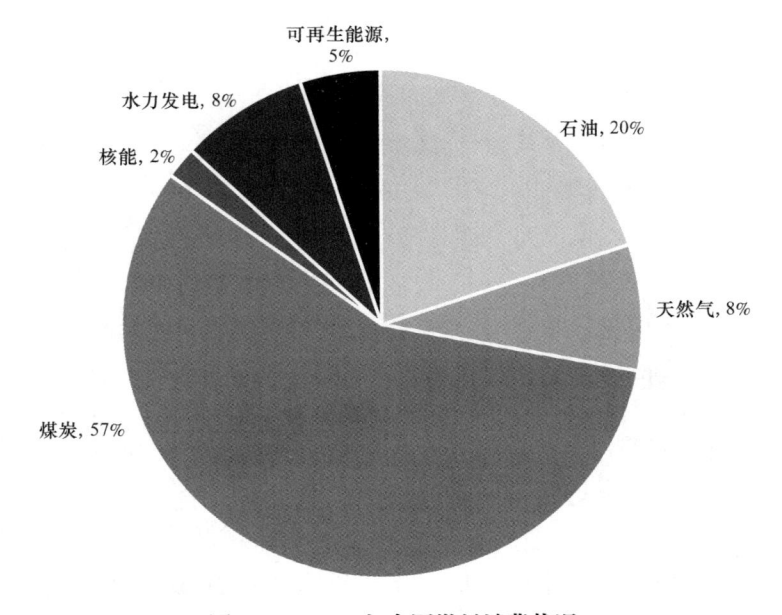

图 7-1　2020 年中国燃料消费状况

电占 8%，可再生能源占比 5%，核能占比最低，仅为 2%。在中国能源消费结构中，含碳量高的化石燃料消费占 80% 以上，而水力发电、可再生能源、核能等清洁能源占比较低，有很大的提升空间。目前中国的燃料消费状况部分解释了中国二氧化碳排放总量位居世界第一的原因。

图 7-2 展示了中国 1970—2020 年二氧化碳排放总量的变化，可以看到，在改革开放之前，中国二氧化碳排放总量上升幅度非常小，1978 年二氧化碳排放总量仅为 1.56×10^9 吨。1978 年改革开放后，中国二氧化碳排放总量缓慢上升，到 2000 年中国二氧化碳排放总量为 3.71×10^9 吨。进入 21 世纪后，中国二氧化碳排放总量迅猛增长，2020 年中国的二氧化碳排放总量已经达到 11.7×10^9 吨。可以看到，过去 40 多年来中国"高投入、高能耗、高产出、低效率"的生产方式使得二氧化碳排放总量不断增长，给环境带来的压力也越来越大，节能减排已成为中国经济高质量发展的重要组成部分。

图 7-2　1970—2020 年中国二氧化碳排放总量

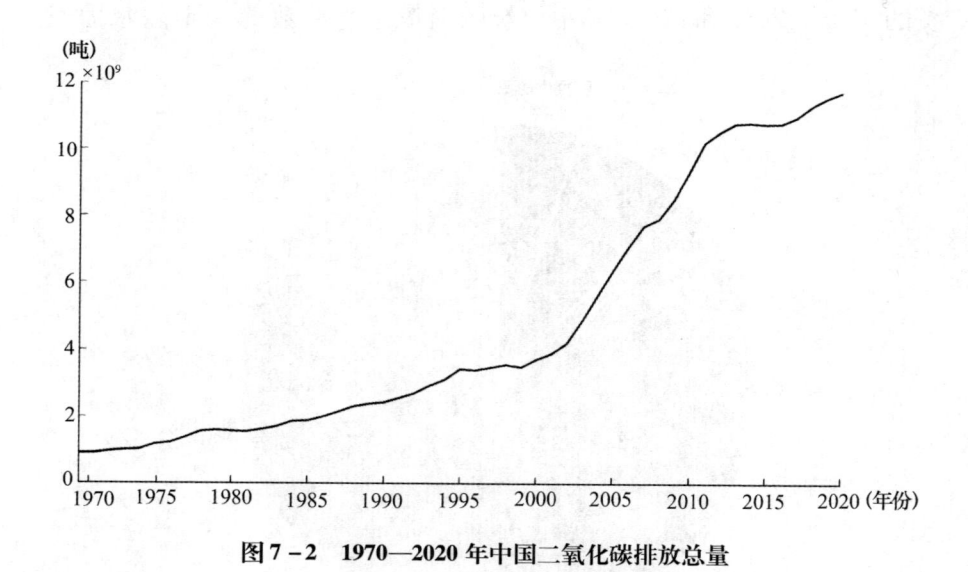

图 7-3 展示了中国 1970—2020 年人均碳排放量的变化，与二氧化碳排放总量的变化趋势十分相似。可以看到，在改革开放之前，

中国人均碳排放量上升幅度非常小，1978年人均碳排放量仅为1.62吨。改革开放后，中国人均碳排放量缓慢上升，到2000年中国人均碳排放量为2.89吨。进入21世纪后，中国人均碳排放量迅猛增长，2014年中国人均碳排放量为7.74吨，为2000年的2.7倍，之后缓慢增长，到2020年，中国的人均碳排放量已经达到8.20吨，为1978年的5.1倍。

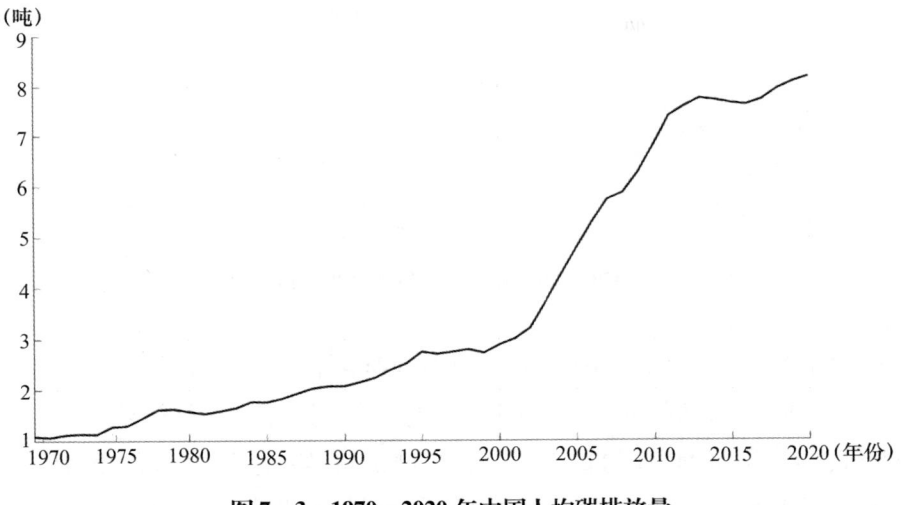

图7-3　1970—2020年中国人均碳排放量

图7-4展示了中国1970—2020年二氧化碳排放占世界的比重的变化，可以看到，其间中国二氧化碳排放占世界的比重总体呈现上升趋势，1970年，中国二氧化碳排放占世界的比重仅为5.75%，到1978年增长为7.95%，其间增长较为缓慢。到2000年，中国二氧化碳排放占世界的比重为14.34%，比1978年增长了近一倍。21世纪以来，中国二氧化碳排放占世界的比重增长更加迅速，到2020年，这一比重已经达到32.48%，接近世界碳排放总量的1/3。中国是世界上碳排放总量最大的国家，研究碳减排策略对于全球碳减排、改善全球气候变化具有重大意义。

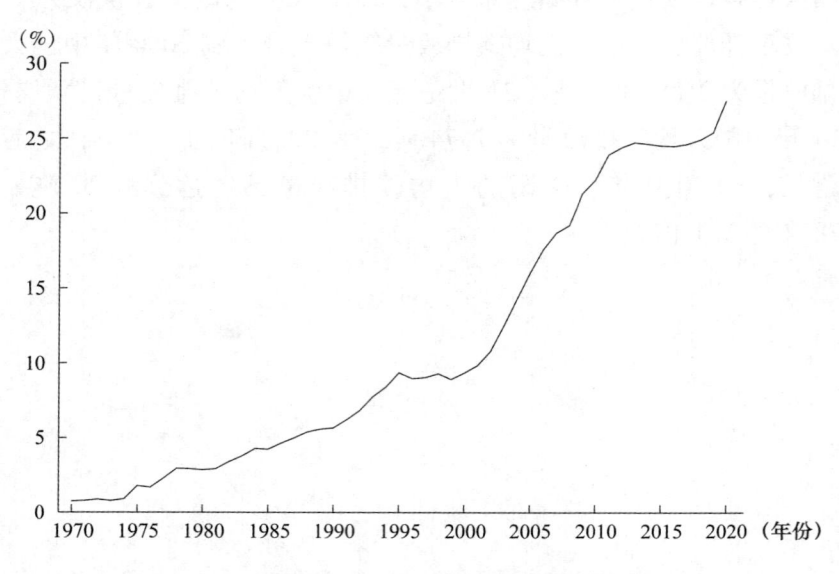

图 7-4 1970—2020 年中国二氧化碳排放占世界的比重

图 7-5 展示了中国 1970—2020 年各部门碳排放量趋势，可以看到，1970—2000 年，建筑部门、电力部门、交通运输部门、工业燃料消耗及其他部门的二氧化碳排放量均呈现缓慢增长状态，1970—1995 年工业燃料消耗的二氧化碳排放量最大，1996—2000 年电力部门碳排放量超过工业燃料消耗，位居第一。2000 年，建筑部门、电力部门、交通运输部门、工业燃料消耗及其他部门的二氧化碳排放量分别为 3.70×10^8 吨、14.27×10^8 吨、2.48×10^8 吨、10.55×10^8 吨、6.06×10^8 吨。2000 年之后，各部门二氧化碳排放量总体呈现更快的增长速度，其中电力部门碳排放量最多，增长也最快。到 2020 年，电力部门的二氧化碳排放量达 47.94×10^8 吨，为 2000 年的 3.4 倍；工业燃料消耗增长次之，在 2013 年达到峰值之后呈下降趋势，2017 年后有所回升，到 2020 年工业燃料消耗的二氧化碳排放量达 32.22×10^8 吨，为 2000 年的 3.1 倍；2020 年，其他部门的二氧化碳排放量为 18.98×10^8 吨，为 2000 年的 3.1 倍；建筑部门和交通运输部门也增长较快，2020 年这两个部门的二氧化碳排放量

分别为 8.00×10^8 吨和 9.66×10^8 吨，相较 2000 年，分别增长了 1.2 倍、2.9 倍。

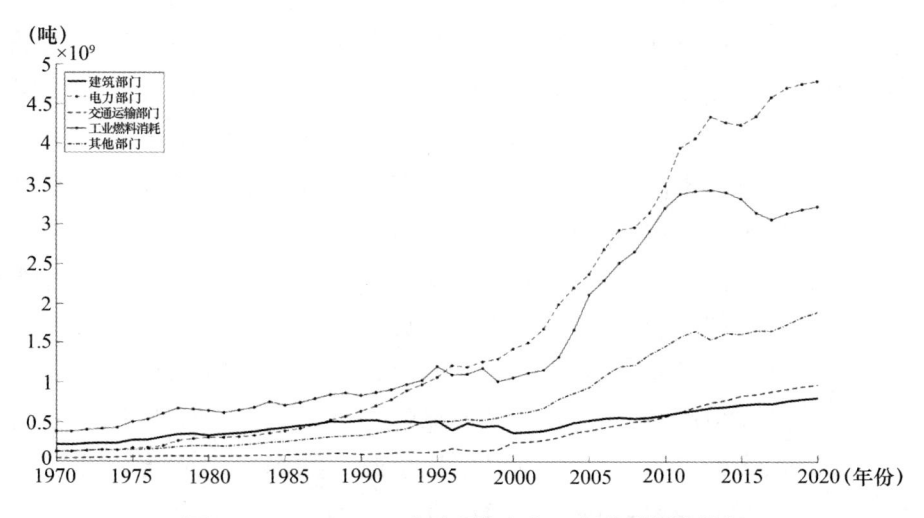

图 7-5　1970—2020 年中国各部门二氧化碳排放数据

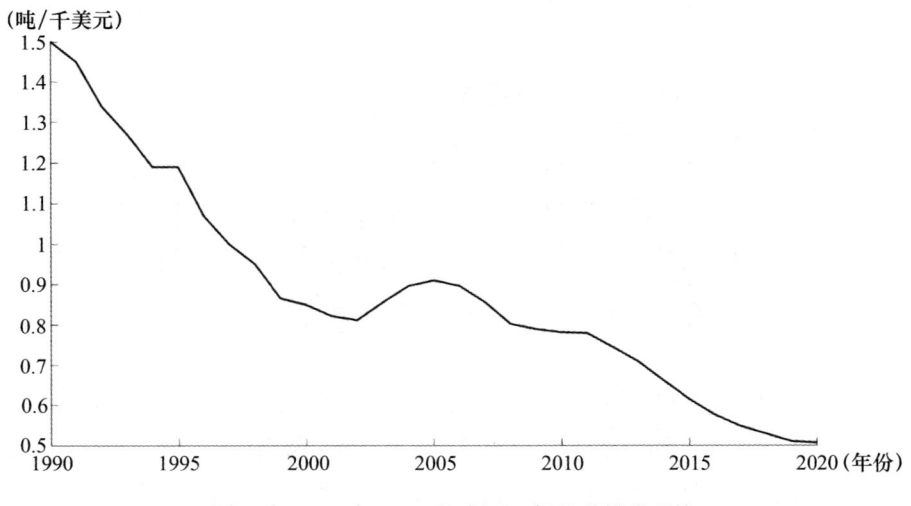

图 7-6　1990—2020 年中国二氧化碳排放强度

图 7-6 展示了中国 1990—2020 年二氧化碳排放强度的变化，可以看到，总体上呈现下降趋势，1990—2002 年处于迅速下降阶段，

从 1990 年的 1.50 吨/千美元下降至 2002 年的 0.81 吨/千美元。2002—2008 年呈现倒"U"形，之后缓慢下降，到 2020 年，中国碳排放强度降为 0.51 吨/千美元，仅为 1990 年的 1/3。二氧化碳排放强度的大幅降低意味着中国单位 GDP 将排放更少的二氧化碳，也说明中国正朝着低碳发展方向迈进，逐步形成低碳环保的经济发展模式。

综上可知，中国燃料消费依旧以煤炭、石油及天然气三种传统化石燃料为主。1970—2020 年，中国二氧化碳排放总量、二氧化碳排放占世界的比重、人均碳排放量均大幅上升，建筑部门、电力部门、交通运输部门、工业燃料消耗及其他部门的二氧化碳排放量也呈现较快的上升趋势，尤其是在 2000 年后，但 1990—2020 年中国二氧化碳排放强度总体上是迅速下降的。以上数据说明在低碳绿色转型的国际背景下，中国作为碳排放量最大的国家，节能减排不仅有利于中国走上绿色可持续的经济发展之路，也会为全球碳减排事业做出巨大贡献。

第二节 碳税设计与情景设置

本章分别模拟了征收 10 元/吨、20 元/吨、30 元/吨、40 元/吨、50 元/吨、60 元/吨和 70 元/吨碳税对宏观经济、产业部门、二氧化碳减排效果、能源消费结构以及产业结构等短期和中长期产生的影响。

短期和中长期碳税征收方式模拟均在新古典闭合规则下进行，即在短期和中长期内所有价格包括要素价格和商品价格都是具有完全弹性的，由模型内生决定，而资本和劳动等要素现有实际供应量实现充分就业，由外界给定的要素禀赋量来决定。

第三节 碳税征收力度模拟分析

一 宏观经济影响分析

短期内，不同碳税征收力度对宏观经济各变量产生的影响如表 7-1 所示，对收入、储蓄和消费结构各变量的影响如表 7-2 所示。总体来看，征收碳税会对宏观经济发展产生负效应，同时造成一定的社会福利损失。

表 7-1　　　　　　宏观经济各变量变化情况

	10	20	30	40	50	60	70
名义 GDP（%）	-0.0275	-0.0532	-0.0772	-0.0998	-0.1210	-0.1409	-0.1598
实际 GDP（%）	-0.1482	-0.2887	-0.4224	-0.5500	-0.6721	-0.7892	-0.9017
社会福利（亿元）	-138.5265	-276.9299	-414.9124	-552.2497	-688.7729	-824.3549	-958.9004
总出口（%）	-0.1040	-0.2015	-0.2930	-0.3792	-0.4605	-0.5371	-0.6097
总进口（%）	-0.1295	-0.2510	-0.3650	-0.4724	-0.5736	-0.6691	-0.7594
投资总额（%）	0.0679	0.1314	0.1910	0.2471	0.3000	0.3499	0.3972

表 7-2　　　收入、储蓄和消费结构各变量变化情况　　　（单位：%）

		10	20	30	40	50	60	70
政府收入	中央	0.2759	0.5322	0.7714	0.9955	1.2064	1.4053	1.5936
	地方	0.2888	0.5576	0.8091	1.0452	1.2676	1.4777	1.6768
政府储蓄	中央	0.2759	0.5322	0.7714	0.9955	1.2064	1.4053	1.5936
	地方	0.2888	0.5576	0.8091	1.0452	1.2676	1.4777	1.6768
政府消费	中央	0.2629	0.5052	0.7295	0.9381	1.1328	1.315	1.4861
	地方	0.2783	0.5355	0.7743	0.9969	1.2051	1.4005	1.5843

续表

		10	20	30	40	50	60	70
居民收入	农村低收入阶层	0.0046	0.0088	0.0127	0.0164	0.020	0.0233	0.0264
	农村中低收入阶层	0.0033	0.0063	0.0092	0.0119	0.0144	0.0168	0.0191
	农村中等收入阶层	0.0034	0.0065	0.0094	0.0121	0.0147	0.0172	0.0195
	农村中上等收入阶层	0.0035	0.0067	0.0097	0.0126	0.0152	0.0178	0.0202
	农村上等收入阶层	0.0010	0.0020	0.0029	0.0037	0.0045	0.0053	0.006
	城镇低等收入阶层	0.0070	0.0135	0.0196	0.0254	0.0308	0.0359	0.0407
	城镇中低收入阶层	0.0073	0.0141	0.0204	0.0264	0.032	0.0373	0.0424
	城镇中等收入阶层	0.0021	0.0041	0.0060	0.0077	0.0094	0.0109	0.0124
	城镇中上等收入阶层	0.0019	0.0037	0.0053	0.0068	0.0083	0.0097	0.011
	城镇上等收入阶层	0.0010	0.0018	0.0027	0.0034	0.0042	0.0049	0.0056
居民储蓄	农村低收入阶层	0.0046	0.0088	0.0127	0.0164	0.0200	0.0233	0.0264
	农村中低收入阶层	0.0033	0.0063	0.0092	0.0119	0.0144	0.0168	0.0191
	农村中等收入阶层	0.0034	0.0065	0.0094	0.0121	0.0147	0.0172	0.0195
	农村中上等收入阶层	0.0035	0.0067	0.0097	0.0126	0.0152	0.0178	0.0202
	农村上等收入阶层	0.0010	0.0020	0.0029	0.0037	0.0045	0.0053	0.0060
	城镇低等收入阶层	0.0070	0.0135	0.0196	0.0254	0.0308	0.0359	0.0407
	城镇中低收入阶层	0.0073	0.0141	0.0204	0.0264	0.0320	0.0373	0.0424
	城镇中等收入阶层	0.0021	0.0041	0.0060	0.0077	0.0094	0.0109	0.0124
	城镇中上等收入阶层	0.0019	0.0037	0.0053	0.0068	0.0083	0.0097	0.011
	城镇上等收入阶层	0.0010	0.0018	0.0027	0.0034	0.0042	0.0049	0.0056
居民消费	城镇	−0.0408	−0.0817	−0.1224	−0.1629	−0.2032	−0.2432	−0.2829
	农村	−0.0362	−0.0722	−0.1082	−0.1439	−0.1794	−0.2146	−0.2495
企业总收入		−0.0447	−0.0864	−0.1255	−0.1622	−0.1966	−0.229	−0.2596
企业总储蓄		−0.0443	−0.0858	−0.1246	−0.1610	−0.1951	−0.2273	−0.2576

对政府而言，税收是政府收入的主要来源，短期内由于征收碳税，中央政府和地方政府收入增加，储蓄同比例增加，但征收碳税导致产品价格提升，政府消费也会增加。

对企业而言，征收碳税加重企业生产负担，企业使用化石能源成本增加，产出减少，产品价格提升，企业收入和储蓄随之减少。

对居民而言，征收碳税导致国内物价水平有所提高，居民将减少消费。短期内，居民的劳动收入不变，虽然征收碳税导致居民资本收入减少，但政府由于增加碳税收入后增加了对居民的转移支付，特别是增加对农村和城镇中上等收入阶层以下居民的补贴，各收入阶层居民收入仍有所增加，居民储蓄发生同比例增加。

名义 GDP 由总的资本收入、总的劳动收入和间接税收入构成。总的资本收入减少，总的劳动收入不变，虽然征收碳税会增加间接税收入，但由于这部分所占比重较少，名义 GDP 短期有所下降。

实际 GDP 等于消费、投资和净出口的总和。短期内受到征收碳税的影响，政府消费增加，居民消费减少，由于政府消费所占比重较小，社会消费总量有所下降。投资等于储蓄，储蓄增加，社会投资总额增加。企业由于生产成本增加，国内产品价格提升，此时国外产品价格不变，总出口减少，由于国内需求减少，总进口减少，导致净出口有所减少。消费、投资和净出口短期内受到碳税征收的影响均有所减少，最终导致实际 GDP 下降。

对于社会福利水平而言，短期内政府虽然增加了消费，但仅占社会消费中的一小部分，居民作为消费主体，由于征税导致实际收入下降，减少消费需求，最终造成社会福利损失。

不同碳税征收力度下长期内对主要宏观经济变量产生的影响如图 7-7 至图 7-12 所示。长期来看，到 2030 年，征收碳税对宏观经济产生正效应，社会福利状况得到改善。

对政府而言，税收是政府的主要收入来源，短期内征收碳税将增加中央政府和地方政府的收入，但长期内，中央政府和地方政府的总收入呈现"先上升、后下降"的趋势，这是由于政府虽然增加了碳税收入，但是增值税、所得税等税收收入减少，最终导致中央政府和地方政府总收入下降。政府储蓄与政府收入发生同比例变动，政府消费持续增加，政府转移支付增加幅度有所下降。

对企业而言，征收碳税增加企业使用化石能源要素的成本，生产成本上升，企业税负加重，收入减少，储蓄相应减少。长期内，企业为减少生产成本将减少化石能源的消耗，转而寻求替代能源，清洁能源的替代效应逐渐增强，生产成本较基准情景有所下降，产出增加，价格下降，进而导致总出口有所增加。

对居民而言，从长期来看，居民对价格的敏感程度逐渐下降，政府和企业增加对居民的补贴，居民实际收入有所提高，需求扩大，进而导致居民消费增加，同时总进口增加。

不同的碳税征收力度下，名义GDP与实际GDP呈现相反的变化趋势，社会福利得到一定的改善。长期来看，征收碳税导致名义GDP持续下降，实际GDP持续上升。征收碳税使得总的资本收入减少，且减少幅度较大，虽然碳税增加了间接税的收入，但仍无法弥补资本收入的减少，名义GDP发生持续下降。短期内，征收碳税将导致消费减少，总出口和总进口下降，实际GDP下降。从长期来看，社会需求增加，居民消费有所增加，净出口增加，虽然在碳税的冲击下，资本存量减少，社会投资减少，但实际GDP呈现上涨趋势，并且随着碳税征收力度的不断增强，实际GDP涨幅扩大。

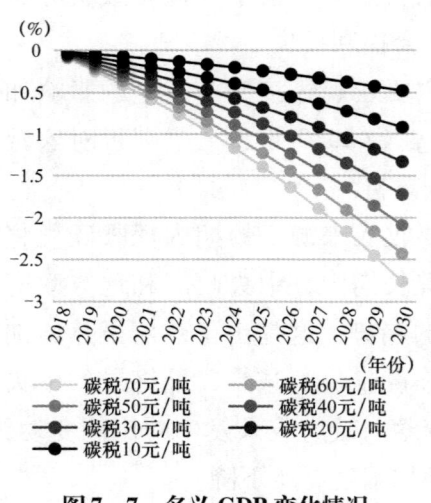

图7-7 名义GDP变化情况 　　图7-8 实际GDP变化情况

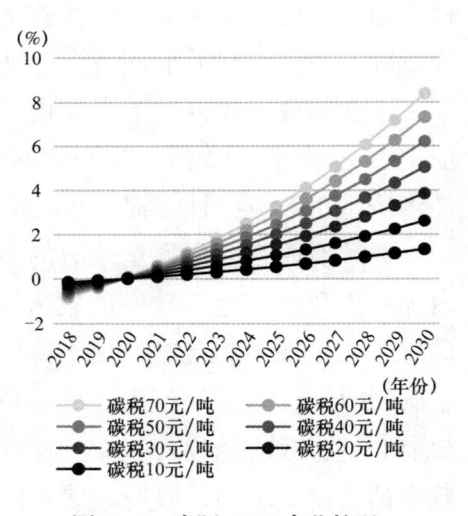

图 7-9 投资总额变化情况

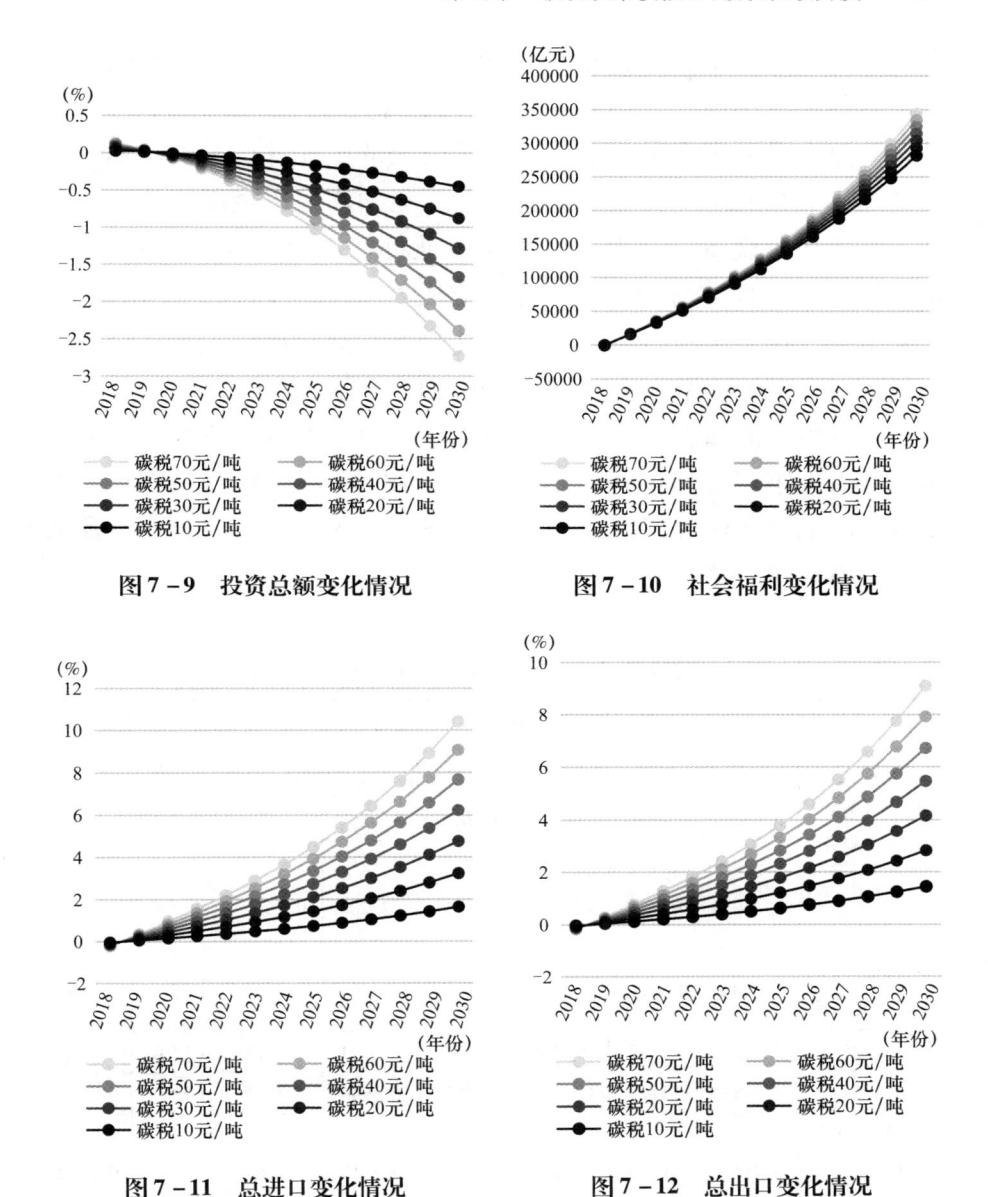

图 7-10 社会福利变化情况

图 7-11 总进口变化情况

图 7-12 总出口变化情况

二 产业部门影响分析

短期内，征收碳税对各产业部门产出和价格产生的影响如表

7-3所示。征收碳税对能源密集型工业部门产生了一定的冲击,化石能源使用成本提升,导致高碳能源生产和加工部门产出大幅减少,价格明显上升,进而导致能源消耗量较大的工业部门,如金属矿采选产品、非金属矿和其他矿采选产品、化学产品、金属冶炼和压延加工品、通用设备、专用设备等重工业部门以及木材加工和家具、造纸印刷和文教体育用品等轻工业部门生产成本增加,产出减少,价格上升。由于煤炭、石油、天然气等化石能源价格上涨,企业转而增加对火电的消费,火电部门产出和价格均有所上涨。

农林牧副渔和服务、食品和烟草等劳动密集型产业产出受到碳税的冲击较小,虽然生产成本增加,价格增加,但产出有所增加。受到上游能源产业部门产出减少、价格提升的影响,建筑业有所收缩,价格有所上涨。

表7-3　　　　短期各产业部门产出与价格变化情况　　　（单位:%）

	30		40		50		60	
	产出	价格	产出	价格	产出	价格	产出	价格
农林牧副渔产品和服务	0.0281	0.0769	0.0310	0.1018	0.0315	0.1262	0.0299	0.1503
金属矿采选产品	-1.3909	0.6015	-1.8092	0.7875	-2.2085	0.9672	-2.5905	1.1413
非金属矿和其他矿采选产品	-1.9375	0.6700	-2.5160	0.8768	-3.0653	1.0763	-3.5878	1.2693
食品和烟草	0.0254	0.0893	0.0284	0.1186	0.0294	0.1478	0.0287	0.1766
纺织品	0.2189	0.1859	0.2666	0.2472	0.3046	0.3081	0.3343	0.3684
纺织服装鞋帽皮革羽绒及其制品	0.2236	0.0755	0.2769	0.1050	0.3219	0.1360	0.3599	0.1682
木材加工品和家具	-0.4233	0.2223	-0.5511	0.2928	-0.6736	0.3617	-0.7914	0.4291
造纸印刷和文教体育用品	-0.0547	0.3390	-0.0797	0.4457	-0.1069	0.5496	-0.1360	0.6510
化学产品	-0.5804	0.6789	-0.7663	0.8910	-0.9481	1.0969	-1.1260	1.2972

续表

	30		40		50		60	
	产出	价格	产出	价格	产出	价格	产出	价格
非金属矿物制品	-0.5935	0.9224	-0.7753	1.2059	-0.9503	1.4794	-1.1191	1.7437
金属冶炼和压延加工品	-1.1013	1.2255	-1.4280	1.5979	-1.7380	1.9554	-2.0331	2.2993
金属矿物制品	-0.6772	0.6518	-0.8781	0.8503	-1.0691	1.0412	-1.2510	1.2249
通用设备	-0.5918	0.4534	-0.7733	0.5936	-0.9481	0.7291	-1.1167	0.8603
专用设备	-0.3659	0.3424	-0.4778	0.4488	-0.5854	0.5518	-0.6891	0.6517
交通运输设备	-0.1878	0.3157	-0.2514	0.4145	-0.3151	0.5106	-0.3787	0.6042
电气机械和器材	0.1006	0.4554	0.1275	0.5965	0.1521	0.7331	0.1748	0.8654
通信设备、计算机和其他电子设备	2.7784	-0.2844	3.6161	-0.3653	4.4185	-0.4408	5.1897	-0.5116
仪器仪表	0.8173	0.0878	1.0583	0.1185	1.2871	0.1496	1.5051	0.1808
其他制造产品	-0.2311	0.3974	-0.3032	0.5210	-0.3731	0.6408	-0.4409	0.7570
废品废料	-0.7750	0.2319	-1.0075	0.3031	-1.2293	0.3719	-1.4412	0.4384
金属制品、机械和设备修理服务	-0.0868	0.4180	-0.1113	0.5475	-0.1338	0.6727	-0.1544	0.7939
水的生产和供应	0.0025	-0.0169	0.0012	-0.0198	-0.0008	-0.0216	-0.0035	-0.0224
建筑	-0.2646	0.4357	-0.3495	0.5707	-0.4328	0.7013	-0.5149	0.8279
批发和零售	0.0859	-0.0709	0.1085	-0.0896	0.1288	-0.1063	0.1470	-0.1213
交通运输、仓储和邮政	-0.0882	0.1871	-0.1232	0.2516	-0.1602	0.3167	-0.1986	0.3821
住宿和餐饮	0.0639	0.0469	0.0786	0.0637	0.0907	0.0810	0.1005	0.0986
信息传输、软件和信息技术服务	0.3048	-0.1054	0.3921	-0.1343	0.4736	-0.1606	0.5499	-0.1847
金融	-0.0936	-0.0041	-0.1209	-0.0036	-0.1469	-0.0024	-0.1714	-0.0005
房地产	0.0266	-0.0818	0.0309	-0.1038	0.0334	-0.1235	0.0343	-0.1412

续表

	30		40		50		60	
	产出	价格	产出	价格	产出	价格	产出	价格
租赁和商务服务	-0.0764	0.1217	-0.1011	0.1620	-0.1254	0.2020	-0.1494	0.2418
科学研究和技术服务	0.0484	0.1042	0.0576	0.1393	0.0641	0.1743	0.0681	0.2093
水利、环境和公共设施管理	0.4841	0.0810	0.6213	0.1099	0.7488	0.1393	0.8677	0.1693
居民服务和其他服务	-0.0626	0.0913	-0.0839	0.1211	-0.1054	0.1505	-0.1271	0.1796
教育	0.4453	-0.0399	0.5721	-0.0494	0.6903	-0.0575	0.8007	-0.0641
卫生和社会工作	0.2855	0.2166	0.3622	0.2856	0.4316	0.3532	0.4946	0.4195
文化、体育和娱乐	0.3279	-0.0161	0.4204	-0.0179	0.5062	-0.0184	0.5859	-0.0178
社会保障、公共管理和社会组织	0.8735	-0.0409	1.1265	-0.0506	1.3639	-0.0587	1.5874	-0.0654
煤炭开采和洗选产品	-13.6718	4.1915	-17.3851	5.4832	-20.7776	6.7319	-23.8924	7.9420
煤炭加工品	-11.3399	7.8918	-14.4863	10.3827	-17.3861	12.8156	-20.0699	15.1958
石油开采产品	-11.9115	3.5596	-15.3950	4.7249	-18.6685	5.8804	-21.7489	7.0265
精炼石油和核燃料加工品	-1.2467	1.1922	-1.7034	1.5904	-2.1712	1.9869	-2.6462	2.3810
天然气开采产品	-1.4315	1.1986	-1.9543	1.5963	-2.4891	1.9915	-3.0316	2.3838
燃气生产和供应	-3.7304	4.2202	-4.8612	5.5774	-5.9425	6.9122	-6.9780	8.2259
火电	0.1372	1.7849	0.1989	2.3217	0.2664	2.8344	0.3388	3.3253
水电	4.0491	-0.5165	5.3123	-0.6720	6.5386	-0.8204	7.7312	-0.9625
风电	4.3888	-0.7225	5.7589	-0.9388	7.0896	-1.1449	8.3839	-1.3416
核电及其他电力	4.4280	-0.6806	5.8188	-0.8859	7.1732	-1.0822	8.4938	-1.2702

注：由于页面限制，这里仅展示碳税为 30—60 元/吨时，各产业部门产出和价格变化情况。

长期来看,各产业部门产出与价格受碳税征收影响变化情况如表 7-4 所示。整体上看,绝大部分产业部门产品价格下降,征收碳税并未推高物价水平、抑制社会生产。虽然征收碳税提高了一些产业部门化石能源的使用成本,使这些产业部门的产品价格有所提升,但经济收缩使得要素价格下降,最终导致大部分产业部门产品价格下降,产出有所提升。

表 7-4　　　　2030 年各产业部门产出与价格变化情况　　　（单位:%）

	30		40		50		60	
	产出	价格	产出	价格	产出	价格	产出	价格
农林牧副渔产品和服务	1.8170	-1.7995	2.3479	-2.3238	2.8488	-2.8171	3.3225	-3.2826
金属矿采选产品	4.0383	-5.2468	5.2556	-6.7602	6.4339	-8.1784	7.5480	-9.5109
非金属矿和其他矿采选产品	2.6211	-4.6039	3.4148	-5.9386	4.1738	-7.1916	4.8999	-8.3707
食品和烟草	3.2347	-3.7942	4.2047	-4.8890	5.1300	-5.9151	6.0146	-6.8792
纺织品	2.0733	-3.9596	2.6885	-5.1059	3.2747	-6.1819	3.8348	-7.1945
纺织服装鞋帽皮革羽绒及其制品	2.8711	-3.8187	3.7340	-4.9207	4.5592	-5.9539	5.3502	-6.9252
木材加工品和家具	2.4275	-4.4809	3.1792	-5.7738	3.9051	-6.9854	4.6063	-8.1238
造纸印刷和文教体育用品	4.3961	-5.1902	5.7122	-6.6773	6.9682	-8.0669	8.1698	-9.3693
化学产品	3.3110	-4.6509	4.2953	-5.9984	5.2321	-7.2634	6.1258	-8.4535
非金属矿物制品	3.3156	-4.7899	4.3168	-6.1791	5.2753	-7.4837	6.1946	-8.1720
金属冶炼和压延加工品	3.8169	-4.7928	4.9804	-6.1938	6.1006	-7.5141	7.1815	-8.7610
金属制品	3.5978	-5.1986	4.6994	-6.7002	5.7600	-8.1081	6.7824	-9.4316
通用设备	4.8232	-5.7103	6.2799	-7.3418	7.6758	-8.8647	9.0163	-10.2906

续表

	30 产出	30 价格	40 产出	40 价格	50 产出	50 价格	60 产出	60 价格
专用设备	3.3069	-4.9603	4.2933	-6.3841	5.2324	-7.7158	6.1285	-8.9647
交通运输设备	5.2010	-5.7748	6.7796	-7.4253	8.2941	-8.9658	9.7496	-10.4078
电气机械和器材	4.6428	-5.9100	6.7947	-7.5924	8.5847	-9.1608	10.8333	-10.6275
通信设备、计算机和其他电子设备	6.8309	-5.9175	8.7568	-7.5735	10.5490	-9.1066	12.2176	-10.5314
仪器仪表	8.0616	-5.9099	10.4981	-7.5817	12.8351	-9.1361	15.0823	-10.5861
其他制造产品	2.8070	-4.5360	3.6654	-5.8474	4.4915	-7.0775	5.2881	-8.2341
废品废料	6.4061	-9.4475	8.4149	-12.1125	10.3757	-14.5869	12.2939	-16.8923
金属制品、机械和设备修理服务	4.6770	-4.3123	6.1206	-5.5553	7.5180	-6.7303	8.8732	-7.8150
水的生产和供应	5.6884	-6.3467	7.4448	-8.1519	9.1421	-9.8331	10.7845	-11.4036
建筑	3.2100	-3.3148	4.1758	-4.2757	5.0984	-5.1780	5.9813	-6.0271
批发和零售	4.6836	-6.0365	6.1071	-7.7548	7.4733	-9.3557	8.7869	-10.8516
交通运输、仓储和邮政	4.6576	-5.6784	6.0685	-7.2961	7.4198	-8.8030	8.7159	-10.2106
住宿和餐饮	4.2267	-4.6084	5.5028	-5.9301	6.7237	-7.1654	7.8940	-8.3232
信息传输、软件和信息技术服务	6.3508	-7.1319	8.3008	-9.1481	10.1809	-11.0209	11.9964	-12.7660
金融	5.2348	-6.1026	6.8581	-7.8427	8.4289	-9.4647	9.9504	-10.9810
房地产	8.3483	-9.3025	10.9928	-11.9101	13.9928	-14.3225	16.1082	-16.5616
租赁和商务服务	4.0847	-3.7865	5.3340	-4.8755	6.5356	-5.8946	7.6931	-6.8508
科学研究和技术服务	3.7714	-4.7644	4.9034	-6.1319	5.9837	-7.4104	7.0167	-8.6093

第七章 碳税政策模拟Ⅰ：碳税征收力度

续表

	30		40		50		60	
	产出	价格	产出	价格	产出	价格	产出	价格
水利、环境和公共设施管理	5.3792	-5.4426	6.9961	-6.9931	8.5404	-8.4380	10.0183	-9.7885
居民服务和其他服务	3.5401	-3.6356	4.6140	-4.6825	5.6140	-5.6628	6.6305	6.5830
教育	3.7198	-3.8540	4.8171	-4.9622	5.8565	-5.9992	6.8436	-6.9725
卫生和社会工作	3.6105	-3.7866	4.6753	-4.8801	5.6839	-5.9053	6.6416	-6.8690
文化、体育和娱乐	4.5345	-4.8298	5.8950	-6.2129	7.1932	-7.5050	8.4346	-8.7155
社会保障、公共管理和社会组织	2.8820	-3.1779	3.6992	-4.0930	4.4599	-4.9499	5.1708	-5.7546
煤炭开采和洗选产品	-22.9356	1.6211	-28.6027	2.0530	-33.5918	2.4498	-38.0198	2.8189
煤炭加工品	-21.0224	9.2219	-26.2909	11.9939	-30.9521	14.6486	-35.1074	17.1998
石油开采产品	2.0630	-6.7282	2.5155	-8.6139	2.8675	-10.3574	3.1257	-11.9736
精炼石油和核燃料加工品	-0.0178	-1.6015	0.0059	-2.1215	0.0367	-2.6308	0.0714	-3.1281
天然气开采产品	-32.2527	4.7508	-39.5966	6.2232	-45.8150	6.6530	-51.1239	9.0453
燃气生产和供应	-0.5055	-0.9125	-0.9913	-0.9581	-1.6262	-0.8808	-2.4070	-0.6808
火电	6.8403	-3.9590	8.8954	-5.1475	11.0513	-6.2798	13.0727	-7.3599
水电	17.0697	-8.3307	22.5925	-10.6544	28.0458	-12.8011	33.4337	-14.7916
风电	10.1342	-7.7334	13.4005	-9.9234	16.6200	-11.9589	19.7954	-13.8565
核电及其他电力	20.2017	-8.6836	26.7724	-11.0870	33.2752	-13.3006	39.7131	-15.3476

注：由于页面限制，这里仅展示碳税为30—60元/吨时，各产业部门产出和价格变化情况。

对于高碳能源部门来说，煤炭作为含碳量最高的化石能源，煤炭开采和洗选品以及煤炭加工品部门受碳税征收的冲击更为显著，产出大幅减少，价格明显减少。天然气含碳量较高，也是二氧化碳排放的主要贡献者，征收碳税将导致天然气开采产品部门生产成本上升，价格上升，产出发生大幅度下降。煤炭和天然气价格上升，其他产业部门将转而增加对石油的消费，石油开采产品部门产出增加，价格有所下降。由于在生产环节征收碳税，但能源电力的最终消费过程中并不产生二氧化碳排放，此时征收碳税使得火电的价格变得相对便宜，更多的产业部门或增加对火电的消费以替代煤炭和天然气等化石能源，火电的产出上升，价格有所下降。

对于清洁能源部门来说，征收碳税提高了化石能源的价格，清洁能源价格相对便宜，长期来看，各产业部门将更多地使用水电、风电、核电及其他清洁能源替代化石能源，清洁能源产出大幅提升，价格有所下降。

长期来看，征收碳税并未对农业、轻纺工业、化学工业、装备制造业和服务业等部门生产产生抑制作用。这其中的原因可能有：第一，住宿和餐饮，批发和零售，文化、体育和娱乐等服务业部门是典型的劳动密集型产业，与能源要素等其他要素相比，劳动力要素价格变得便宜，这些部门获得了一定的成本优势，增加劳动力投入将导致产出增加，但价格有所下降。第二，高技术产品制造业如电气机械和器材、仪器仪表等部门大多为出口导向型，实际汇率降低，总出口增加，将带动这些部门生产。第三，农产品等原材料产出增加，价格下降，从一定程度上促使下游产业，如食品和烟草、纺织品产出增加，但价格有所下降。

三　能源消费影响分析

短期内，不同碳税征收力度对各类高碳能源消费和低碳能源消费情况如图 7–13 所示。高碳能源消费受碳税征收的负面冲击较为严重，煤炭、焦炭、石油和天然气的消费量下降幅度随着碳税征收力度的增强而增大，特别是煤炭和焦炭，作为含碳量最高的化石能源，征收碳税使得煤炭和焦炭的消费量显著减少，碳税征收短期内增强了清洁能源对高碳能源的替代效应。

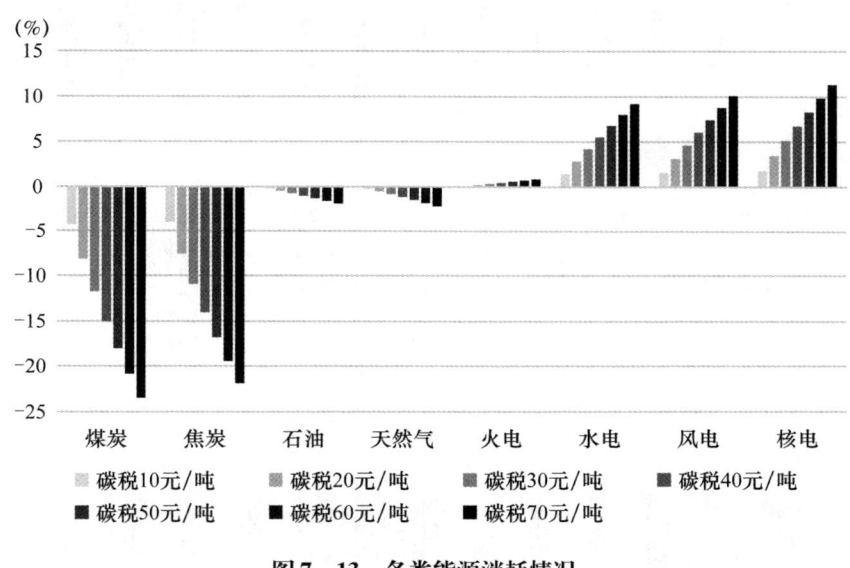

图 7-13 各类能源消耗情况

碳税征收使高碳化石能源的价格上升，清洁能源变得相对便宜，为降低生产成本，各部门将增加对清洁能源，如水电、风电和核电的消费。随着碳税征收力度的加强，水电、风电、核电等清洁能源的消费量明显增加。

长期来看，受到碳税征收冲击，各类高碳能源消费变化情况如图 7-14 至图 7-17 所示。煤炭和焦炭作为含碳量最高的化石能源，在生产环节征收碳税，煤炭和焦炭的价格上涨，社会对煤炭和焦炭的需求量大幅下降。天然气消费量经历了"先上升、后下降"的过程。由于征收碳税导致煤炭价格大幅上涨，煤炭产量大幅下降，石油的供应量增加，长期内各部门，特别是高耗能工业部门将增加对石油的消费，石油消费总量增加。

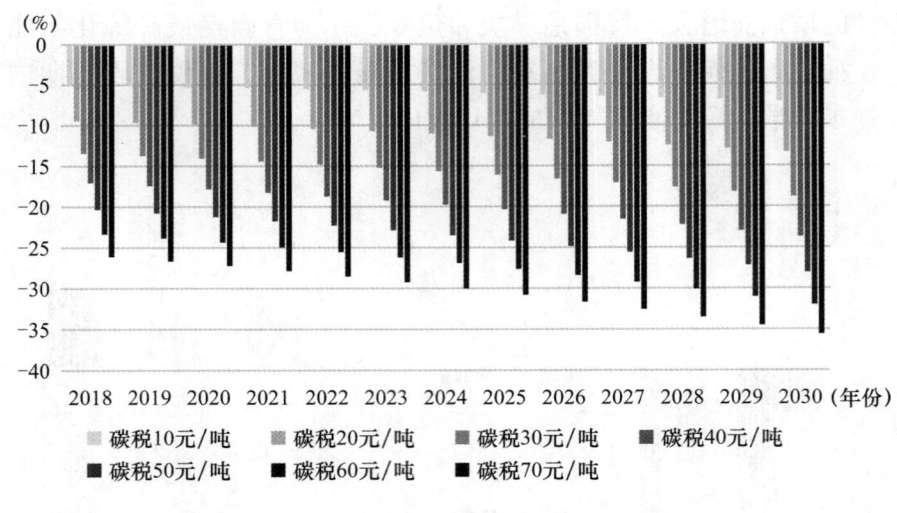

图 7-14　煤炭消费总量

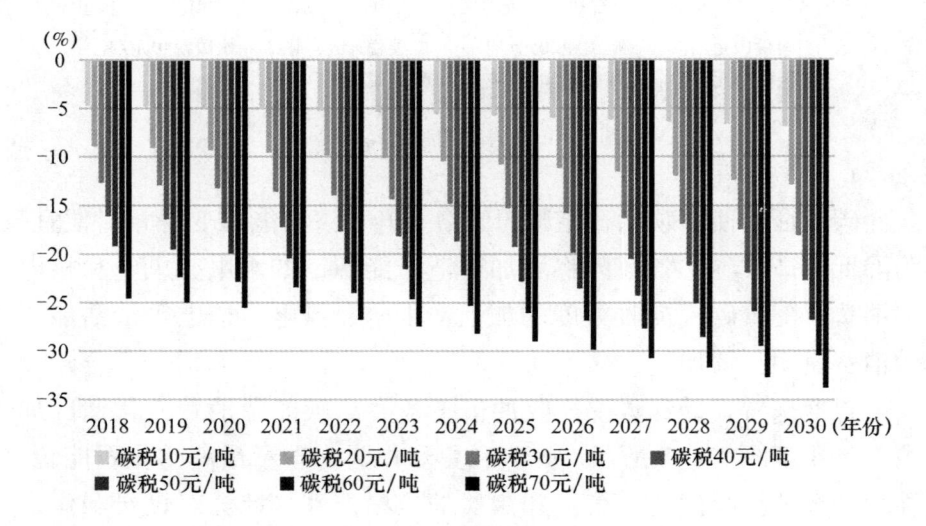

图 7-15　焦炭消费总量

图 7-16　天然气消费总量

图 7-17　石油消费总量

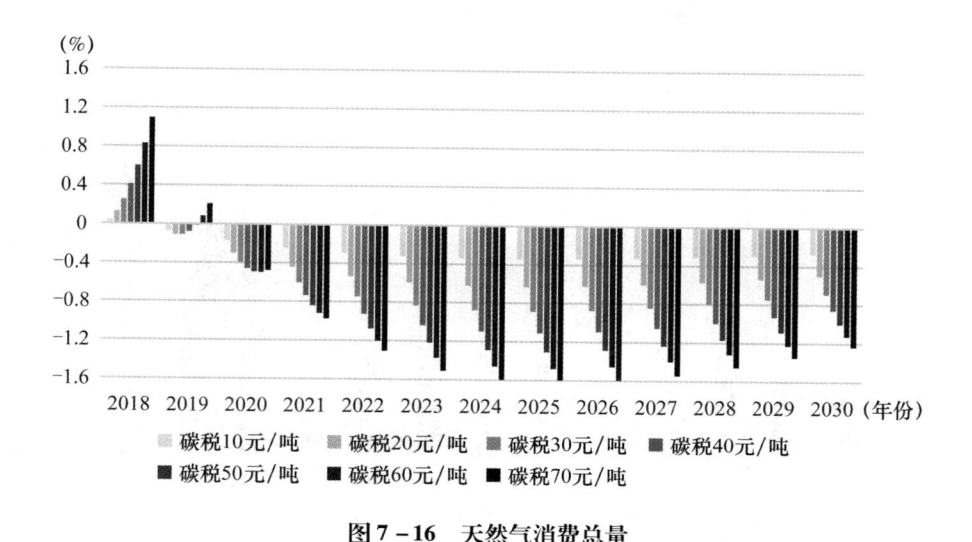

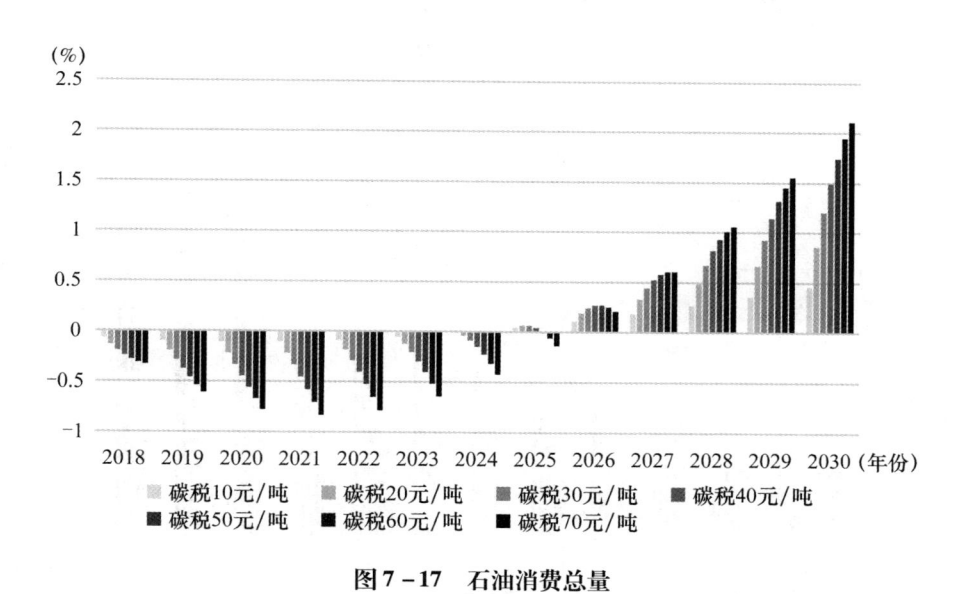

不同碳税征收力度对清洁能源消费总量产生的影响如图 7-18 至图 7-20 所示。化石能源受到征收碳税的影响，价格提升，长期来看，消费习惯将被改变，社会将减少对化石能源的需求，转而消费价格相对便宜的清洁能源，水电、风电和核电的消费量显著提升，

清洁能源对化石能源的替代效应增强。

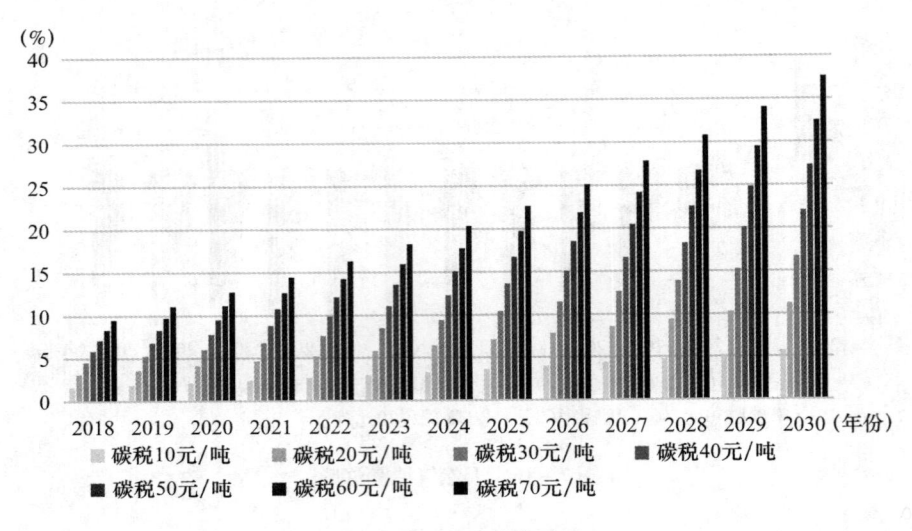

图 7-18 水电消费总量

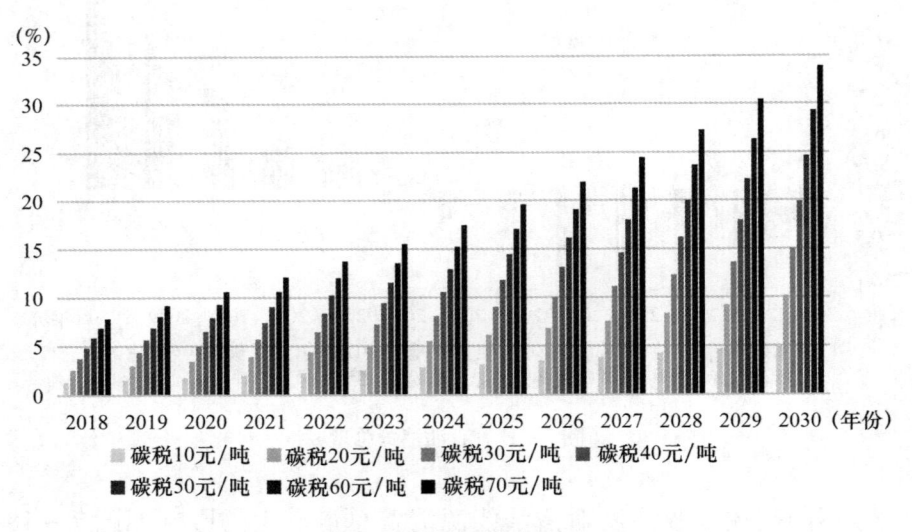

图 7-19 风电消费总量

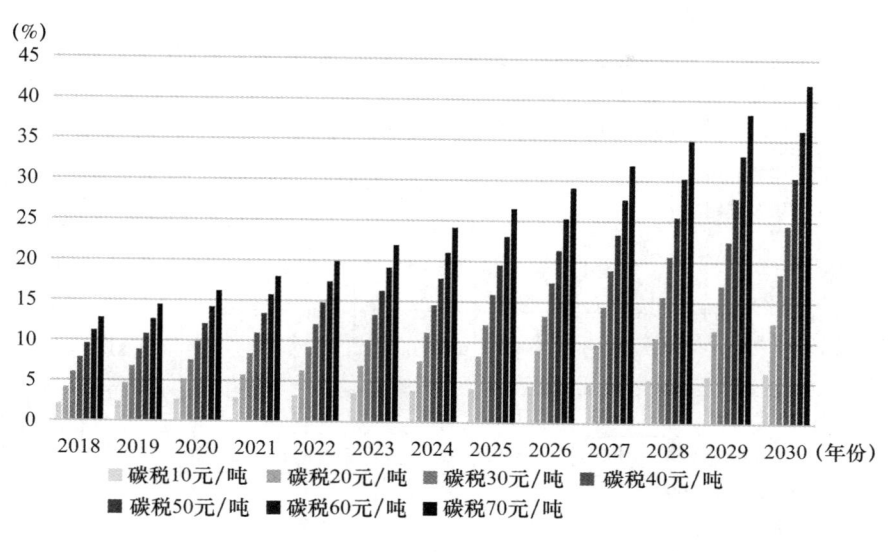

图 7-20 核电消费总量

四 碳减排效果分析

征收碳税短期内产生的碳减排效果如表 7-5 所示。总体来看，短期内，征收碳税带来的碳减排效果显著，所有行业碳排放强度发生不同程度的下降，二氧化碳排放总强度下降，二氧化碳排放总量显著下降。

表 7-5　　　　　　　　短期碳减排效果　　　　　　（单位：%）

		10	20	30	40	50	60	70
	二氧化碳排放总量	-3.6757	-7.0292	-10.1068	-12.9458	-15.5761	-18.0225	-20.3059
	总碳排放强度	-3.5328	-6.7600	-9.7256	-12.4643	-15.0048	-17.3705	-19.5808
产业部门碳排放强度	农林牧副渔产品	-2.9316	-5.6087	-8.0680	-10.3384	-12.4437	-14.4035	-16.2342
	金属矿采选产品	-3.1110	-5.9467	-8.5468	-10.9431	-13.1615	-15.2235	-17.1467
	非金属矿和其他矿采选产品	-3.4098	-6.5164	-9.3633	-11.9855	-14.4114	-16.6643	-18.7639
	食品和烟草	-4.0084	-7.6761	-11.0499	-14.1679	-17.0609	-19.7549	-22.2714

续表

		10	20	30	40	50	60	70
产业部门碳排放强度	纺织品	-4.1281	-7.9042	-11.3766	-14.5844	-17.5597	-20.3289	-22.9146
	纺织服装鞋帽皮革羽绒及其制品	-3.9458	-7.5466	-10.8509	-13.8977	-16.7188	-19.3407	-21.7854
	木材加工品和家具	-3.6124	-6.9061	-9.9267	-12.7103	-15.2867	-17.6805	-19.9120
	造纸印刷和文教体育用品	-3.7917	-7.2726	-10.4847	-13.4620	-16.2323	-18.8189	-21.2413
	化学产品	-3.2336	-6.1815	-8.8846	-11.3759	-13.6819	-15.8247	-17.8227
	非金属矿物制品	-3.4688	-6.6582	-9.6059	-12.3424	-14.8926	-17.2774	-19.5142
	金属冶炼和压延加工品	-3.3738	-6.4822	-9.3605	-12.0374	-14.5367	-16.8779	-19.0775
	金属制品	-3.3653	-6.4262	-9.2271	-11.8034	-14.1839	-16.3923	-18.4484
	通用设备	-2.6766	-5.1246	-7.3764	-9.4580	-11.3904	-13.1913	-14.8752
	专用设备	-2.8377	-5.4306	-7.8136	-10.0143	-12.0555	-13.9559	-15.7314
	交通运输设备	-1.3971	-2.6954	-3.9079	-5.0453	-6.1163	-7.1280	-8.0866
	电气机械和器材	-3.1416	-6.0131	-8.6525	-11.0903	-13.3516	-15.4569	-17.4237
	通信设备、计算机和其他电子设备	-0.2956	-0.6199	-0.9662	-1.3294	-1.7054	-2.0912	-2.4842
	仪器仪表	-2.0926	-4.0222	-5.8113	-7.4776	-9.0359	-10.4984	-11.8753
	其他制造产品	-4.0012	-7.6419	-10.9742	-14.0396	-16.8721	-19.4997	-21.9456
	废品废料	-3.5503	-6.7801	-9.7361	-12.4558	-14.9694	-17.3019	-19.4741
	金属制品、机械和设备修理服务	-3.3518	-6.4092	-9.2142	-11.8006	-14.1957	-16.4222	-18.4991
	水的生产和供应	-1.3294	-2.6134	-3.8534	-5.0514	-6.2092	-7.3286	-8.4116
	建筑	-2.0752	-3.9741	-5.7224	-7.3408	-8.8460	-10.2515	-11.5689
	批发和零售	-0.9654	-1.8875	-2.7704	-3.6177	-4.4326	-5.2177	-5.9752
	交通运输、仓储和邮政	-0.3187	-0.6368	-0.9532	-1.2673	-1.5783	-1.8861	-2.1903
	住宿和餐饮	-2.9376	-5.6142	-8.0683	-10.3303	-12.4251	-14.3731	-16.1913
	信息传输、软件和信息技术服务	-0.4081	-0.8379	-1.2836	-1.7408	-2.2059	-2.6763	-3.1499

续表

		10	20	30	40	50	60	70
产业部门碳排放强度	金融	-0.6882	-1.3508	-1.9900	-2.6076	-3.2052	-3.7843	-4.3463
	房地产	-1.7510	-3.3738	-4.8856	-6.3004	-7.6294	-8.8821	-10.0666
	租赁和商务服务	-0.3063	-0.6155	-0.9257	-1.2357	-1.5446	-1.8516	-2.1562
	科学研究和技术服务	-1.5306	-2.9412	-4.2487	-5.4668	-6.6063	-7.6764	-8.6848
	水利、环境和公共设施管理	-1.7562	-3.3803	-4.8905	-6.3011	-7.6240	-8.8691	-10.0445
	居民服务和其他服务	-3.4310	-6.5601	-9.4306	-12.0769	-14.5273	-16.8050	-18.9295
	教育	-3.4429	-6.5819	-9.4607	-12.1140	-14.5702	-16.8529	-18.9814
	卫生和社会工作	-4.1934	-8.0170	-11.5227	-14.7523	-17.7400	-20.5142	-23.0985
	文化、体育和娱乐	-2.2986	-4.4106	-6.3622	-8.1741	-9.8636	-11.4447	-12.9294
	社会保障、公共管理和社会组织	-3.0631	-5.8587	-8.4250	-10.7927	-12.9869	-15.0280	-16.9334
	煤炭开采和洗选产品	-3.0323	-5.8371	-8.4446	-10.8791	-13.1606	-15.3057	-17.3286
	煤炭加工品	-2.3991	-4.6286	-6.7104	-8.6624	-10.4992	-12.2331	-13.8743
	石油开采产品	-3.0219	-5.7970	-8.3590	-10.7347	-12.9465	-15.0131	-16.9500
	精炼石油和核燃料加工品	-0.2987	-0.5981	-0.8967	-1.1936	-1.4879	-1.7793	-2.0673
	天然气开采产品	-1.2864	-2.4922	-3.6267	-4.6980	-5.7126	-6.6759	-7.5927
	燃气生产和供应	-1.9503	-3.7538	-5.4297	-6.9934	-8.4575	-9.8328	-11.1280
	火电	-3.8522	-7.3902	-10.6562	-13.6843	-16.5027	-19.1346	-21.5998

在生产环节征收碳税使化石能源的价格提升，各产业部门生产成本随之增加，为降低生产成本，各产业部门减少对化石能源的消费，导致部门碳排放强度下降，最终导致总碳排放强度下降。化石能源消费总量减少，二氧化碳排放总量下降。短期碳减排效果随碳税征收力度的增强而增强。

如表 7-6 所示，长期来看，不同碳税征收力度产生的碳减排效果显著。当碳税税率达到 60 元/吨时，二氧化碳减排总量达到 30.2026%，总碳排放强度下降 34.9651%，减排效果显著。

表 7-6　　　　2030 年二氧化碳排放总量和总碳排放强度　　　　（单位：%）

		10	20	30	40	50	60	70
	二氧化碳排放总量	-6.7389	-12.6080	-17.7782	-22.3746	-26.4917	-30.2026	-33.5655
	总碳排放强度	-7.9695	-14.8406	-20.8333	-26.1085	-30.7877	-34.9651	-38.7152
产业部门碳排放强度	农林牧副渔产品	-5.7073	-10.6816	-15.0608	-18.9474	-22.4205	-25.5421	-28.3621
	金属矿采选产品	-5.1127	-9.5839	-13.5336	-17.0510	-20.2045	-23.0481	-25.6253
	非金属矿和其他矿采选产品	-5.4229	-10.1963	-14.4370	-18.2326	-21.6506	-24.7448	-27.5586
	食品和烟草	-6.1597	-11.6276	-16.5222	-20.9332	-24.9301	-28.5686	-31.8941
	纺织品	-6.4616	-12.1825	-17.2910	-21.8840	-26.0367	-29.8092	-33.2502
	纺织服装鞋帽皮革羽绒及其制品	-6.3503	-11.9452	-16.9188	-21.3723	-25.3836	-29.0151	-32.3170
	木材加工品和家具	-5.9968	-11.2574	-15.9162	-20.0737	-23.8073	-27.1783	-30.2363
	造纸印刷和文教体育用品	-5.5435	-10.5107	-14.9959	-19.0709	-22.7916	-26.2029	-29.3417
	化学产品	-4.7173	-8.8956	-12.6301	-15.9923	-19.0372	-21.8085	-24.3418
	非金属矿物制品	-4.6188	-8.7964	-12.6031	-16.0922	-19.3050	-22.2752	-25.0301
	金属冶炼和压延加工品	-4.5901	-8.7137	-12.4515	-15.8634	-18.9958	-21.8853	-24.5617
	金属制品	-6.3307	-11.7890	-16.5512	-20.7461	-24.4708	-27.8005	-30.7945
	通用设备	-4.7523	-8.9222	-12.6161	-15.9135	-18.8758	-21.5517	-23.9803
	专用设备	-5.3163	-9.9737	-14.0933	-17.7658	-21.0608	-24.0337	-26.7287
	交通运输设备	-2.6917	-5.0445	-7.1222	-8.9726	-10.6323	-12.1301	-13.4892
	电气机械和器材	-5.2610	-9.8788	-13.9711	-17.6256	-20.9105	-23.8793	-26.5757
	通信设备、计算机和其他电子设备	-0.1351	-0.2741	-0.4208	-0.5776	-0.7459	-0.9268	-1.1210
	仪器仪表	-3.5639	-6.6909	-9.4632	-11.9424	-14.1759	-16.2010	-18.0479

第七章 碳税政策模拟Ⅰ:碳税征收力度　131

续表

		10	20	30	40	50	60	70
产业部门碳排放强度	其他制造产品	-6.7639	-12.6295	-17.7740	-22.3272	-26.3878	-30.0323	-33.3213
	废品废料	-5.4836	-10.2472	-14.4312	-18.1391	-21.4495	-24.4234	-27.1096
	金属制品、机械和设备修理服务	-5.9682	-11.1913	-15.8067	-19.9166	-23.6003	-26.9200	-29.9262
	水的生产和供应	-1.6127	-3.1209	-4.5490	-5.9148	-7.2317	-8.5103	-9.7590
	建筑	-4.4203	-8.2043	-11.4857	-14.3613	-16.9039	-19.1693	-21.2014
	批发和零售	-1.4990	-2.8052	-3.9578	-4.9859	-5.9114	-6.7517	-7.5205
	交通运输、仓储和邮政	0.7627	1.5135	2.2504	2.9723	3.6784	4.3683	5.0418
	住宿和餐饮	-5.5310	-10.2533	-14.3412	-17.9207	-21.0858	-23.9081	-26.4438
	信息传输、软件和信息技术服务	0.0670	0.1356	0.2000	0.2564	0.3019	0.3348	0.3535
	金融	-0.5388	-0.9847	-1.3600	-1.6809	-1.9598	-2.2061	-2.4273
	房地产	-2.4773	-4.6240	-6.5038	-8.1640	-9.6411	-10.9637	-12.1551
	租赁和商务服务	0.3141	0.6191	0.9132	1.1954	1.4650	1.7217	1.9650
	科学研究和技术服务	-2.4152	-4.5161	-6.3617	-7.9960	-9.4533	-10.7604	-11.9390
	水利、环境和公共设施管理	-2.7559	-5.1634	-7.2908	-9.1888	-10.8965	-12.4445	-13.8572
	居民服务和其他服务	-6.0706	-11.3788	-16.0655	-20.2358	-23.9707	-27.3343	-30.3781
	教育	-5.7591	-10.8263	-15.3251	-19.3484	-22.9680	-26.2412	-29.2143
	卫生和社会工作	-7.1260	-13.3681	-18.8868	-23.8026	-28.2082	-32.1775	-35.7699
	文化、体育和娱乐	-4.1968	-7.8676	-11.1117	-14.0030	-16.5982	-18.9420	-21.0704
	社会保障、公共管理和社会组织	-5.5887	-10.4812	-14.8055	-18.6571	-22.1100	-25.2223	-28.0412
	煤炭开采和洗选产品	-3.8912	-7.4347	-10.6884	-13.6953	-16.4884	-19.0939	-21.5329
	煤炭加工品	-2.4786	-4.7496	-6.8489	-8.8033	-10.6333	-12.3548	-13.9810
	石油开采产品	-4.4616	-8.3543	-11.7949	-14.8687	-17.6639	-20.1581	-22.4623

续表

		10	20	30	40	50	60	70
产业部门碳排放强度	精炼石油和核燃料加工品	0.7500	1.4912	2.2216	2.9398	3.6448	4.3358	5.0119
	天然气开采产品	-2.9657	-5.5827	-7.9294	-10.0619	-12.0219	-13.8413	-15.5450
	燃气生产和供应	-1.8191	-3.4334	-4.8953	-6.2428	-7.5043	-8.7015	-9.8514
	火电	-5.4369	-10.3259	-14.7555	-18.7925	-22.4896	-25.8889	-29.0253

对各产业部门来说，由于征收碳税，大多数产业部门减少化石能源的消耗，并且更多的清洁能源将替代化石能源，部门碳排放强度下降。由于石油和核电的消费量增加，精炼石油和核燃料加工品部门为满足社会需求，将投入更多的化石能源进行生产，碳排放强度有所增加。

五 产业与能源结构分析

（一）产业结构分析

不变价消除了价格因素的影响，仅考虑实物量变动引起的价值量变动，所以本书选择三产增加值（不变价）占比变动说明不同碳税征收力度下产业结构短期变动情况，如表7-7所示。对于能源密集型和资本密集型工业部门来说，由于征收碳税，化石能源价格上升，要素市场上资本要素价格上升，生产成本增加，产出缩减，第二产业在国民经济中所占比重下降。但对于劳动密集型产业，如农业、服务业，受到经济收缩、要素价格下降的影响，生产成本减少，产出并未受到抑制，最终导致第一、第三产业在国民经济中的比重提升。

表7-7　　　　　　　　产业结构短期变化情况　　　　　　（单位:%）

	10	20	30	40	50	60	70
第一产业增加值（不变价）占比	7.6270	7.6368	7.6458	7.6542	7.6621	7.6695	7.6765
第二产业增加值（不变价）占比	37.9629	37.8997	37.8409	37.7861	37.7348	37.6866	37.6412
第三产业增加值（不变价）占比	54.4473	54.5358	54.6187	54.6966	54.7701	54.8395	54.9054

从长期来看，碳税征收将加快中国产业结构合理化、高级化的步伐，如表7-8所示。征收碳税将加重能源密集型产业的生产负担，倒逼"高耗能、高排放"产业部门进行技术改进，减少能源消费，实现清洁生产。

表7-8　　　　　　　　　2030年产业结构　　　　　　　（单位:%）

	10	20	30	40	50	60	70
第一产业增加值（不变价）占比	6.3876	6.3658	6.3442	6.3231	6.3023	6.282	6.2622
第二产业增加值（不变价）占比	38.1052	37.963	37.8341	37.7165	37.6083	37.5084	37.4156
第三产业增加值（不变价）占比	54.1759	54.3538	54.5156	54.6637	54.8001	54.9265	55.044

（二）能源结构分析

如表7-9所示，短期内，由于征收碳税将造成能源结构发生变化。对于化石能源结构来说，煤炭作为含碳量最高的化石能源，受碳税征收冲击最为严重，加之受到煤炭产量下降的影响，各产业部门对石油和天然气的需求量上升，最终导致煤炭在化石能源中占比有所下降，石油和天然气在化石能源中的占比有所提高。

对于能源电力结构来说，"富煤、贫油、少气"的能源结构决定中国能源电力结构仍以火电为主。目前，火力发电仍以煤炭为主，煤炭价格提升，产量缩减使火力发电量下降，火电在能源电力中占比有所下降。受碳税征收的影响，清洁电力的价格相对较低，社会增加对清洁电力的需求，水电、风电、核电在能源电力中的占比有所增加。

表7-9　　　　　　　　　能源结构短期变化情况　　　　　　　（单位：%）

	10	20	30	40	50	60	70
煤炭在化石能源中占比	31.1087	30.8401	30.3555	30.3555	30.1349	29.9264	29.7285
石油在化石能源中占比	37.4087	37.6098	37.9841	37.9841	38.1593	38.3275	38.4894
天然气在化石能源中占比	31.4827	31.5501	31.6603	31.6603	31.7058	31.7461	31.7820
火电占比	64.1059	63.9601	63.6893	63.6893	63.5629	63.4418	63.3256
水电占比	12.9916	13.0262	13.0896	13.0896	13.1190	13.1470	13.1737
风电占比	2.9707	2.9804	2.9982	2.9982	3.0064	3.0143	3.0218
核电占比	19.9318	20.0334	20.2229	20.2229	20.3117	20.3969	20.4789

如表7-10所示，长期来看，中国以石油和煤炭为主的化石能源结构和以火电为主的能源电力结构不会发生改变。出于满足经济发展和保障能源安全的需要，虽然征收碳税增加了煤炭和石油的使用成本，煤炭的需求有所下降，但石油的消费有所增加。征收碳税虽然刺激了社会对于清洁能源的需求，但水电、风电和核电的生产受季节、气候、地理位置和技术水平等条件的约束，清洁电力供应量虽然逐渐增多，但仍无法满足全社会生产生活需要，火电在能源电力结构中仍占主体地位。

表7-10　　　　　　　　　2030年能源结构　　　　　　　　　（单位：%）

	10	20	30	40	50	60	70
煤炭在化石能源中占比	36.6373	35.9914	35.3922	34.8327	34.3077	33.8132	33.3461
石油在化石能源中占比	37.0885	37.526	37.9332	38.3148	38.6742	39.0143	39.3371
天然气在化石能源中占比	26.2742	26.4826	26.6746	26.8526	27.0181	27.1725	27.3168

续表

	10	20	30	40	50	60	70
火电占比	62.0471	61.724	61.4238	61.1436	60.8811	60.6344	60.4021
水电占比	13.5223	13.6095	13.6902	13.7654	13.8355	13.9013	13.9631
风电占比	2.8685	2.8796	2.8900	2.8998	2.9089	2.9176	2.9257
核电占比	21.5622	21.7869	21.996	22.1913	22.3744	22.5467	22.7091

第四节 主要研究结论

根据不同碳税征收力度模拟分析，现得出以下研究结论。

（1）征收碳税在短期会对宏观经济产生负面影响，但长期这种负效应将得到改善。短期内，受到碳税的冲击，企业生产成本增加，国内物价水平有所提升，居民消费下降，社会福利减少。但从长期来看，政府增加转移支付，居民收入增加，社会需求增加，居民消费增加，进出口贸易增多，实际GDP上升。

（2）从长期来看，征收碳税对国内物价存在一定的抑制作用。虽然征收碳税使能源密集型产业部门生产成本增加，但由于要素市场上，劳动力和土地等要素价格相对降低，国内大部分产品价格水平降低。

（3）征收碳税碳减排效果显著。在生产环节征收碳税，直接推高了煤炭、石油、天然气等高碳化石能源的价格，各产业部门为减少生产成本，会减少对高碳能源的消费，主动寻求替代能源，二氧化碳排放总量和总碳排放强度大幅下降。

（4）征收碳税一定程度上促进了产业结构合理化高级化。由于工业制造业对化石能源存在较强的依赖性，征收碳税一定程度上抑制了第二产业的发展，很多资本和劳动力要素流向第三产业，促进了第三产业的发展。

（5）征收碳税并不会改变中国能源电力结构。虽然碳税增加了化石能源的使用成本，减少了煤炭的消费量，但为满足促进经济发展和保障能源安全的需求，仍会增加石油的消费。受能源结构和社会生产生活需要的双重影响，中国电力结构仍以火电为主。

　　本章通过建立中国碳税静态和动态 CGE 模型分别对不同碳税征收力度短期和长期对宏观经济、产业部门、能源消费、碳减排效果和产业与能源结构产生的影响进行分析。研究结果表明：征收碳税在长期将对经济发展以及碳减排目标的实现发挥积极作用，一定程度上促进产业结构升级转型，但中国的能源结构和电力结构基本保持不变。

第八章

碳税政策模拟Ⅱ:税收中性下的税收结构优化

在第七章中,通过建立碳税静态和动态 CGE 模型对不同碳税征收力度进行了模拟分析。本章将在第七章的基础上,保持税收中性原则,通过减少增值税、消费税、企业所得税、居民所得税等税收返还方式,减轻由于碳税征收产生的负效应,实现社会福利最大化,并对不同碳税返还方案产生的效果进行模拟分析。

第一节 碳税返还方案设计

根据第七章对不同碳税征收力度模拟分析结果,为实现二氧化碳排放总量下降25%以上、实际 GDP 保持6%的增长速度等目标,将碳税税率设置为50元/吨。在征收碳税的条件下,分别调整国内增值税、国内消费税、企业所得税和个人所得税以确保税收中性原则,实现税收结构优化。具体情景设置方案如表8-1所示。

表 8-1　　　　　　　　　　碳税返还情景设置

基准情景	要素价格内生，资本和劳动要素供应量实现充分就业，不考虑税收中性原则，征收 50 元/吨碳税
情景 1	在基准情景的基础上，在生产环节征收 50 元/吨碳税，为保证税收中性原则，降低国内增值税税率，其他税收征收保持不变；此时国内增值税变为内生变量，中央政府财政收入外生，等同于基准情景中中央政府财政收入
情景 2	在基准情景的基础上，在生产环节征收 50 元/吨碳税，为保证税收中性原则，降低国内消费税税率，其他税收征收保持不变；此时国内消费税变为内生变量，中央政府财政收入外生，等同于基准情景中中央政府财政收入
情景 3	在基准情景的基础上，在生产环节征收 50 元/吨碳税，为保证税收中性原则，降低企业所得税税率，其他税收征收保持不变；此时企业所得税变为内生变量，中央政府财政收入外生，等同于基准情景中中央政府财政收入
情景 4	在基准情景的基础上，在生产环节征收 50 元/吨碳税，为保证税收中性原则，降低个人所得税税率，其他税收征收保持不变；此时个人所得税变为内生变量，中央政府财政收入外生，等同于基准情景中中央政府财政收入

第二节　碳税返还方案模拟分析

一　宏观经济影响分析

征收碳税的情景下，不同碳税返还方案对宏观经济各变量产生的短期影响如表 8-2 所示。总体来看，短期内，保持税收中性，不同碳税返还方案一定程度上缓解了由于征收碳税对社会经济造成的负面影响。

表 8-2　　　　　　　短期宏观经济各变量变化情况

项目	基准情景	情景 1	情景 2	情景 3	情景 4
名义 GDP（%）	-0.1210	-0.3090	-0.2270	-0.0543	-0.0615
实际 GDP（%）	-0.6721	-0.6162	-0.5358	-0.6608	-0.6624
政府储蓄（%）	1.2064	0.0000	0.0000	0.0000	0.0000

第八章 碳税政策模拟Ⅱ:税收中性下的税收结构优化　139

续表

项目		基准情景	情景1	情景2	情景3	情景4
政府消费（%）		1.1328	0.0183	0.0298	-0.1714	-0.1630
居民收入（%）	农村低收入阶层	0.0200	-0.0024	0.0053	0.0022	-0.0020
	农村中低收入阶层	0.0144	-0.0020	0.0024	0.0011	-0.0026
	农村中等收入阶层	0.0147	-0.0020	0.0028	0.0012	-0.0024
	农村中上等收入阶层	0.0152	-0.0020	0.0032	0.0014	-0.0022
	农村上等收入阶层	0.0045	-0.0020	-0.0054	-0.0020	-0.0063
	城镇低等收入阶层	0.0308	-0.0020	0.0157	0.0062	0.0036
	城镇中低收入阶层	0.0320	-0.0020	0.0166	0.0066	0.0040
	城镇中等收入阶层	0.0094	-0.0019	-0.0013	-0.0004	-0.0042
	城镇中上收入阶层	0.0083	-0.0019	-0.0021	-0.0007	-0.0046
	城镇上等收入阶层	0.0042	-0.0019	-0.0054	-0.0020	-0.0062
居民储蓄（%）	农村低收入阶层	0.0200	-0.0024	0.0053	0.0022	0.0639
	农村中低收入阶层	0.0144	-0.0020	0.0024	0.0011	0.3824
	农村中等收入阶层	0.0147	-0.0020	0.0028	0.0012	0.3792
	农村中上等收入阶层	0.0152	-0.0020	0.0032	0.0014	0.3783
	农村上等收入阶层	0.0045	-0.0020	-0.0054	-0.0020	0.3661
	城镇低等收入阶层	0.0308	-0.0020	0.0157	0.0062	0.4507
	城镇中低收入阶层	0.0320	-0.0020	0.0166	0.0066	0.4578
	城镇中等收入阶层	0.0094	-0.0019	-0.0013	-0.0004	0.4122
	城镇中上收入阶层	0.0083	-0.0019	-0.0021	-0.0007	0.4119
	城镇上等收入阶层	0.0042	-0.0019	-0.0054	-0.0020	0.4051
居民消费（%）	农村	-0.1794	-0.0010	0.1206	-0.2690	0.1078
	城镇	-0.2032	-0.0125	0.0829	-0.2964	0.1588
企业总收入（%）		-0.1966	-0.0010	-0.1674	-0.0651	-0.0805
企业总储蓄（%）		-0.1951	-0.0010	-0.1669	0.7479	-0.0803
社会福利（亿元）		-688.7729	-35.3533	314.7897	-1009.9451	515.1632
投资总额（%）		0.3000	0.4530	0.6381	0.8524	0.5007
总进口（%）		-0.5736	-0.3782	-0.7305	-0.4008	-0.4008
总出口（%）		-0.4605	-0.3036	-0.5864	-0.3218	-0.3879

情景1中，对政府而言，征收碳税的同时，降低国内增值税税

率，政府收入等同于未征收碳税时政府财政收入水平，政府储蓄水平同样与未征收碳税时保持一致，政府消费较基准情景而言有所减少，但政府消费仍有所增加。对居民而言，政府减少增值税的征收，减少对各收入阶层居民的转移支付，居民实际收入较基准情景而言有所减少，居民储蓄同比例减少，社会需求减少，居民消费减少。社会福利有所损失，但造成的社会福利损失小于基准情景。对企业而言，征收碳税时，生产成本增加，但增值税下降，企业收入和企业储蓄较基准情景而言有所增加。名义 GDP 等于总的资本收入、总的劳动收入和总的间接税收入。征收碳税时，总的资本收入减少，总的劳动收入不变，政府虽然增加了一部分碳税收入，但由于增值税税率下降，政府增值税征收总额减少，名义 GDP 有所下降。实际 GDP 等于消费、投资和净出口。居民消费减少，政府消费虽然增加，但仅占社会消费总额中很小的一部分，社会消费减少。投资等于储蓄，征收碳税，降低增值税税率，居民储蓄虽然有所减少，但政府和企业储蓄有所增加，投资总额有所增加。居民收入减少，社会需求收缩，对国外产品的需求同样减少，总进口减少；征收碳税并减少增值税仍会导致国内产品价格上升，国外产品价格不变，总出口减少，净出口下降，最终导致名义 GDP 下降。

情景 2 中，对政府而言，征收碳税并减低消费税，财政总收入和总储蓄与未征收碳税时保持一致，政府消费较基准情景来说有所减少。对居民而言，居民收入主要来自资本收入、劳动收入和政府转移支出。短期内，政府转移支付与未征收碳税时水平基本保持一致，居民劳动收入不变，资本收入对农村上等收入阶层、城镇中等以上收入阶层的影响更大，这类居民的收入下降，储蓄相应减少。政府降低消费税时，消费品价格有所下降，居民将增加消费支出，社会福利增加，社会福利与基准情景相比得到一定的改善。消费税主要在生产出厂销售环节、批发和零售环节进行征收，消费税税率降低虽使特定消费品的价格降低，但对企业而言，征收碳税导致化石能源要素价格升高，生产成本增加的状况并未得到改善，企业税负增加，收入减少，企业储蓄也有所减少。目前，对国民经济影响较大的仍然是工业制造业等生产性行业，虽然政府降低消费税税率一定程度上刺激了消费，但征收碳税直接导致了化石能源价格升高，进而主要对资本密集型和能源密集型产业部门造成一定的冲击，资本收入减少导致经济缩减，名义GDP和实际GDP下降。

情景3中，从总体来看，考虑到税收返还，即政府降低企业所得税税率时，征收碳税短期内仍会对经济产生负效应。税收中性原则下，政府收入和储蓄水平与未征收碳税时一致，国内产品价格有所提升，政府消费减少。对居民而言，政府对各收入阶层居民的补贴与未征收碳税时基本保持一致，短期内，家庭劳动收入保持不变，家庭资本收入下降对农村上等收入阶层和城市中等以上收入阶层居民影响更大，这类居民收入减少，储蓄相应减少，社会需求缩减，居民消费减少。对企业而言，征收碳税导致生产成本增加，企业税负加重，收入减少，政府虽然降低了企业所得税税率，但企业并未将这部分资金投入生产，而更多地增加了储蓄。总的资本收入和总的劳动收入是名义GDP的主要来源，总的资本收入减少，总的劳动收入不变，名义GDP下降。社会消费减少，储蓄增多，净出口减少，实际GDP有所下降。社会需求缩减，企业产出并未扩大，居民消费减少，社会福利损失扩大。

情景4中，对居民来说，降低个人所得税税率对城镇居民，特别是城镇低收入和中低收入阶层居民收入增加，各收入阶层储蓄增加，农村和城镇居民可支配收入增加，消费增加，社会福利较基准情景而言得到一定的改善。对企业而言，居民个人所得税税率降低，企业由于征收碳税导致生产成本增加，产出减少，产品价格提升，收入减少，储蓄减少的情况并未得到改善。对政府而言，政府收入与储蓄与未征收碳税时保持一致，产品价格提高，政府消费减少。总的资本收入减少名义GDP下降。虽然投资总额有所提升，但是消费和净出口均有所下降，实际GDP减少。

综上所述，短期内，不同碳税使用方式没有改变征收碳税对经济产生的负效应。从社会福利改善的角度看，降低增值税税率和企业所得税税率不会使社会福利得到改善，特别是由于降低企业所得税税率，也不会增加生产投入反而增加储蓄，最终造成社会福利更大程度的损失。相反，减少消费税税率和个人所得税税率一定程度上实现刺激消费，增加社会福利的目的。

长期来看，考虑碳税返还对宏观经济产生的影响如图 8-1 至图 8-6 所示。考虑碳税返还对经济增长和社会福利改善等目标的实现具有积极的促进作用。

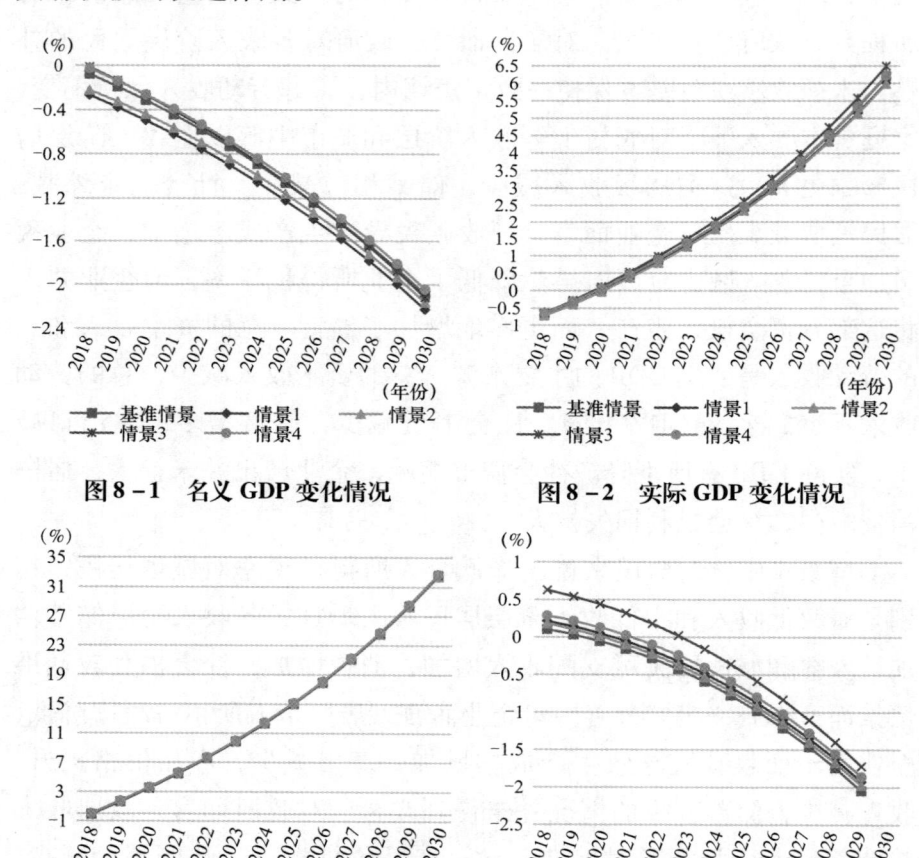

图 8-1　名义 GDP 变化情况

图 8-2　实际 GDP 变化情况

图 8-3　社会福利变化情况

图 8-4　投资总额变化情况

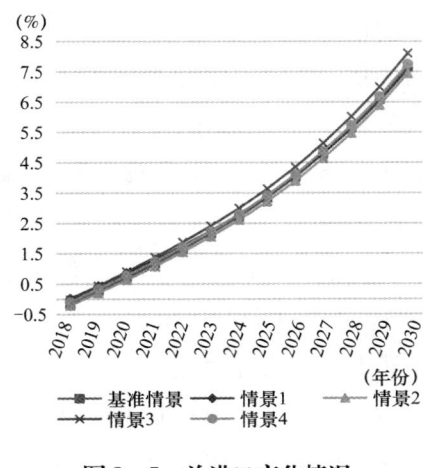

图 8-5　总进口变化情况　　　　图 8-6　总出口变化情况

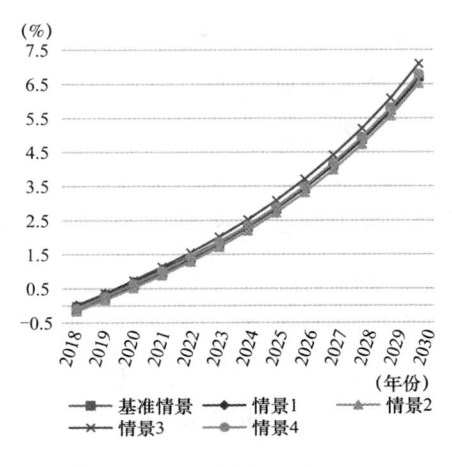

情景 1 中,征收碳税同时降低增值税税率将导致名义 GDP 有所下降,实际 GDP 有所上升。征收碳税时,总的劳动收入不变,资本收入总额持续下降是造成名义 GDP 持续下降的重要原因。实际 GDP 主要由消费、投资和净出口三部分构成。居民收入增加,农村和城镇居民消费增加,且居民消费占社会总消费的最大份额,此时政府消费虽然减少,但社会总消费增加。投资等于储蓄,政府降低增值税税率虽然在一定程度上减轻了企业的税负,增加收入,但仍无法弥补征收碳税给企业收入带来的损失,企业收入减少,同样企业会减少储蓄,进一步导致政府税收收入减少,政府储蓄减少,因此社会总投资减少。国内产品价格有所下降,国外产品价格不变,总出口增加,居民消费增加,国内需求有所扩大,对国外产品的需求也会增加,总进口增加,消费、净出口增加,虽然社会投资总额有所减少,但实际 GDP 有所增加。

情景 2 中,征收碳税同时降低消费税税率并未对经济产生较强的负面影响,实际 GDP 反而有所增加。对居民而言,消费税税率下调,一些特殊消费品价格有所下降,居民消费有所增加,但由于征收碳税,居民实际收入减少的情况并未得到改善。对企业而言,降低消费税税率更多的是对"低能耗、低排放"的企业产生影响，大部分能源密集型和资本密集型产业部门由于征收碳税而受到的负面冲击并未得到改善，导致企业总收入减少，同时企业储蓄总额减少。企业储蓄在社会总储蓄中占据最大的份额，企业储蓄减少也将导致社会投资总额减少。对政府而言，企业收入减少，导致政府税收减少，政府储蓄和消费相应减少。征收碳税降低消费税税率时，资本价格下降，总的资本收入减少，最终导致名义 GDP 下降。虽然社会总投资有所下降，但消费和净出口增加，实际 GDP 上升。

情景 3 中，政府征收碳税的同时降低企业所得税税率，对宏观经济产生的长期影响为正，具体表现为：总出口与总进口增加，实际 GDP 上升。征收碳税对要素市场造成冲击，劳动要素价格不变，资本要素价格下降，企业使用这两种要素的成本下降，国内物价水平并未被推高，居民消费增加，但居民收入和储蓄减少。企业总收入减少，企业总储蓄下降并导致社会总投资下降。长期来看，政府收入减少，储蓄相应减少，政府对收入阶层居民的转移支付增加，消费有所减少。

情景 4 中，考虑碳税返还的情况下，降低个人所得税税率，居民可支配收入增加，居民储蓄较其他情景相比有所增加，居民消费增加。长期来看，政府收入和储蓄有所下降，政府消费减少。征收碳税时，企业生产成本增加，收入减少，企业储蓄相应减少。总的资本收入减少，总的劳动收入不变，间接税收入有所减少，名义 GDP 下降。居民消费增加导致社会消费总额增加，净出口增加，虽然社会投资有所下降，但是名义 GDP 仍有所增加。

如表 8-3 所示，考虑碳税返还时，社会福利总体上呈现增长的趋势。与其他情景相比，在情景 4 中，征收碳税并且降低个人所得税税率时，社会福利最大程度得到改善。降低居民个人所得税，使得居民可支配收入增加，居民储蓄有所增加，同时社会需求增加，居民消费有所增加，社会福利得到最大程度的改善。在情景 2 中，征收碳税并降低消费税税率长期来看获得的社会福利最低。

由于消费税的征税范围为特定的消费品,如烟酒、焰火鞭炮、高档手表和化妆品、珠宝玉石、小汽车等,这些消费品具有特定的消费群体,并且具有"低能耗、低排放"的特点。降低消费税,将更多地增加中等以上收入阶层居民,特别是高收入阶层居民的消费,对社会需求的刺激效果小于情景 4,对社会福利的改善效果较小。

表 8-3　　　　　　　　不同情景下社会福利改善情况　　　　（单位:亿元）

年份	基准情景	情景 1	情景 2	情景 3	情景 4
2018	-688.4519	-96.5041	-185.4401	-1000.3190	532.9591
2019	16541.2124	17098.9723	17009.5354	16316.4340	17824.7870
2020	34921.6362	35441.3531	35365.7821	34792.2037	36271.7166
2021	54609.9829	55085.5072	55030.9273	54585.6152	56031.4291
2022	75771.6806	76194.7806	76163.1244	75863.4723	77269.8565
2023	98595.7360	98956.2018	98945.9134	98816.1855	100176.5704
2024	123283.7854	123569.3797	123576.6035	123646.9511	124953.8087
2025	150049.8518	150246.1270	150265.4348	150571.5948	151816.2352
2026	179134.4994	179224.4956	179249.2836	179832.8055	181005.1419
2027	210812.1691	210776.0026	210798.6595	211707.5523	212795.8066
2028	245398.2074	245212.5522	245224.4687	246514.1997	247504.5403
2029	283258.4905	282895.9492	282887.4093	284622.2250	285498.3382
2030	324818.6656	324247.0303	324206.9995	326461.5557	327204.1441

二　产业部门影响分析

短期内,考虑到碳税返还对各产业部门的产出和价格的影响如表 8-4 所示。对能源部门来说,考虑碳税返还时,煤炭开采和洗选产品、石油开采产品等部门产出与价格变化较大,基本与基准情景保持一致,这说明考虑碳税返还对由于征收碳税对化石能源行业造成的冲击未产生缓解作用。受到煤炭价格上涨的制约,火电价格发生小幅度的上涨，全社会对清洁能源，如水电、风电和核电的需求量不断上升，清洁能源价格有所下降，产出有所增加。

表8-4　　　　　　短期产业部门产出与价格变化　　　　　（单位:%）

产业部门	情景1 产出	情景1 价格	情景2 产出	情景2 价格	情景3 产出	情景3 价格	情景4 产出	情景4 价格
农林牧副渔产品	-0.0341	0.0773	0.4052	-0.0354	-0.0498	0.1612	0.1706	0.1441
金属矿采选产品	-1.7628	0.6200	-1.9538	0.6279	-1.7558	0.9711	-2.091	1.0166
非金属矿和其他矿采选产品	-2.7398	0.8281	-2.3771	0.6936	-2.736	1.0989	-2.9472	1.1226
食品和烟草	0.0592	-0.0319	0.6482	-0.7367	-0.0604	0.2162	0.2259	0.174
纺织品	-0.0324	0.1788	0.4492	0.1236	-0.0528	0.4219	0.3752	0.353
纺织服装鞋帽皮革羽绒及其制品	0.1534	-0.0378	0.4935	-0.0721	0.0019	0.2797	0.4402	0.179
木材加工品和家具	-0.4452	0.1376	-0.2787	0.1407	-0.3796	0.4019	-0.5340	0.4012
造纸印刷和文教体育用品	-0.1924	0.3533	-0.0855	0.3978	-0.2020	0.6360	-0.1085	0.6139
化学产品	-0.8903	0.8009	-0.4856	0.6168	-1.0061	1.1899	-0.9537	1.1673
非金属矿物制品	-0.5409	1.1768	-0.5624	1.1865	-0.4616	1.4745	-0.8079	1.5265
金属冶炼和压延加工品	-1.3603	1.6601	-1.6852	1.7637	-1.3032	1.9483	-1.6097	2.0052
金属制品	-0.7219	0.7363	-0.9547	0.8824	-0.6874	1.0448	-0.9525	1.0885
通用设备	-0.4080	0.3407	-0.7665	0.603	-0.4763	0.7218	-0.8112	0.7739
专用设备	-0.1228	0.1849	-0.5719	0.4473	-0.1513	0.5581	-0.4662	0.5946
交通运输设备	0.0970	0.1395	0.3858	0.0804	-0.0188	0.5349	-0.1502	0.5538
电气机械和器材	0.4864	0.4104	-0.3508	0.6714	0.5104	0.7417	0.2898	0.7804

续表

产业部门	情景1 产出	情景1 价格	情景2 产出	情景2 价格	情景3 产出	情景3 价格	情景4 产出	情景4 价格
通信设备、计算机和其他电子设备	4.5326	-0.6909	0.0014	0.2280	4.9323	-0.4550	4.5951	-0.4048
仪器仪表	1.4757	-0.1382	0.3574	0.2716	1.5408	0.1681	1.3176	0.2032
其他制造产品	0.2271	-0.2418	-0.3124	0.4491	-0.3452	0.7058	-0.3066	0.6915
废弃资源和废旧材料回收加工品	-1.041	0.3379	-1.2324	0.3868	-0.8747	0.3450	-1.1342	0.4364
金属制品、机械和设备修理服务	0.3086	0.1963	-0.2073	0.5159	0.0977	0.6909	-0.0593	0.7128
水的生产和供应	0.1220	-0.2145	0.1430	-0.0937	-0.0248	0.0677	0.2077	0.017
建筑	0.0217	0.3893	0.1205	0.4744	0.0945	0.7128	-0.2806	0.7434
批发和零售	0.3703	-0.4915	0.2749	-0.3329	0.2531	-0.0453	0.2520	-0.0665
交通运输、仓储和邮政	-0.1798	0.1926	0.2301	-0.1096	-0.1593	0.4044	-0.126	0.3802
住宿和餐饮	0.0164	-0.0125	0.3046	-0.2413	-0.0393	0.1675	0.1868	0.1171
信息传输、软件和信息技术服务	0.4891	-0.2393	0.4751	-0.1682	0.5808	-0.0959	0.5385	-0.1021
金融	-0.0442	-0.2605	-0.0797	-0.0682	-0.1511	0.0861	-0.0507	0.0434
房地产	0.2154	-0.4619	0.2314	-0.1984	-0.0132	0.0055	0.2602	-0.1053
租赁和商务服务	-0.0314	-0.1034	-0.0223	-0.0078	-0.1007	0.2596	-0.0699	0.2392
科学研究和技术服务	0.1336	-0.0170	0.2568	0.0104	0.2215	0.2203	-0.0446	0.2408
水利、环境和公共设施管理	-0.1119	0.1626	0.4764	0.0416	-0.0071	0.3303	0.0092	0.3134

续表

产业部门	情景1 产出	情景1 价格	情景2 产出	情景2 价格	情景3 产出	情景3 价格	情景4 产出	情景4 价格
居民服务和其他服务	-0.0490	-0.0514	0.0399	0.0359	-0.1929	0.2109	0.0569	0.1758
教育	-0.0550	0.0322	0.5071	-0.1003	0.0191	0.0923	0.2313	0.0505
卫生和社会工作	-0.2609	0.2560	0.3530	0.1555	-0.2601	0.4556	-0.1008	0.4323
文化、体育和娱乐	0.0765	-0.0414	0.4633	-0.1340	0.0952	0.1126	0.3102	0.0621
社会保障、公共管理和社会组织	-0.0559	0.0086	0.8299	-0.0941	0.2442	0.0831	0.1864	0.0734
煤炭开采和洗选产品	-20.3295	6.1582	-21.5244	6.8647	-20.5432	6.7478	-20.6787	6.7748
煤炭加工品	-17.0747	12.3415	-16.1681	11.2965	-17.0534	12.8041	-17.2737	12.8617
石油开采产品	-18.6753	5.5837	-19.1616	5.9606	-18.8615	6.0443	-18.5391	5.9252
精炼石油和核燃料加工品	-1.2673	1.3106	5.6975	-1.6666	-2.2386	2.1078	-2.1812	2.0757
天然气开采产品	-1.6987	1.5293	4.9707	0.2454	-2.5880	2.1051	-2.5144	2.0762
燃气生产和供应	-5.9038	6.6449	-5.7510	6.6347	-5.9976	6.9986	-5.8048	6.9585
火电	0.4916	2.4477	-0.7002	2.9094	0.4552	2.8771	0.3677	2.8866
水电	6.3912	-0.9791	5.3027	-0.6139	6.7158	-0.7746	6.6481	-0.7674
风电	6.8344	-1.250	5.7745	-0.9218	7.2778	-1.1008	7.1899	-1.0901
核电及其他电力	7.1083	-1.2786	5.9586	-0.8966	7.2816	-1.0248	7.3134	-1.0343

对其他产业部门来说，降低消费税税率和个人所得税税率，一定程度上刺激了消费，增加了社会需求，对食品和烟草、纺织服装鞋帽皮革羽绒及其制品等产业部门产出存在拉动作用。短期内，征收碳税造成化石能源价格上涨，生产成本增加，能源密集型工业制造业部门产出减少，价格有所增加，电气机械和器材，通信设备、

计算机和其他电子设备,仪器仪表等能源消耗量少的出口导向型行业受碳税征收的影响较小。

长期来看,考虑碳税返还对部门产出和价格产生的影响如表8-5所示。征收碳税时必然会导致化石能源价格上涨,从而提高生产成本,由于各产业部门化石能源投入占总投入的比例不同,各部门各级生产函数、各种生产要素的替代弹性以及对其他部门产品的需求存在差异,征收碳税并且考虑碳税返还并不会对所有行业的产出和价格造成冲击,一些行业在征收碳税时产出反而有所增加。由于煤炭和天然气含碳量较高,煤炭开采和洗选产品、煤炭加工品和天然气开采产品等产业部门受到的冲击尤为显著。长期来看,受产量、价格以及清洁能源对高碳能源的替代效应的增强等因素的影响,企业将大幅减少煤炭和天然气这类含碳量较高的化石能源的消耗,煤炭和天然气的产出随之大幅下降,增加对水电、风电和核电的需求。由于对石油和核电需求的增加,石油开采产品、精炼石油和核燃料加工品等产业部门的产出有所增加,这两个部门主要是资本密集型产业,资本要素下降,产品价格下降。

表8-5   2030年产业部门产出和价格情况   (单位:%)

产业部门	情景1 产出	情景1 价格	情景2 产出	情景2 价格	情景3 产出	情景3 价格	情景4 产出	情景4 价格
农林牧副渔产品	2.7197	-2.7614	3.0911	-2.8122	2.9063	-2.9015	3.0510	-2.8073
金属矿采选产品	6.3677	-8.1448	6.1733	-7.9867	7.2068	-8.5011	6.5412	-8.1394
非金属矿和其他矿采选产品	4.2002	-7.1195	4.0228	-7.0216	4.6897	-7.4639	4.2921	-7.1553
食品和烟草	5.0184	-5.8787	5.7029	-6.4788	5.2574	-6.0879	5.3872	-5.9005
纺织品	3.1061	-6.1267	3.1886	-6.0625	3.2606	-6.3593	3.3572	-6.1510
纺织服装鞋帽皮革羽绒及其制品	4.4416	-6.7890	4.4630	-6.6926	4.5960	-6.9832	4.6982	-6.7708

续表

产业部门	情景1 产出	情景1 价格	情景2 产出	情景2 价格	情景3 产出	情景3 价格	情景4 产出	情景4 价格
木材加工品和家具	3.9254	-6.9455	3.8334	-6.8594	4.3227	-7.2148	4.0569	-6.9576
造纸印刷和文教体育用品	6.6937	-7.9721	6.7670	-7.8872	7.1514	-8.3129	6.9969	-8.0223
化学产品	5.0432	-7.215	5.0821	-7.1050	5.4353	-7.5122	5.2346	-7.2104
非金属矿物制品	5.3462	-7.4118	5.1365	-7.2808	5.9146	-7.8171	5.4252	-7.4470
金属冶炼和压延加工品	6.0357	-7.3934	5.9185	-7.3350	6.8380	-7.9042	6.2273	-7.4736
金属制品	5.7823	-8.0532	5.5960	-7.9168	6.3231	-8.4368	5.8777	-8.0706
通用设备	7.8544	-8.8853	7.5086	-8.6753	8.3431	-9.1949	7.8048	-8.8273
专用设备	5.4159	-7.7705	5.0863	-7.5545	5.7526	-7.9914	5.3473	-7.6818
交通运输设备	8.3847	-8.9808	8.5464	-9.0218	8.8503	-9.2743	8.4742	-8.9326
电气机械和器材	10.7999	-9.1118	10.5425	-8.9648	11.4273	-9.4894	10.9626	-9.1204
通信设备、计算机和其他电子设备	11.782	-9.0779	11.1807	-8.8762	11.9466	-9.3456	11.8634	-9.0677
仪器仪表	12.7299	-9.1069	12.4081	-8.9261	13.2676	-9.4098	12.8582	-9.0918
其他制造产品	4.8244	-7.5968	4.3614	-6.9316	4.6835	-7.3097	4.5473	-7.0392
废弃资源和废旧材料回收加工品	9.9876	-14.0949	10.0170	-14.1929	11.2348	-15.1239	10.4824	-14.5367
金属制品、机械和设备修理服务	7.6871	-6.9128	7.3675	-6.6081	7.9305	-6.9610	7.6078	-6.6893
水的生产和供应	8.9718	-9.7142	8.9290	-9.6126	9.4542	-10.1043	9.3678	-9.8042
建筑	5.2493	-6.9070	5.0012	-6.7376	5.7307	-7.1487	5.2595	-6.8564
批发和零售	7.5056	-9.4320	7.4538	-9.3030	7.8246	-9.6194	7.6128	-9.3273

续表

产业部门	情景1 产出	情景1 价格	情景2 产出	情景2 价格	情景3 产出	情景3 价格	情景4 产出	情景4 价格
交通运输、仓储和邮政	7.1259	-8.6138	7.2634	-8.6311	7.7016	-9.0561	7.4731	-8.7557
住宿和餐饮	6.4451	-7.0314	6.6882	-7.2099	6.8821	-7.3645	6.8390	-7.1417
信息传输、软件和信息技术服务	9.8605	-10.7733	9.8686	-10.7551	10.6208	-11.3339	10.2806	-10.9814
金融	8.2692	-9.4194	8.1695	-9.2405	8.7317	-9.7238	8.5377	-9.4317
房地产	13.4184	-14.2156	13.1896	-13.973	14.0216	-14.6957	13.8648	-14.3169
租赁和商务服务	6.4247	-5.9897	6.3975	-5.801	6.8036	-6.0706	6.6069	-5.8684
科学研究和技术服务	5.7874	-7.337	5.7266	-7.2505	6.3112	-7.6381	5.8559	-7.3586
水利、环境和公共设施管理	7.4346	-8.1781	7.9565	-8.2219	8.1675	-8.6142	7.6974	-8.3029
居民服务和其他服务	5.5119	-5.6627	5.4924	-5.5572	5.8084	-5.8275	5.8012	-5.6445
教育	4.9108	-5.7461	5.3998	-5.8396	5.4783	-6.1092	5.3196	-5.9107
卫生和社会工作	4.7823	-5.777	5.2364	-5.7745	5.2915	-6.061	5.0602	-5.8421
文化、体育和娱乐	6.5618	-7.3145	6.8728	-7.3666	7.1003	-7.6812	6.9672	-7.4429
社会保障、公共管理和社会组织	3.0511	-4.7571	3.8159	-4.8145	3.6542	-5.0307	3.1942	-4.8431
煤炭开采和洗选产品	-33.3137	2.2084	-33.4772	2.6157	-33.3252	2.1489	-33.4944	2.4801
煤炭加工品	-30.8895	14.5576	-29.4803	13.2112	-30.5197	14.2648	-30.8421	14.6823
石油开采产品	2.7390	-10.2708	2.4930	-10.0308	2.9200	-10.6445	2.8187	-10.2800
精炼石油和核燃料加工品	0.1419	-2.7279	0.7580	-2.8282	0.0777	-2.7349	0.0435	-2.5361

续表

产业部门	情景1 产出	情景1 价格	情景2 产出	情景2 价格	情景3 产出	情景3 价格	情景4 产出	情景4 价格
天然气开采产品	-45.5521	7.6156	-49.9717	10.5436	-46.8880	7.9230	-45.9861	7.8404
燃气生产和供应	-1.8727	-0.7838	-2.1213	-0.5553	-1.3291	-1.1758	-1.4200	-0.8549
火电	10.9964	-6.2796	10.6661	-6.0208	11.6096	-6.6139	11.1643	-6.2398
水电	27.4665	-12.6185	27.4587	-12.5226	28.8174	-13.1501	28.1798	-12.7616
风电	16.2057	-11.7512	16.2777	-11.6963	17.0721	-12.2864	16.6883	-11.9113
核电及其他电力	32.7523	-13.1545	32.6251	-13.0320	34.0980	-13.6414	33.4718	-13.2669

考虑碳税返还时，除煤炭和天然气价格有所提高外，其他产业部门的产品价格并没有提高，反而受到了一定程度的抑制。要素市场价格下降也是导致大部分产品价格下降的重要原因。征收碳税会直接推高化石能源价格，增加生产成本，要素市场中资本和劳动力价格下降，一定程度上刺激了批发与零售、住宿和餐饮等劳动密集型传统服务业部门的产出，导致产出增加，价格有所下降。

与基准情景相比，情景1中将碳税收入作为增值税进行返还，除煤炭开采和洗选产品、煤炭加工品、天然气开采产品和燃气生产和供应部门外，其他产业部门产出均有所增加。煤炭作为含碳量最高的化石能源，征收碳税直接导致煤炭价格大幅度提升，增值税税率降低，在一定程度上增加了企业生产补贴，但没有消除由于征收碳税对化石能源开采和供应部门产生的负面冲击，煤炭开采和洗选产品、煤炭加工品、天然气开采产品和燃气生产和供应部门产出下降，价格有所升高。

情景2中，将碳税收入分别作为消费税进行返还，对社会消费产生一定的刺激作用，食品和烟草、教育、卫生和社会工作等产业部门的产出有所增加。烟草作为消费税的主要征税对象之一，降低消费税税率，香烟生产成本下降，产出有所增加。受到征收碳税的影响，要素市场上，劳动要素价格变得相对便宜，健康、文化、娱乐和社会管理等劳动密集型产业获得成本优势。

情景3中，考虑碳税返还，降低企业所得税税率，企业收入增加，利润有所提升，企业有更多的资金用于扩大生产，除高碳能源生产部门外，各产业部门产出增加，但受要素市场价格下降的影响，产品价格并未上涨，与基准情景相比反而有所下降。

情景4中，将碳税收入用于个人所得税，市场需求扩大，消费增多，社会财富增加，对企业扩大生产起到促进作用，除高碳能源生产部门外，各产业部门产出较基准情景而言有所增加，价格下降幅度基本与基准情景一致。

三 能源消费影响分析

考虑碳税返还时，对各类能源短期消费产生的影响如图8-7所示。征收碳税直接导致了煤炭、焦炭、石油和天然气等主要化石能源价格上涨，特别是煤炭和焦炭，作为含碳量最高的两种化石能源受到的冲击最为严重。短期内，不同碳税返还情景下，煤炭和焦炭的消费量大幅下降，对清洁能源如水电、风电和核电的需求量增加。由于火电在最终使用环节并不会产生二氧化碳排放，在生产环节征收碳税时，火电价格变得相对便宜，社会将增加对火电的需求。天然气与石油大多是伴生的，情景3中，降低消费税税率，成品油价格有所下降，天然气价格与其他能源相比价格较低，天然气的消费增加。

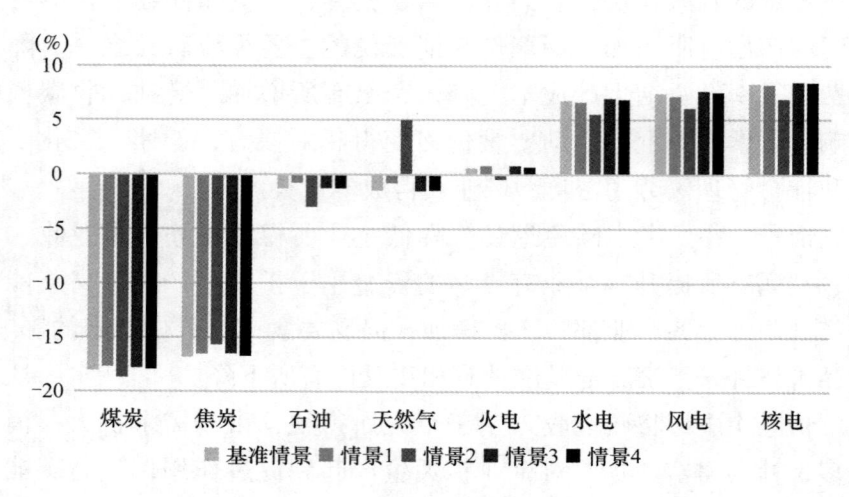

图 8-7　能源消费短期影响

　　长期来看，不同碳税返还方式对各类能源消费产生的影响如图 8-8 至图 8-15 所示。煤炭和焦炭价格提高，产业部门对煤炭和焦炭的需求量持续大幅下降，化石能源中，石油对煤炭的替代作用增强，石油的消费量呈现"先降后升"的趋势。受碳税征收的影响，化石能源的价格增加，由于火电在最终使用环节并不产生二氧化碳的排放，产业部门将不断增加对火电的需求。此外，化石能源价格上涨，清洁能源价格相对便宜，各产业部门将投入更多的清洁能源，对水电、风电和核电的需求量增加。当碳税收入用于消费税，消费税税率下降导致成品油的价格有所下降，对石油的需求量与其他情景相比增幅较大，天然气消费的减少幅度也大于其他情景。

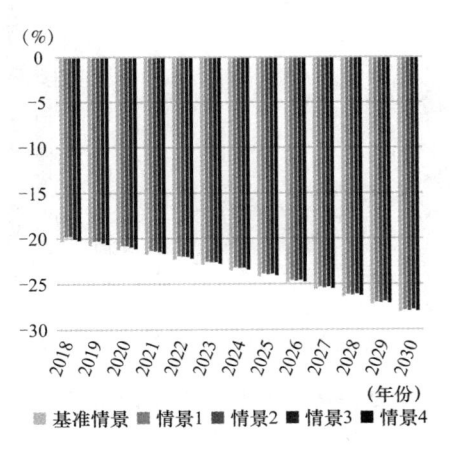

第八章 碳税政策模拟Ⅱ:税收中性下的税收结构优化 155

图 8-8 煤炭消费长期变化情况

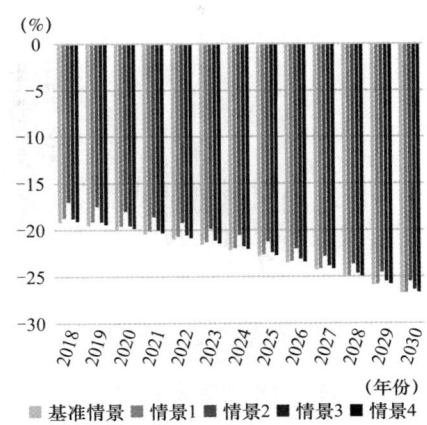

图 8-9 焦炭消费长期变化情况

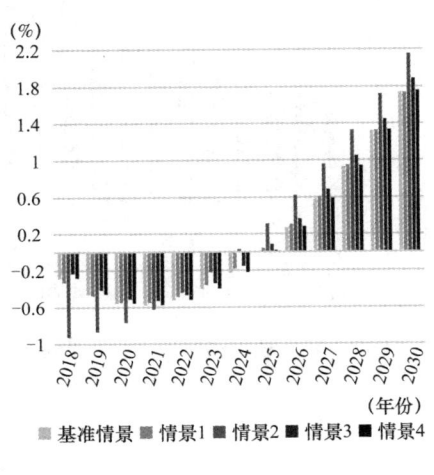

图 8-10 石油消费长期变化情况

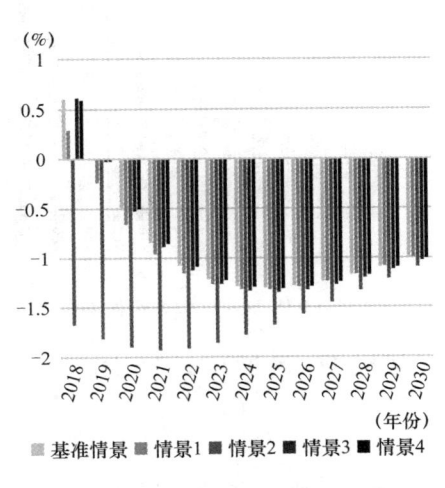

图 8-11 天然气消费长期变化情况

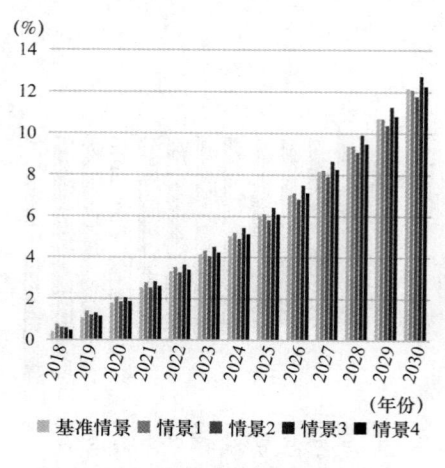

图 8-12　火电消费长期变化情况

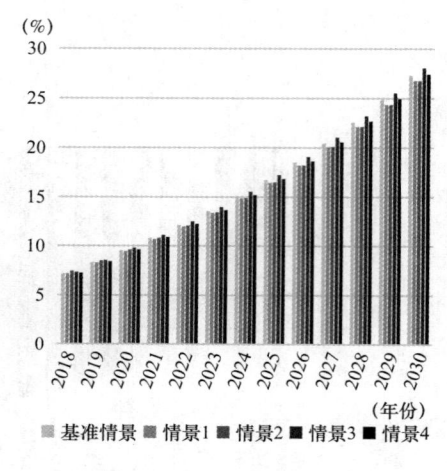

图 8-13　水电消费长期变化情况

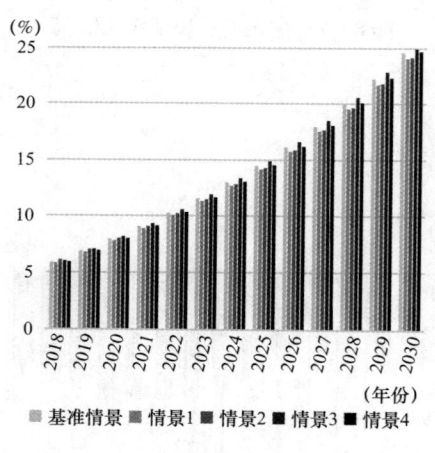

图 8-14　风电消费长期变化情况

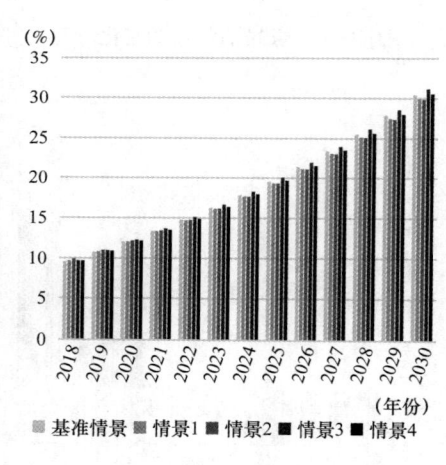

图 8-15　核电消费长期变化情况

四　碳减排效果分析

征收碳税，同时考虑碳税返还短期内产生的碳减排效果如表 8-6 所示。由于征收碳税，化石能源价格上涨，对化石能源的消耗量下降，二氧化碳排放总量有所减少，考虑碳税返还时，二氧化碳减排总量与基准情景相比基本保持一致，各产业部门碳排放强度发生不同程度的下降。情景1中,将碳税收入用于增值税,各产业部门利润有所增加,与基准情景相比,各产业部门化石能源投入有所增加,部门碳排放强度有所提高。情景2中,降低消费税时,能够刺激消费,增加社会对商品和服务的需求,交通运输、仓储和邮政,金融等产业部门碳排放强度较基准情景明显增加,成品油价格上升,精炼石油和核燃料加工品产业部门的碳排放强度增加。情景3中,将碳税收入用于企业所得税所产生的短期减排效果与基准情景基本保持一致。情景4中,将政府碳税收入用于个人所得税,居民可支配收入增加,对农产品、轻纺工业品和服务业等部门产品的需求增加,这些部门产出增加,部门碳排放强度与基准情景相比有所增加。

表8-6　　　　　　　　　　短期碳减排效果　　　　　　　（单位:%）

		基准情景	情景1	情景2	情景3	情景4
	二氧化碳排放总量	-15.5761	-15.2370	-15.4605	-15.3795	-15.4790
	总碳排放强度	-15.0048	-14.7115	-15.0051	-14.8166	-14.9154
各产业部门碳排放强度	农林牧副渔产品	-12.4437	-12.0457	-11.2691	-12.4726	-12.4736
	金属矿采选产品	-13.1615	-12.6916	-12.3048	-13.1531	-13.1985
	非金属矿和其他矿采选产品	-14.4114	-14.0467	-14.2211	-14.4038	-14.4380
	食品和烟草	-17.0609	-16.6479	-15.2974	-17.0813	-17.0764
	纺织品	-17.5597	-17.1958	-17.6471	-17.6045	-17.5847
	纺织服装鞋帽皮革羽绒及其制品	-16.7188	-16.3028	-16.6878	-16.7607	-16.7409
	木材加工品和家具	-15.2867	-14.8347	-14.6016	-15.2917	-15.3160
	造纸印刷和文教体育用品	-16.2323	-15.8694	-16.4567	-16.2589	-16.2685
	化学产品	-13.6819	-13.3342	-13.9103	-13.7118	-13.7256
	非金属矿物制品	-14.8926	-14.5308	-15.3483	-14.8472	-14.9131
	金属冶炼和压延加工品	-14.5367	-14.1726	-14.1735	-14.4964	-14.5653
	金属制品	-14.1839	-13.7180	-12.7861	-14.1845	-14.2223
	通用设备	-11.3904	-10.8367	-10.1855	-11.4032	-11.4343
	专用设备	-12.0555	-11.5174	-11.0443	-12.0689	-12.0945
	交通运输设备	-6.1163	-5.5131	-3.0882	-6.1836	-6.1767
	电气机械和器材	-13.3516	-12.8089	-12.0514	-13.3684	-13.3928

续表

		基准情景	情景1	情景2	情景3	情景4
各产业部门碳排放强度	通信设备、计算机和其他电子设备	-1.7054	-0.9638	3.1534	-1.8123	-1.7934
	仪器仪表	-9.0359	-8.4581	-6.7443	-9.0939	-9.1025
	其他制造产品	-16.8721	-16.2709	-16.1544	-16.8707	-16.9006
	废弃资源和废旧材料回收加工品	-14.9694	-14.6359	-14.2320	-14.9494	-15.0086
	金属制品、机械和设备修理服务	-14.1957	-13.5839	-13.4267	-14.2100	-14.2257
	水的生产和供应	-6.2092	-5.4118	-1.4018	-6.3633	-6.2820
	建筑	-8.8460	-8.3010	-6.6515	-8.8689	-8.8908
	批发和零售	-4.4326	-3.6916	-0.1413	-4.5488	-4.5121
	交通运输、仓储和邮政	-1.5783	-1.1427	1.1080	-1.6877	-1.6614
	住宿和餐饮	-12.4251	-12.0765	-10.5209	-12.4792	-12.4705
	信息传输、软件和信息技术服务	-2.2059	-1.5543	3.1182	-2.3579	-2.3116
	金融	-3.2052	-2.5739	0.3073	-3.3276	-3.2851
	房地产	-7.6294	-6.9937	-4.7310	-7.7481	-7.6833
	租赁和商务服务	-1.5446	-0.9749	0.9902	-1.6307	-1.6070
	科学研究和技术服务	-6.6063	-6.1826	-4.9860	-6.6621	-6.6772
	水利、环境和公共设施管理	-7.6240	-7.2727	-5.3008	-7.8011	-7.7853
	居民服务和其他服务	-14.5273	-14.1108	-14.0095	-14.5469	-14.5502
	教育	-14.5702	-14.3195	-14.5926	-14.6235	-14.6283
	卫生和社会工作	-17.7400	-17.4400	-17.7123	-17.7720	-17.7853
	文化、体育和娱乐	-9.8636	-9.4556	-7.8593	-9.9673	-9.9408
	社会保障、公共管理和社会组织	-12.9869	-12.6834	-12.2680	-13.0584	-13.0686
	煤炭开采和洗选产品	-13.1606	-12.6476	-13.3652	-13.1597	-13.1898
	煤炭加工品	-10.4992	-10.1354	-8.2703	-10.4814	-10.5340
	石油开采产品	-12.9465	-12.5313	-11.6881	-13.0546	-12.9932
	精炼石油和核燃料加工品	-1.4879	-0.8031	5.6399	-1.5902	-1.5681
	天然气开采产品	-5.7126	-5.2223	-3.7896	-5.8083	-5.7888
	燃气生产和供应	-8.4575	-8.1502	-8.2724	-8.5140	-8.4939
	火电	-16.5027	-15.9754	-16.7174	-16.5005	-16.5333

长期来看，保持税收中性，分别调整国内增值税、消费税、企业所得税和个人所得税所产生的碳减排效果如表 8-7 所示。总体来

第八章 碳税政策模拟Ⅱ:税收中性下的税收结构优化　159

看,将碳税收入分别用于增值税、消费税、企业所得税和个人所得税在长期均能够有效减少二氧化碳排放总量,降低总碳排放强度。各产业部门由于能源投入和要素替代弹性存在差异,不同情景下部门碳排放强度变化也存在一定的差异性。

表8-7　　　　　　　　2030年碳减排效果　　　　　　（单位:%）

		基准情景	情景1	情景2	情景3	情景4
	二氧化碳排放总量	-26.4917	-26.3285	-26.1964	-26.2006	-26.3951
	总碳排放强度	-30.7877	-30.5097	-30.3668	-30.7017	-30.7118
各产业部门碳排放强度	农林牧副渔产品	-22.4205	-22.2321	-22.3343	-22.3939	-22.4405
	金属矿采选产品	-20.2045	-20.0431	-20.1018	-20.0227	-20.2296
	非金属矿和其他矿采选产品	-21.6506	-21.5069	-21.6759	-21.4934	-21.6653
	食品和烟草	-24.9301	-24.7172	-22.9901	-24.8134	-24.9331
	纺织品	-26.0367	-25.8354	-26.0748	-25.9420	-26.0498
	纺织服装鞋帽皮革羽绒及其制品	-25.3836	-25.1477	-25.4161	-25.2887	-25.3937
	木材加工品和家具	-23.8073	-23.6068	-23.8032	-23.6921	-23.8246
	造纸印刷和文教体育用品	-22.7916	-22.6286	-22.8722	-22.6503	-22.8123
	化学产品	-19.0372	-18.9183	-18.9887	-18.8213	-19.0634
	非金属矿物制品	-19.3050	-19.1760	-19.3984	-19.0613	-19.3148
	金属冶炼和压延加工品	-18.9958	-18.9320	-18.5897	-18.7218	-19.0156
	金属制品	-24.4708	-24.3031	-24.1271	-24.3533	-24.4984
	通用设备	-18.8758	-18.6449	-19.0550	-18.7610	-18.9141
	专用设备	-21.0608	-20.7941	-21.2281	-20.9893	-21.0927
	交通运输设备	-10.6323	-10.4365	-10.3067	-10.5761	-10.6999
	电气机械和器材	-20.9105	-20.7007	-20.9138	-20.7900	-20.9432
	通信设备、计算机和其他电子设备	-0.7459	-0.5863	-0.3694	-0.7983	-0.8565
	仪器仪表	-14.1759	-13.9937	-14.0937	-14.0877	-14.2325
	其他制造产品	-26.3878	-26.0437	-25.7876	-26.2428	-26.4037
	废弃资源和废旧材料回收加工品	-21.4495	-21.4532	-21.1097	-21.1877	-21.4762
	金属制品、机械和设备修理服务	-23.6003	-23.2255	-23.5479	-23.5309	-23.6180
	水的生产和供应	-7.2317	-7.0272	-6.9724	-7.2455	-7.3047
	建筑	-16.9039	-16.6971	-16.414	-16.8064	-16.9391

续表

		基准情景	情景1	情景2	情景3	情景4
各产业部门碳排放强度	批发和零售	−5.9114	−5.6811	−5.4150	−5.8871	−5.9957
	交通运输、仓储和邮政	3.6784	3.6354	3.7708	3.8310	3.5891
	住宿和餐饮	−21.0858	−21.0534	−20.4584	−20.9628	−21.1161
	信息传输、软件和信息技术服务	0.3019	0.3139	0.6776	0.3106	0.1834
	金融	−1.9598	−1.8346	−1.7795	−1.8821	−2.0432
	房地产	−9.6411	−9.4984	−9.5574	−9.5058	−9.6900
	租赁和商务服务	1.4650	1.6614	1.6209	1.5331	1.3954
	科学研究和技术服务	−9.4533	−9.3590	−9.4340	−9.3269	−9.5146
	水利、环境和公共设施管理	−10.8965	−10.9346	−10.866	−10.8459	−11.0389
	居民服务和其他服务	−23.9707	−23.7512	−23.9478	−23.9054	−23.9840
	教育	−22.9680	−22.8707	−23.0249	−22.8868	−23.0070
	卫生和社会工作	−28.2082	−28.0461	−28.2185	−28.1699	−28.2367
	文化、体育和娱乐	−16.5982	−16.5087	−16.5221	−16.5554	−16.6610
	社会保障、公共管理和社会组织	−22.1100	−21.9887	−22.1071	−22.0725	−22.1677
	煤炭开采和洗选产品	−16.4884	−16.2174	−16.5830	−16.2829	−16.5066
	煤炭加工品	−10.6333	−10.5804	−8.1833	−10.307	−10.6565
	石油开采产品	−17.6399	−17.5466	−17.8199	−17.5515	−17.7106
	精炼石油和核燃料加工品	3.6448	3.8365	8.6727	3.7798	3.5430
	天然气开采产品	−12.0219	−11.9704	−13.489	−12.1075	−12.1322
	燃气生产和供应	−7.5043	−7.5167	−7.6447	−7.2321	−7.5225
	火电	−22.4896	−22.2201	−22.5825	−22.2959	−22.5092

征收碳税并将碳税收入用于增值税时，由于征收碳税对部门生产成本的拉动作用被部分抵消，企业生产环节税负压力减轻，收入较征收单一碳税时有所增加，产出增加，对化石能源的消耗较基准情景而言有所增加，碳排放强度有所增加，但生产仍受到碳税征收的制约，二氧化碳排放总量下降。

征收碳税并将碳税收入用于消费税时，社会消费总额有所提升，但消费品大多为"低能耗、低排放"甚至是"零碳排放"的产品和服务，这类消费品的增加，也使高能耗、高碳排放的产品减少，导致社会总碳排放强度下降,最终实现减少二氧化碳排放量的目标。

征收碳税并将碳税收入用于企业所得税时,税后盈余增加,化石能源价格提升,企业为减少生产成本,追求更大的利润空间,会主动进行技术改进或者积极寻求清洁能源减少化石能源的投入,部门碳排放强度下降。

征收碳税并将碳税收入用于个人所得税时,居民人均可支配收入增加,社会需求增加,消费增加,但居民消费更多的是如农林牧副渔产品,食品和烟草,纺织品,住宿和餐饮,金融,交通运输、仓储和邮政等产业部门的产品,这些产业部门大多能耗低、碳排放量小、碳强度低,征收碳税并考虑碳税返还并未对这些部门产生明显的冲击。

五 产业与能源结构分析

(一)产业结构分析

征收碳税并且考虑碳税使用对产业结构产生的短期影响如表8-8所示。短期内,考虑碳税返还对产业结构并不会产生明显的影响。将碳税收入分别用于国内增值税、国内消费税、企业所得税和个人消费税与基准情景中征收单一碳税时相比,产业结构基本保持不变。与其他碳税返还情景相比,由于降低消费税,更多地对低能耗低排放的产业产生正向影响,第二产业在国民经济中的占比有所下降,第三产业比重有所上升。

表8-8　　　　　　　短期产业结构影响　　　　　　(单位:%)

	基准情景	情景1	情景2	情景3	情景4
第一产业增加值(不变价)占比	7.6621	7.6575	7.6877	7.6542	7.6713
第二产业增加值(不变价)占比	37.7348	37.8031	37.6890	37.8230	37.7751
第三产业增加值(不变价)占比	54.7701	54.6818	54.7630	54.6806	54.7195

长期来看，考虑碳税使用对产业结构产生的影响如图 8-16 至图 8-18 所示。总体来看，征收碳税并考虑碳税返还，第一产业增加值（不变价）占比逐渐下降，第二产业增加值（不变价）占比经历"先上升、后下降"的过程，第三产业增加值（不变价）占比变化情况呈"U"形。

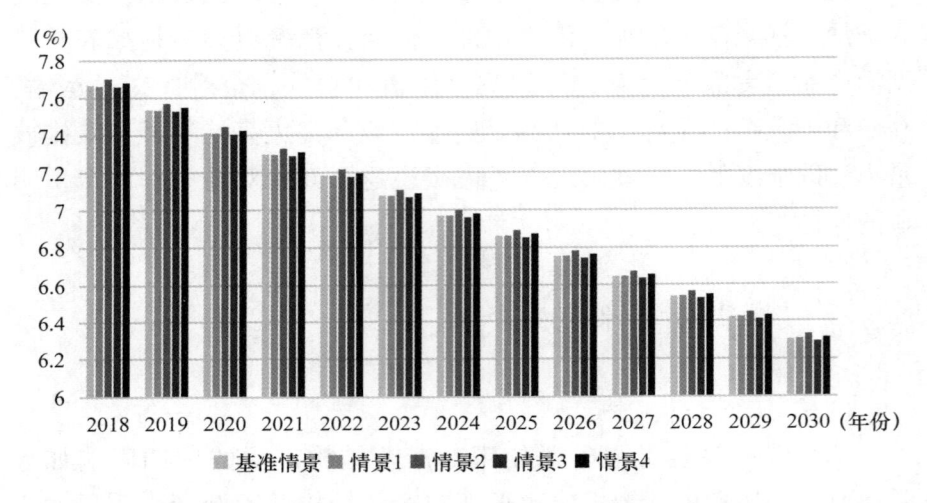

图 8-16 第一产业增加值（不变价）占比长期变化情况

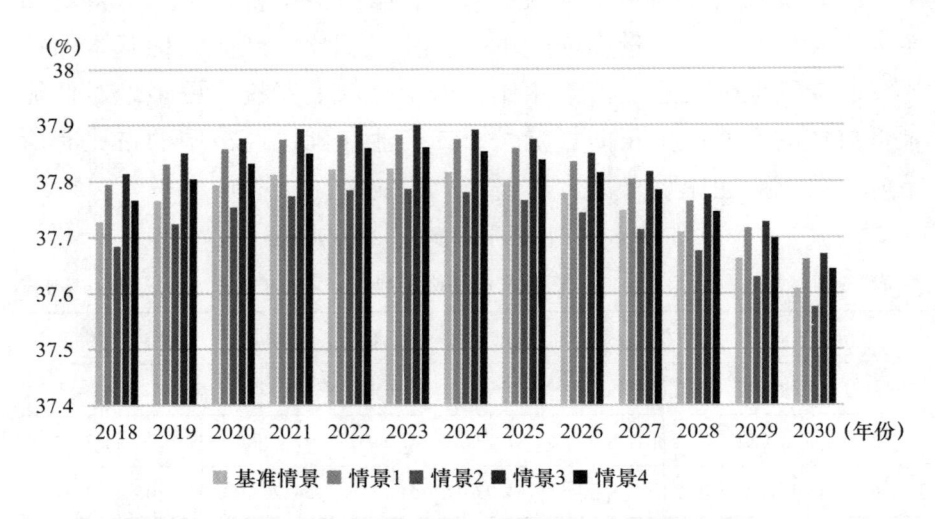

图 8-17 第二产业增加值（不变价）占比长期变化情况

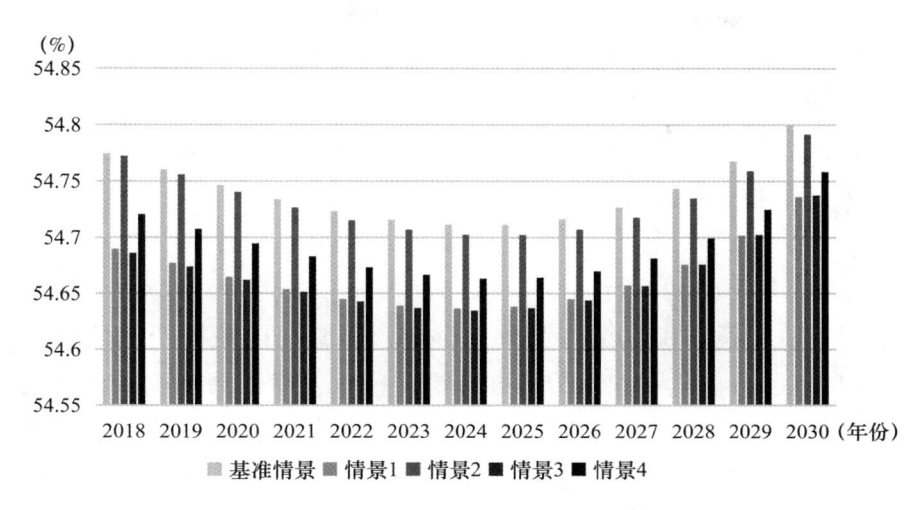

第八章 碳税政策模拟Ⅱ:税收中性下的税收结构优化 163

图 8-18 第三产业增加值（不变价）占比长期变化情况

情景 1 和情景 3 中，碳税收入分别用于增值税和企业所得税时，企业收入增加，利润增加，企业可用资金增加。在要素市场上，劳动价格不变，资本价格变得相对便宜，更多资本要素投入生产，对资本密集型产业发展存在一定的促进作用，而工业制造业通常为资本密集型产业，大量资本投入促进第二产业发展，导致第二产业在国民经济中的占比较其他情景有所提高。

情景 2 中，碳税收入用于消费税时，社会对"低能耗、低排放"甚至是"零碳排放"的产品和服务的需求增加，在一定程度上促进了低碳工业和服务业的发展，第三产业在国民经济中的占比高于其他情景。第二产业大多为能源密集型且碳排放量较高的产业，低碳产品需求的增加对能源密集型产业发展产生一定的抑制作用，第二产业在国民经济中的占比较其他情景而言有所下降。

情景 4 中，碳税收入用于个人所得税。扩大需求、刺激消费是拉动经济发展的重要方式，个人所得税下降，居民可支配收入增加，消费增加导致社会财富增加，刺激企业投资和生产。与情景 1 和情景 2 相比，征收碳税并且降低个人所得税较大程度上促进了第三产业的发展。

综上所述，征收碳税时将碳税收入分别用于消费税和个人所得税，能够通过扩大需求、刺激消费，特别是对低碳产品和服务的消费，最终对第三产业发展起到促进作用。将碳税收入用于消费税对推动第三产业发展的效果更为显著。

(二) 能源结构分析

受征收碳税和税收结构调整的影响，能源结构短期变化情况如表8-9所示。在化石能源结构中，将碳税收入用于消费税，导致低碳产品的需求增加，煤炭和石油在化石能源中所占比重较其他情景有所下降，天然气在化石能源中所占比重有所上升。短期内，以火电为主的能源电力结构不会发生改变。

表8-9　　　　　　　　短期能源结构变化　　　　　　　　（单位:%）

	基准情景	情景1	情景2	情景3	情景4
煤炭在化石能源中的占比	30.1349	30.1146	29.4801	30.1847	30.1513
石油在化石能源中的占比	38.1593	38.1171	37.9092	38.1479	38.1538
天然气在化石能源中的占比	31.7058	31.7683	32.6107	31.6675	31.6949
火电占比	63.5629	63.5951	63.5911	63.5720	63.5614
水电占比	13.1190	13.1072	13.1204	13.118	13.1197
风电占比	3.0064	3.0022	3.0045	3.0066	3.0062
核电占比	20.3117	20.2955	20.284	20.3034	20.3126

长期来看，考虑碳税使用对能源结构产生的影响如表8-10所示。短期内征收碳税直接导致化石能源价格上升，生产成本升高，企业会减少化石能源的消耗。但从长期来看，在生产环节征收碳税最终将通过税负转嫁的方式由生产者和消费者共同承担，短期内征收碳税对化石能源消费形成的冲击逐渐被缓解，煤炭、石油、天然气在化石能源中的占比基本与基准情景保持一致。火电由于最终消费环节并不会产生碳排放，随着化石能源价格上涨，火电价格变得

相对便宜,社会对火电的需求有所增加,以火电为主的能源电力结构在长期不会发生变化,对各类清洁能源的需求量与征收单一碳税时基本保持一致。

表 8-10　　　　　　　　2030 年能源结构　　　　　　（单位:%）

	基准情景	情景 1	情景 2	情景 3	情景 4
煤炭在化石能源中的占比	34.3077	34.3347	34.2615	34.3512	34.3217
石油在化石能源中的占比	38.6742	38.6507	38.5837	38.6579	38.6656
天然气在化石能源中的占比	27.0181	27.0146	27.1548	26.9909	27.0127
火电占比	60.8811	60.9129	60.8909	60.8764	60.8787
水电占比	13.8355	13.8223	13.8328	13.8382	13.8364
风电占比	2.9089	2.9056	2.9089	2.9089	2.9086
核电占比	23.3744	22.3591	22.3674	22.3765	22.3763

六　税收结构分析

短期内,税收结构变化情况如表 8-11 所示。与基准情景相比,考虑碳税返还,导致中央政府消费总额下降。情景 1 中,征收碳税并将碳税收入用于增值税,导致增值税、营业税、关税、资源税、城镇维护建设税等间接税税收总额减少。情景 2 中,碳税收入用于消费税,消费税征收总额大幅减少,短期内由于天然气需求增加,天然气进口有所增加,天然气开采行业关税总额较其他情景显著增加。情景 3 中,将碳税收入用于企业所得税导致企业所得税总额明显减少,但经营性房产税、城镇土地使用税、土地增值税、车船税和印花税等直接税总额较基准情景有所增加。企业所得税税率下调,企业利润增加,有更多的资金用于扩大生产,营业税和其他间接税总额较基准情景有所增加。情景 4 中,将碳税收入用于个人所得税,居民所得税总额显著下降,中央政府消费减少。个人所得税税率下降,居民可支配收入增加,居民消费能力增加,社会需求扩大，对国外产品的需求也会增加，关税总额较基准情景而言有所增加。

表8-11　　　　　　　　　短期税收结构变化　　　　　　　（单位:%）

		基准情景	情景1	情景2	情景3	情景4
	中央政府消费总额	1.1328	0.0183	0.0298	-0.1714	-0.1630
	营业税总额	-0.0310	-0.1674	0.0003	0.0958	0.1485
	耕地占用税总额	0.2140	-0.4767	-0.0451	-0.1616	-0.1886
	经营性房产税总额	0.1322	-0.0237	0.0608	0.2483	0.2698
	契税总额	0.2557	-0.1561	0.2073	0.1190	0.2049
	环境保护税总额	-0.9140	-0.9362	-0.7673	-0.6510	-0.7667
	国内消费税总额	-0.4583	-0.4338	-11.7843	-0.3911	-0.2945
	土地增值税总额	-0.0140	-0.1945	0.0659	0.0511	0.1896
	企业所得税总额	-0.1956	-0.0010	-0.1670	-6.4608	-0.0803
	居民所得税总额	0.0110	-0.0019	-0.0001	0.0001	-15.9031
	城镇土地使用税总额	-0.3007	-0.4199	-0.2425	-0.1531	-0.1561
	其他间接税总额	0.2024	0.0651	0.2873	0.3373	0.2763
	资源税总额	-9.1569	-9.1568	-9.1619	-8.9475	-9.0167
	印花税总额	0.0252	-0.1206	-0.0123	0.1516	0.1562
	车辆购置税总额	1.0998	-0.0339	0.6309	0.3289	0.2695
	城市维护建设税总额	-0.1597	-0.2342	0.1988	0.0108	-0.0080
	增值税总额	-0.4847	-4.3783	-0.3609	-0.2946	-0.3320
	车船税总额	-0.0439	-0.2779	-0.0837	-0.0299	0.0205
关税	农林牧副渔产品	-0.2069	-0.0352	0.0587	-0.2539	-0.0836
	金属矿采选产品	-0.5636	-0.5376	-0.8089	-0.1405	-0.3900
	非金属矿和其他矿采选产品	-1.1722	-1.0396	-1.0759	-0.8318	-1.0053
	食品和烟草	-0.1793	-0.1980	-1.3360	-0.1580	0.0186
	纺织品	0.4119	0.2146	0.4097	0.3068	0.5276
	纺织服装鞋帽皮革羽绒及其制品	-0.2146	-0.3051	-0.2580	-0.1354	-0.0585
	木材加工品和家具	-0.4162	-0.3132	-0.2667	-0.0738	-0.2464
	造纸印刷和文教体育用品	0.6653	0.5290	0.6292	0.7435	0.7614
	化学产品	1.2234	0.9638	0.7750	1.3485	1.3282
	非金属矿物制品	2.0627	2.1507	2.0425	2.5012	2.2593

续表

		基准情景	情景1	情景2	情景3	情景4
关税	金属冶炼和压延加工品	2.5523	2.6319	2.4411	2.9320	2.7426
	金属制品	0.9656	0.9776	1.0019	1.3065	1.1354
	通用设备	0.3247	0.2907	0.5268	0.7180	0.5073
	专用设备	0.1876	0.1383	0.2717	0.5806	0.3466
	交通运输设备	0.3201	0.2352	0.2763	0.6263	0.5265
	电气机械和器材	1.4806	1.4142	1.1837	1.8003	1.6721
	通信设备、计算机和其他电子设备	1.6755	1.6048	0.2628	2.0291	1.8614
	仪器仪表	0.8527	0.7326	0.7513	1.0868	0.9560
	其他制造产品	0.6421	-0.6718	0.5368	0.7852	0.7697
	废弃资源和废旧材料回收加工品	-0.9196	-0.4734	-0.6480	-0.6644	-0.7375
	金属制品、机械和设备修理服务	1.0916	0.6288	0.9691	1.3057	1.1965
	水的生产和供应	-0.5504	-0.5172	-0.3201	-0.4212	-0.3120
	建筑	0.6146	0.7225	0.9205	1.1287	0.8069
	批发和零售	-0.7755	-1.0809	-0.8890	-0.5529	-0.6212
	交通运输、仓储和邮政	-0.0021	0.0915	-0.3731	0.1651	0.1236
	住宿和餐饮	-0.2697	-0.1950	-0.5307	-0.2469	-0.1492
	信息传输、软件和信息技术服务	-0.4035	-0.2198	-0.1663	-0.1965	-0.2638
	金融	-0.6684	-0.7971	-0.4958	-0.5197	-0.5259
	租赁和商务服务	-0.2031	-0.4463	-0.3147	-0.0930	-0.1205
	科学研究和技术服务	-0.0704	-0.0809	0.0104	0.1458	-0.0857
	水利、环境和公共设施管理	0.5426	0.0775	0.3052	0.1685	0.1360
	居民服务和其他服务	-0.2933	-0.3408	-0.1487	-0.2896	-0.1305
	教育	0.0570	-0.1526	0.0271	-0.3244	-0.2159
	卫生和社会工作	0.7028	0.1363	0.4356	0.1929	0.2898
	文化、体育和娱乐	-0.0802	-0.1995	-0.1225	-0.2354	-0.1486
	社会保障、公共管理和社会组织	0.7063	-0.2099	0.3511	-0.1336	-0.2242
	煤炭开采和洗选产品	-7.2396	-7.5693	-7.5545	-6.9796	-7.0928
	煤炭加工品	-13.8119	-13.7680	-13.0451	-13.4467	-13.6570
	石油开采产品	-8.2753	-8.5411	-8.4577	-8.2217	-8.0933
	精炼石油和核燃料加工品	2.8438	2.3351	0.0667	3.0605	3.0073
	天然气开采产品	1.2128	1.3705	5.2645	1.3093	1.3141

考虑不同碳税使用的情景下,对税收结构产生的长期影响如图 8-19 至图 8-22 所示。长期来看,考虑碳税收入返还会使中央政府增加消费,2030 年不同情景下,中央政府消费总额上涨幅度分别为 6.1612%、6.0763%、6.5734%、5.9787%。

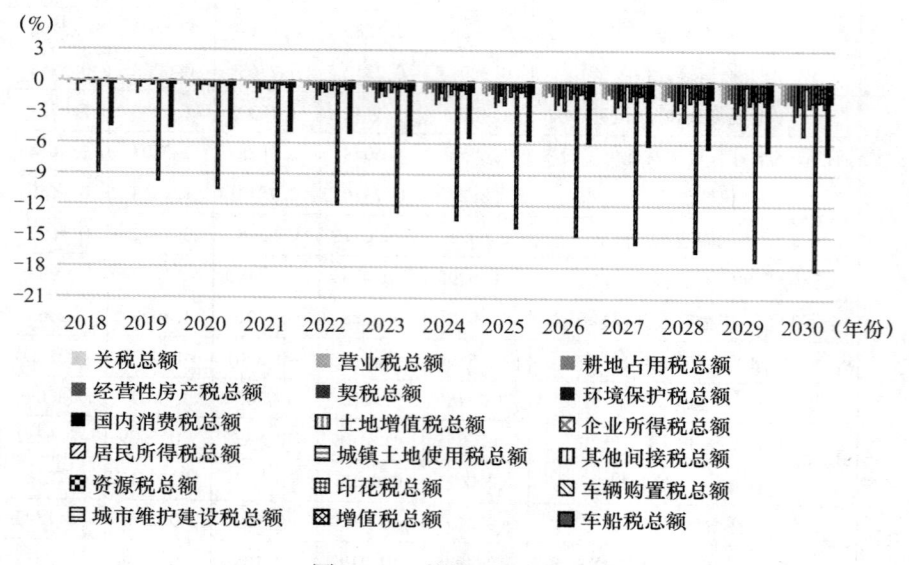

图 8-19 情景 1 税收结构

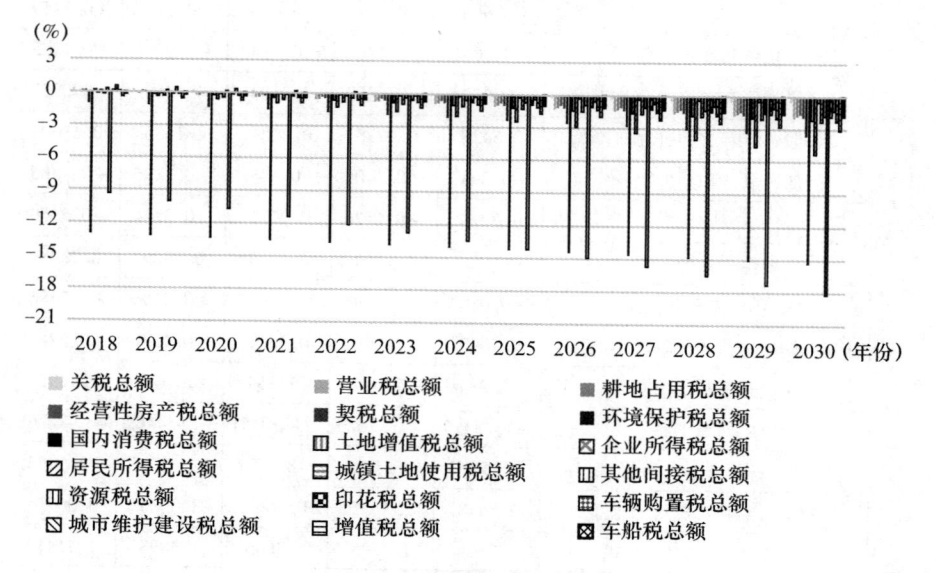

图 8-20 情景 2 税收结构

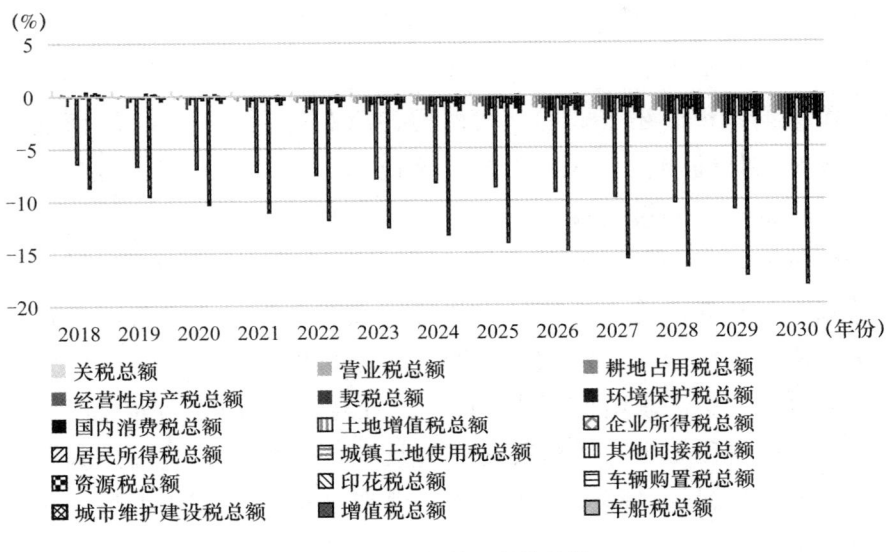

第八章 碳税政策模拟Ⅱ:税收中性下的税收结构优化　　169

图 8-21　情景 3 税收结构

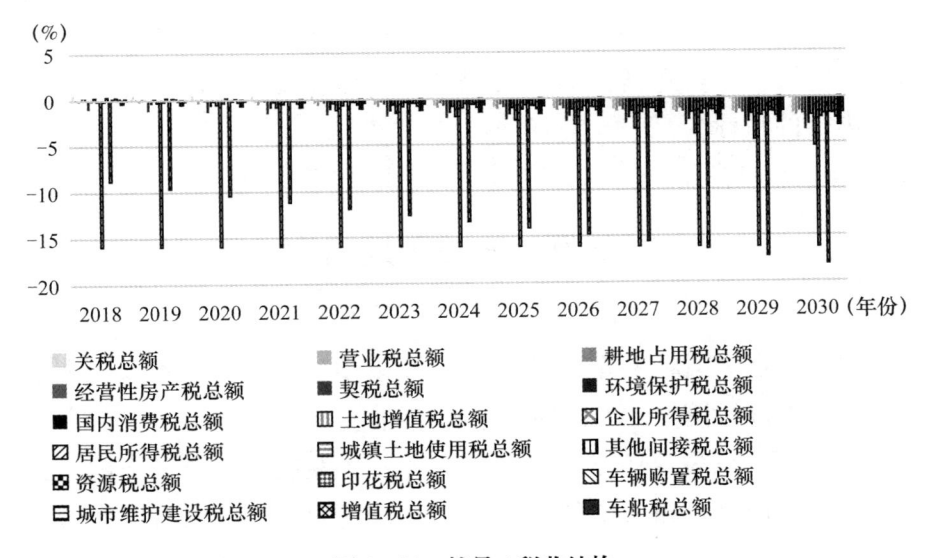

图 8-22　情景 4 税收结构

征收碳税直接推高了化石能源的价格,社会对煤炭、石油、天然气等化石能源的需求量下降,资源税总额大幅下降。化石能源价格提高，迫使企业通过技术升级和设备改进等方式提高能源使用效率、增加清洁能源的消费减少化石能源的消耗，进一步减少了污染物的排放，环境得到一定程度的改善，环境保护税征收总额减少。

不同的碳税返还方式中，增值税、消费税、营业税、城市建设维护税和其他间接税收入减少。间接税的一个重要的特点就是可以转嫁，短期内，间接税税率下降，为保证利润率不变，企业不会立刻降低价格，此时间接税更多地向消费者转移，消费者负担加重，消费减少。长期来看，增值税、消费税税率下降，要素市场中资本要素价格下降，企业生产成本下降，产品价格下降，此时，消费者负担减轻，社会需求增加，消费增加，社会经济形成新的均衡。

企业所得税和个人所得税属于直接税，纳税人与赋税人具有一致性，不可转嫁。将碳税收入用于企业所得税和个人所得税，政府税收减少，但企业利润与居民可支配收入增加，企业可节省更多的资金用于研发投入、改进技术以提高生产效率和能源利用率，居民消费能力增加，社会需求扩大。中央政府收入减少，同时对产品和劳务的消费、对私人消费的替代减轻，一定程度上有助于实现有效扩大内需的目标。

第三节　主要研究结论

通过建立中国碳税静态与动态 CGE 模型，对不同碳税返还方案产生的效果进行模拟，可得到以下研究结论。

（1）不同碳税返还方案短期内会对经济发展产生负面影响，长期来看，这种负面冲击得到改善。具体表现为：短期内，虽然考虑碳税返还，但名义 GDP 和实际 GDP 仍有所下降。长期来看，由于要素市场价格下降，国内物价水平一定程度上得到抑制，居民消费增加，净出口增加，实际 GDP 有所上升。

（2）征收碳税并将碳税收入用于个人所得税时，社会福利实现最大化。降低个人所得税税率，居民可支配收入增加，直接导致居民消费能力提高，社会需求扩大，从而促进社会生产，提高社会福利。

（3）不同碳税返还方案对各产业部门产出产生的影响不同。征收碳税，虽然对能源密集型和资本密集型工业制造业部门的产出产生了较大的负面冲击，但由于要素市场的价格变化，资本和劳动力的价格变得相对便宜，农业、轻纺工业、服务业等低能耗、低排放的劳动密集型产业部门获得成本优势，产出有所增加。

（4）考虑碳税收入使用与征收单一碳税时产生的碳减排效果基本一致。减少增值税、消费税和企业所得税虽然在一定程度上减轻了企业税负，但征收碳税将导致化石能源价格上涨的压力迫使各部门减少化石能源的消费，积极寻求替代能源，增加对清洁能源的消费，最终实现减少碳排放强度和二氧化碳排放的目标。

（5）除将碳税收入用于消费税外，其他碳税返还方案对各类能源消费的影响与征收单一碳税时基本一致。长期来看，税收中性下，受减少消费税影响比较大的主要是低碳排放强度的部门，社会对低碳产品的消费比重增大，煤炭、焦炭、天然气等高碳化石能源消费量下降，此外，消费税税率下降，成品油价格下降，对石油的需求量较其他情景有所增加。

（6）将碳税收入用于增值税和企业所得税对第二产业发展起到促进作用，而将碳税收入用于消费税和个人所得税对第三产业发展的推动作用较大。降低消费税和个人所得税税率，能够在一定程度上起到扩大内需、刺激消费的作用。

（7）不同碳税返还方案的实施仍无法改变化石能源结构和以火电为主的能源电力结构。由于税负转嫁的存在，在生产环节征收的碳税，最终将由生产者和消费者共同承担，碳税征收冲击作用逐渐减弱。清洁能源生产受技术水平、地理位置、气候条件、季节等条件的限制，产量有限，为满足社会生产生活和保障国家能源安全，征收碳税虽然减少了煤炭和天然气的消费，但石油需求有所增加，在电力市场上，仍以火电为主。

（8）不同碳税返还方案长期内将减少各项税收总额，中央政府消费有所减少。政府收入主要来自税收，而增值税、消费税、企业所得税和个人所得税占政府税收的绝大部分，政府收入减少，政府消费减少。税收减少，企业负担减轻，有利于激发市场主体活力和经济增长动力。

本章在征收碳税的基础上，对保持税收中性原则下不同碳税收入返还方案进行模拟，并对不同碳税返还情景下宏观经济主要变量、产业部门的产出与价格、各类能源消费情况、最终碳减排效果、产业、能源及税收结构的短期和长期变化进行分析。结果表明：（1）长期来看，碳税返还碳减排效果显著，对经济发展具有积极的促进作用。（2）将碳税收入用于个人所得税能够实现社会福利最大化、促进第三产业发展、推动产业结构合理化和高级化的目标。（3）受税负转嫁、社会生产生活需要等因素的影响，不同碳税返还方案无法有效调整能源电力结构。

第 九 章

碳税政策模拟Ⅲ:碳税与科技创新

第七章中对不同碳税征收力度进行模拟,结果表明:碳税税率为 50 元/吨时,二氧化碳排放量将减少 25% 以上,实际 GDP 增长率达到 6%。基于此,第八章中对生产环节征收 50 元/吨碳税时,保持税收中性原则,将碳税收入分别用于国内增值税、国内消费税、企业所得税和个人所得税等碳税返还方案进行模拟,结果表明:不同碳税返还方案下碳减排效果和对宏观经济的影响与征收单一碳税时基本保持一致,但碳税收入用于个人所得税时能够实现社会福利最大化的目标。

碳税征收能够在一定程度上起到减少二氧化碳排放量、降低单位 GDP 碳排放强度的作用,但根据第七章与第八章的模拟结果来看,征收碳税并未起到改变化石能源结构和以火电为主的能源电力结构的作用。虽然在生产环节征收碳税直接导致化石能源价格上涨,煤炭消耗量大幅减少,火电价格受煤炭价格影响,价格发生小幅上涨,但相对于其他化石能源价格变得便宜,社会增加了对火电的需求,火电的产出有所增加,以火电为主的能源电力结构长期内不会改变。当前,中国在清洁能源发电中仍存在一些障碍,如清洁电力资源本身受一定季节气候等自然条件的限制、资源地区分布不均、对设备制造和发电技术水平要求高、发电成本偏高。增加对清洁能源发电部门的补贴能够在一定程度上降低清洁电力发电成本,使清洁电力发电部门有更多的资金用于研发投入,提升低碳能源的全要素生产率,进而达到调整能源结构的目标。对此,本章中对不同碳税征收力度下，增加中央政府对清洁电力部门的补贴、提高低碳能源生产效率的情景进行模拟，并对其产生的效果进行分析，从而得出相应的结论。

第一节　清洁电力部门补贴方案设计

目前，碳税征收的方式主要有以下两种：一是按照化石能源消耗量向消费环节征税，但这种方式会增加消费者的负担，从而面临巨大的社会压力；二是按照化石能源的产量向生产企业征税，更容易获得消费者的认同。因此，本章选择在生产环节征收碳税，碳税税率分别为 30 元/吨、50 元/吨和 70 元/吨。

政府的主要收入来自税收，政府征收碳税会增加一部分碳税收入，假定政府将这一部分收入用来增加对企业的补贴，特别是增加对清洁电力生产部门的补贴，清洁电力部门低碳能源利用率将会提升。具体情景设置方式如表 9 – 1 所示。

表 9 – 1　　　　　　　　　　　情景设置

基准情景	不考虑征收碳税，中央政府对企业的补贴保持不变，清洁电力部门低碳能源利用率保持不变
情景 5	征收 30 元/吨碳税，中央政府对企业的补贴增加 5%，在此基础上，增加 10% 对清洁电力生产部门的补贴，并且清洁电力部门低碳能源利用率提升 5%
情景 6	征收 50 元/吨碳税，中央政府对企业的补贴增加 5%，在此基础上，增加 20% 对清洁电力生产部门的补贴，并且清洁电力部门低碳能源利用率提升 8%
情景 7	征收 70 元/吨碳税，中央政府对企业的补贴增加 5%，在此基础上，增加 30% 对清洁电力生产部门的补贴，并且清洁电力部门低碳能源利用率提升 10%

第二节 清洁电力部门补贴模拟分析

一 宏观经济影响分析

短期内,增加对水电、风电和核电补贴,同时提高这些部门低碳能源全要素生产率对宏观经济各变量产生的影响如表9-2所示。对企业而言,征收碳税直接推高了化石能源的价格,企业生产成本增加,企业收入减少,利润减少,企业储蓄随之减少。对政府而言,税收是政府收入的主要来源,征收碳税会为政府增加碳税收入,随着碳税税率的提升,中央政府和地方政府收入增加,政府储蓄随之增加。由于征收碳税,企业生产成本增加,产品价格也会升高,政府消费随之增加。对居民而言,虽然政府增加碳税收入之后也会增加对居民的转移支付,各收入阶层居民的收入增加,居民储蓄相应增加,但由于短期内征收碳税导致国内产品价格提升,居民消费减少,特别是对农村各收入阶层居民消费产生的影响大于城镇各收入阶层,社会福利随着碳税税率提升而减少。

表9-2　　　　　　　　短期宏观经济影响

项目		情景5	情景6	情景7
名义GDP(%)		-0.0586	-0.0840	-0.1027
实际GDP(%)		-0.3496	-0.5308	-0.6944
社会福利(亿元)		-103.5124	-180.1240	-284.4225
总进口		-0.0875	-0.1534	-0.2242
总出口		-0.0682	-0.1196	-0.1748
总投资		0.2096	0.3188	0.4162
政府收入	中央	0.9319	1.4242	1.8491
	地方	0.9782	1.4922	1.9344

续表

项目		情景5	情景6	情景7
居民收入	农村低收入阶层	0.0258	0.0400	0.0525
	农村中低收入阶层	0.0210	0.0326	0.0430
	农村中等收入阶层	0.0210	0.0325	0.0428
	农村中上等收入阶层	0.0211	0.0327	0.0430
	农村上等收入阶层	0.0175	0.0275	0.0366
	城镇低等收入阶层	0.0263	0.0403	0.0524
	城镇中低收入阶层	0.0269	0.0412	0.0536
	城镇中等收入阶层	0.0187	0.0292	0.0386
	城镇中上等收入阶层	0.0184	0.0287	0.0380
	城镇上等收入阶层	0.0169	0.0266	0.0354
企业收入		-0.0031	-0.0559	-0.0720
政府储蓄	中央	0.9319	1.4242	1.8491
	地方	0.9782	1.4922	1.9344
居民储蓄	农村低收入阶层	0.0258	0.0400	0.0525
	农村中低收入阶层	0.0210	0.0326	0.0430
	农村中等收入阶层	0.0210	0.0325	0.0428
	农村中上等收入阶层	0.0211	0.0327	0.0430
	农村上等收入阶层	0.0175	0.0275	0.0366
	城镇低等收入阶层	0.0263	0.0403	0.0524
	城镇中低收入阶层	0.0269	0.0412	0.0536
	城镇中等收入阶层	0.0187	0.0292	0.0386
	城镇中上等收入阶层	0.0184	0.0287	0.0380
	城镇上等收入阶层	0.0169	0.0266	0.0354
企业储蓄		-0.0294	-0.0515	-0.0671
政府消费	中央	0.3506	0.8200	1.2151
	地方	0.9941	1.5112	1.9480
居民消费	农村低收入阶层	-0.0370	-0.0631	-0.0960
	农村中低收入阶层	-0.0411	-0.0695	-0.1046
	农村中等收入阶层	-0.0401	-0.0682	-0.1030
	农村中上等收入阶层	-0.0383	-0.0656	-0.0999
	农村上等收入阶层	-0.0392	-0.0669	-0.1019

续表

	项目	情景 5	情景 6	情景 7
居民消费	城镇低等收入阶层	-0.0193	-0.0361	-0.0622
	城镇中低收入阶层	-0.0189	-0.0354	-0.0612
	城镇中等收入阶层	-0.0273	-0.0477	-0.0765
	城镇中上收入阶层	-0.0277	-0.0483	-0.0771
	城镇上等收入阶层	-0.0317	-0.0545	-0.0849

对于进出口而言，居民消费减少，社会需求减少，对国外产品的需求也会减少，总进口下降。但由于征收碳税，增加了企业生产成本，国内产品价格升高，国外产品价格不变，总进口下降，并最终导致净出口减少。

名义 GDP 主要由总的资本收入、总的劳动收入和间接税收入构成。征收碳税时，总的资本收入减少，总的劳动收入不变，征收碳税虽然会增加碳税等间接税收入，但征收碳税将引起增值税、消费税等主要间接税收入减少，最终导致名义 GDP 下降。

实际 GDP 由消费、投资和净出口构成。受征收碳税的影响，居民消费减少，对国外产品需求也会减少，总进口下降。政府消费虽有所增加，但政府消费仅占社会消费中很小的一部分，社会消费减少。企业作为社会投资的主体，企业收入减少，投资减少。征收碳税时，净出口减少，最终导致实际 GDP 下降。

长期来看，增加对清洁电力部门的补贴并且提高清洁能源利用率对宏观经济产生的影响如图 9-1 至图 9-6 所示。总体来看，政府征收碳税，增加对各产业部门特别是水电、风电、核电生产部门的补贴，清洁电力生产部门低碳能源利用率提高，长期会对经济产生正效应，社会福利将得到改善。

对政府而言，税收作为政府收入的主要来源，短期来看，中央政府和地方政府收入随着碳税税率的提高而增加。但长期来看，征收碳税使其他税收收入减少，如国内增值税、消费税、企业所得税、个人所得税等税收总额减少，政府收入将减少，政府储蓄随收入发生同比例变动，政府消费有所增加。

对企业而言，政府征收碳税，企业生产成本增加，中央政府将一部分碳税收入用于对企业的转移支付，并未缓解征收碳税给企业带来的冲击，企业总收入和总储蓄随着碳税税率提高而下降。

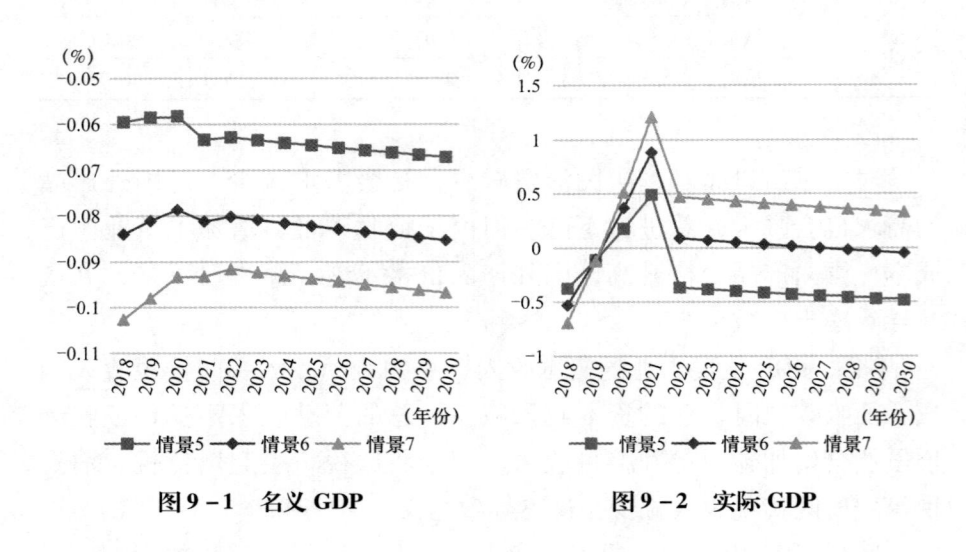

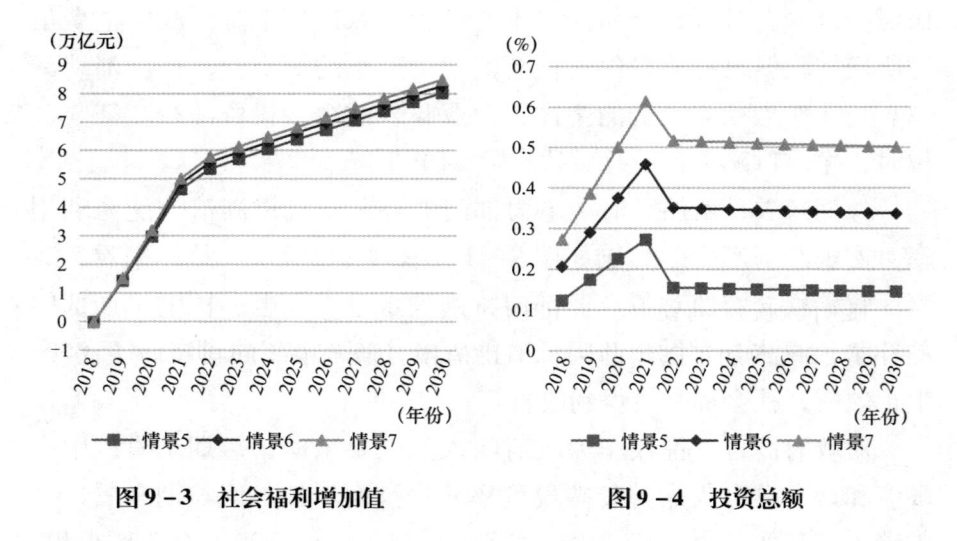

图 9-1 名义 GDP

图 9-2 实际 GDP

图 9-3 社会福利增加值

图 9-4 投资总额

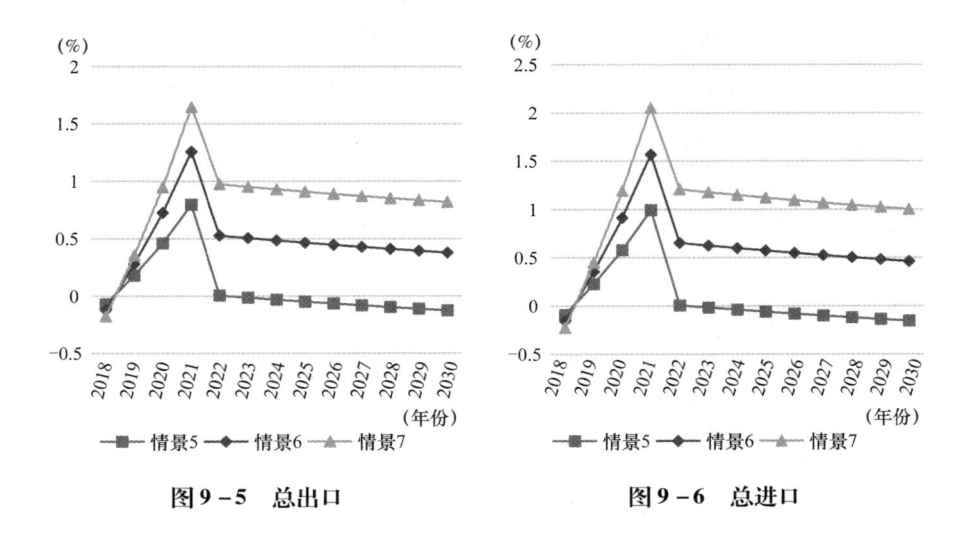

第九章 碳税政策模拟Ⅲ：碳税与科技创新

图9-5 总出口

图9-6 总进口

对居民而言，征收碳税时，政府增加对企业的转移支付，逐渐减少对各收入阶层居民的转移支付，居民资本收入减少，劳动收入不变，居民总收入下降，居民总储蓄也随之下降。但长期来看，随着碳税征收力度加大，清洁电力部门获得更多政府补贴，不断提高低碳能源生产效率，农村和城镇居民消费不断增加，社会福利得到改善，并且不断增加。

对进出口而言，情景6和情景7中，清洁电力部门在获得政府补贴后，低碳复合能源利用率发生较大幅度的提升，此时，随着居民消费不断增加，社会需求扩大，对国外产品的需求也会增加，导致总出口增加。国内产品价格有所下降，国外产品不变，总进口增加，净出口增加。

随着碳税税率提升，总的资本收入逐渐减少，总的劳动收入不变，政府虽增加了碳税收入，但增值税、消费税等间接税收入减少，名义GDP逐渐下降。实际GDP由消费、投资和净出口构成。征收碳税将迫使企业改进生产技术、提升能源生产效率或寻求更具有价格优势的低碳能源，政府增加碳税收入，并增加对企业的补贴，加大对清洁电力生产部门的财政扶持力度，清洁电力部门提高低碳能源利用率，清洁能源对化石能源的替代效应增强，企业生产成本逐渐降低，国内产品价格有所下降，居民消费增加，总进口和总出口增加，进而导致净出口增加。利率下降，资本收入减少，社会投资总额增加，最终导致实际 GDP 有所增加。

二 产业部门影响分析

不同情景下，短期内对宏观经济产生的影响如表 9-3 所示。短期内，各产业部门的产出和价格受到碳税的冲击所作出的反应不同。高碳能源部门产出受征收碳税冲击最为严重。煤炭作为含碳量最高的化石能源，随着碳税税率的提升，煤炭开采、洗选和加工等部门的产出大幅减少，价格明显提升。由于火电生产部门主要以燃煤发电为主，煤炭价格上涨导致火电价格有所上涨，产出有所下降。征收碳税对石油开采部门产生的影响较小，石油产出和价格变化幅度较小。天然气含碳量较高，受到征收碳税的影响，天然气的价格有所上升，对天然气的需求下降，天然气生产部门产出下降。短期内，能源密集型产业部门，如金属矿采选产品、金属冶炼和压延加工品、非金属矿物制品、金属制品等产业部门难以迅速找到替代能源，生产成本增加，产出减少，价格有所增加。

表 9-3　　　　　短期产业部门产出与价格影响　　　　（单位:%）

产业部门	情景 5 产出	情景 5 价格	情景 6 产出	情景 6 价格	情景 7 产出	情景 7 价格
农林牧副渔产品	0.1022	0.0399	0.1453	0.0638	0.1739	0.0905
金属矿采选产品	-0.9869	0.4467	-1.5626	0.6988	-2.0929	0.9371
非金属矿和其他矿采选产品	-0.6825	0.4285	-1.0052	0.6583	-1.2705	0.8686
食品和烟草	0.0900	0.0582	0.1274	0.0954	0.1499	0.1357
纺织品	0.3829	0.1071	0.5506	0.1773	0.6815	0.2496
纺织服装鞋帽皮革羽绒及其制品	0.3247	-0.0180	0.4722	-0.0107	0.5895	0.0067
木材加工和家具	-0.5138	0.1842	-0.7805	0.2909	-1.0097	0.3934
造纸印刷和文教体育用品	0.0499	0.2965	0.0457	0.4727	0.0232	0.6403

第九章 碳税政策模拟Ⅲ：碳税与科技创新

续表

产业部门	情景5 产出	情景5 价格	情景6 产出	情景6 价格	情景7 产出	情景7 价格
化学产品	-0.2748	0.5589	-0.4550	0.8748	-0.6324	1.1671
非金属矿物制品	-0.5698	0.9232	-0.8939	1.4386	-1.1904	1.9069
金属冶炼和压延加工品	-0.9568	1.2328	-1.5047	1.9240	-2.0013	2.5507
金属制品	-0.6928	0.6098	-1.0770	0.9526	-1.4209	1.2685
通用设备	-0.5560	0.4200	-0.8872	0.6684	-1.1933	0.9025
专用设备	-0.3214	0.3023	-0.5258	0.4846	-0.7191	0.6590
交通运输设备	-0.1413	0.2848	-0.2387	0.4544	-0.3387	0.6164
电气机械和器材	0.1050	0.4222	0.0915	0.6797	0.0367	0.9261
通信设备、计算机和其他电子设备	2.3671	-0.3154	3.2860	-0.3988	3.9412	-0.4314
仪器仪表	0.8673	0.0244	1.2715	0.0723	1.5751	0.1373
其他制造产品	-0.1853	0.3396	-0.2939	0.5356	-0.3994	0.7200
废弃资源和废旧材料回收加工品	-0.6430	0.2502	-1.0289	0.4078	-1.3850	0.5585
金属制品、机械和设备修理服务	-0.0119	0.3524	-0.0175	0.5604	-0.0410	0.7590
水的生产和供应	0.0874	-0.1584	0.1335	-0.2452	0.1600	-0.3036
建筑	-0.2742	0.3999	-0.4308	0.6264	-0.5786	0.8374
批发和零售	0.0625	-0.0649	0.0739	-0.0885	0.0706	-0.1002
交通运输、仓储和邮政	0.0649	-0.0070	0.0918	-0.0039	0.1045	0.0115
住宿和餐饮	0.1257	0.0019	0.1848	0.0088	0.2253	0.0233
信息传输、软件和信息技术服务	0.3198	-0.1123	0.4680	-0.1576	0.5803	-0.1848
金融	-0.1160	0.0046	-0.1669	0.0102	-0.2159	0.0219
房地产	0.0810	-0.0651	0.1164	-0.0920	0.1363	-0.1063
租赁和商务服务	-0.0735	0.0788	-0.1201	0.1295	-0.1685	0.1827
科学研究和技术服务	0.0204	0.0736	0.0389	0.1215	0.0432	0.1738
水利、环境和公共设施管理	0.6758	-0.0512	1.0410	-0.0730	1.3438	-0.0800
居民服务和其他服务	-0.0243	0.0544	-0.0405	0.0907	-0.0628	0.1305
教育	0.5765	-0.0689	0.8829	-0.1011	1.1387	-0.1225
卫生和社会服务	0.4576	0.1589	0.6902	0.2528	0.8782	0.3449
文化、娱乐和体育	0.4038	-0.0539	0.6161	-0.0766	0.7896	-0.0880
社会保障、公共管理和社会组织	1.0638	-0.0933	1.6319	-0.1383	2.1151	-0.1706
煤炭	-20.2977	6.0424	-29.7189	9.4978	-37.1173	12.6319

续表

产业部门	情景5 产出	情景5 价格	情景6 产出	情景6 价格	情景7 产出	情景7 价格
石油	-0.0754	0.2182	0.2871	0.1786	0.7641	0.0918
天然气	-2.2062	0.9516	-3.3056	1.4577	-4.1788	1.9000
火电	-0.3223	1.1272	-0.4494	1.7068	-0.5861	2.2680
水电	3.8819	-1.1253	6.1613	-1.7729	8.2188	-2.2976
风电	3.3739	-0.9021	5.2532	-1.3925	6.9723	-1.8021
核电及其他电力	5.9311	-2.4401	9.5045	-3.8274	12.3878	-4.8107

对于农林牧副渔产品和服务、住宿和餐饮等劳动密集型产业部门来说，征收碳税短期内产生的经济收缩会使要素市场价格发生变化，劳动力价格变得相对便宜，农业和传统的服务业部门会增加劳动力要素的投入，产出增加，受到能源要素价格上涨的影响，价格有所上涨。由于征收碳税在短期会对经济发展产生负效应，总需求下降，建筑业的产出有所减少，进一步导致木材加工和家具、租赁和商务服务等下游产业产出减少，经济收缩，房地产业价格有所下降。对煤炭、石油、天然气和燃气的需求量下降，导致对铁路运输、公路运输和管道运输的需求量下降，交通运输、仓储和邮政部门的价格有所下降。

不同情景下，政府将更多的碳税收入用于清洁电力部门的补贴，对于低碳能源生产部门来说，水电、风电和核电的生产成本有所下降，清洁电价有所下降，在化石能源价格不断上涨、产出下降的情况下，社会将增加对清洁电力部门的需求，水电、风电和核电生产部门低碳复合能源利用率提高，产出有所增加。

长期来看，不同情景下，到2030年各产业部门产出和价格如表9-4所示。不同产业部门的产出和价格对碳税征收的反应不同。在生产环节征收碳税时，煤炭碳排放系数最高，从价税率也最高，随着碳税征收力度的加大，煤炭产出大幅下降。情景7中，当碳税税率达到70元/吨时，煤炭产出将减少41.5548%，价格涨幅达到

13.7106%。天然气产出有所下降,价格有所上涨。与煤炭和天然气相比,征收碳税对石油产出和价格的影响较小,随着碳税税率的提升,政府增加对企业的补贴,石油的价格有所下降,产出有所增加,企业会减少对煤炭和天然气的消费,增加对石油的消费。火电部门发电以燃煤发电为主,受煤炭价格上涨的影响,火电价格有所增加,由于各种投入要素之间存在一定的替代效应,火电部门可以选择其他价格较低的能源以达到减少生产成本的目的,火电产出有所增加。

表9-4　　　　　　　　　2030年各产业部门产出和价格

产业部门	情景5 产出	情景5 价格	情景6 产出	情景6 价格	情景7 产出	情景7 价格
农林牧副渔产品	0.0609	0.0788	0.4016	-0.1518	0.6898	-0.3430
金属矿采选产品	-1.2969	0.6206	-1.1272	0.1702	-1.0154	-0.1945
非金属矿和其他矿采选产品	-0.9044	0.5835	-0.6863	0.2048	-0.4840	-0.1105
食品和烟草	0.0476	0.1198	0.5001	-0.2909	0.8866	-0.6419
纺织品	0.3027	0.1950	0.6055	-0.1700	0.8613	-0.4776
纺织服装鞋帽皮革羽绒及其制品	0.2368	0.0679	0.6347	-0.3511	0.9794	-0.7090
木材加工和家具	-0.6606	0.2761	-0.3930	-0.1598	-0.1470	-0.5321
造纸印刷和文教体育用品	-0.0012	0.4116	0.5723	-0.0224	1.0640	-0.3921
化学产品	-0.4014	0.7344	-0.0501	0.4302	0.2390	0.1811
非金属矿物制品	-0.7448	1.1710	-0.3780	1.0248	-0.0702	0.9114
金属冶炼和压延加工品	-1.2385	1.5572	-1.0861	1.5653	-0.9672	1.5888
金属制品	-0.8758	0.8009	-0.5810	0.4649	-0.3247	0.1888
通用设备	-0.7231	0.5679	-0.2926	0.1263	0.0742	-0.2462
专用设备	-0.4162	0.4138	0.0292	-0.0225	0.4171	-0.3923
交通运输设备	-0.2500	0.4067	0.3846	-0.1018	0.9298	-0.5352
电气机械和器材	0.0627	0.5715	0.8958	0.1286	1.5772	-0.2399
通信设备、计算机和其他电子设备	3.0024	-0.3682	4.6090	-1.0822	5.9731	-1.6853
仪器仪表	1.0090	0.0744	2.3433	-0.5583	3.4414	-1.0886
其他制造产品	-0.2750	0.4591	0.2038	0.0811	0.6169	-0.2373

续表

产业部门	情景5 产出	情景5 价格	情景6 产出	情景6 价格	情景7 产出	情景7 价格
废弃资源和废旧材料回收加工品	-0.8722	0.3929	-0.4982	-0.3247	-0.1780	-0.9525
金属制品、机械和设备修理服务	-0.0565	0.4683	0.6874	0.1040	1.2869	-0.1944
水的生产和供应	0.0442	-0.1026	0.8344	-0.9620	1.5009	-1.6669
建筑	-0.3913	0.5314	0.1474	0.1683	0.6034	-0.1355
批发和零售	0.0182	-0.0171	0.6517	-0.6839	1.2030	-1.2633
交通运输、仓储和邮政	0.0020	0.0662	0.6519	-0.5967	1.2110	-1.1571
住宿和餐饮	0.0795	0.0614	0.7190	-0.4653	1.2711	-0.9174
信息传输、软件和信息技术服务	0.3240	-0.0694	1.2408	-0.8603	2.0371	-1.5425
金融	-0.1917	0.0658	0.4354	-0.5892	0.9844	-1.1591
房地产	0.0394	-0.0049	0.8670	-0.8934	1.5926	-1.6674
租赁和商务服务	-0.1437	0.1421	0.3921	-0.2819	0.8620	-0.6452
科学研究和技术服务	-0.0366	0.1420	0.6470	-0.3889	1.2350	-0.8443
水利、环境和公共设施管理	0.7204	0.0084	1.7689	-0.6467	2.6651	-1.2020
居民服务和其他服务	-0.0937	0.1106	0.4567	-0.3135	0.9332	-0.6772
教育	0.6144	-0.0364	1.4416	-0.5267	2.1553	-0.9505
卫生和社会服务	0.4611	0.2366	1.2309	-0.1602	1.8870	-0.4966
文化、娱乐和体育	0.4086	-0.0069	1.2137	-0.5801	1.9107	-1.0744
社会保障、公共管理和社会组织	1.1987	-0.0711	2.1841	-0.5067	3.0290	-0.8804
煤炭	-23.5519	7.2769	-33.7869	10.6797	-41.5548	13.7106
石油	-0.3925	0.4355	-0.2049	-0.0679	0.0187	-0.5102
天然气	-2.5708	1.2014	-3.4053	1.1057	-3.9122	0.9996
火电	-0.5691	1.5640	0.3114	1.2001	0.9568	1.0688
水电	5.0437	-1.2671	9.8862	-3.2873	14.2514	-4.8662
风电	4.2664	-1.0008	7.5596	-2.4884	10.6895	-3.7262
核电及其他电力	5.6208	-1.9135	12.1608	-5.0203	16.6873	-6.8614

对于水电、风电、核电和其他电力部门来说，获得政府更多的补贴，并提高低碳复合能源生产效率，清洁能源部门的产出随着低碳能源生产效率的不断提升而增加，价格随着低碳复合能源生产效率提升而不断下降。由于化石能源价格提高后，社会对价格相对较低的低碳能源需求逐渐扩大，低碳清洁能源（如水电、风电和核电及其他电力）的替代效应逐步增强。

征收碳税将直接导致化石能源价格上升，生产成本增加，对于金属矿采矿产品、非金属矿和其他矿采矿产品、化学产品、非金属矿物制品、金属冶炼和压延加工品、金属制品、通用和专用设备制造、交通运输设备制造、其他制造业等化石能源消耗量大，碳排放强度较高的产业部门来说，受碳税征收的影响较大，从时间上看，这些部门的价格逐渐上升，产出不断下降。

征收碳税将会对要素市场的价格产生影响，化石能源要素价格提高，资本和劳动价格下降，批发和零售、住宿和餐饮、租赁和商务服务等传统服务业以及金融、科学研究和技术服务等现代服务业部门将获得更多的成本优势，产出不断增加，价格有所下降。

由于上下游产业部门存在联动效应，不同情景下，农林牧副渔产品和服务产业部门产出增加、价格有所下降，导致下游食品和烟草产业部门产出增加，价格下降。木材加工和家具以及造纸印刷和文教体育用品产业部门产出上升，价格下降主要是由于其上游产业——林业部门产出和价格发生变动。由于征收碳税长期并未对经济产生较强的负面影响，建筑业产出有所增加，导致其下游产业，如房地产、租赁和商务服务等产业部门产出有所增加，价格有所下降。纺织品和纺织服装鞋帽皮革羽绒及其制品的产出和价格基本保持同比例变动。

对于电气机械和器材、仪器仪表以及通信设备、计算机和其他电子设备来说，这些部门为出口导向型产业，出口份额较大，长期来看，实际汇率有所下降，总出口增加，这些部门的产出有所增加，价格发生小幅度下降。

三 能源消费影响分析

清洁电力生产部门获得更多补贴并提高低碳能源利用率对各类能源消费短期产生的影响如图9-7至图9-8所示。总体来说，征收碳税导致煤炭、焦炭、石油、天然气和燃气等高碳能源价格升高，高碳能源短期消费减少，低碳能源价格相对便宜，对低碳能源的消费量增加。

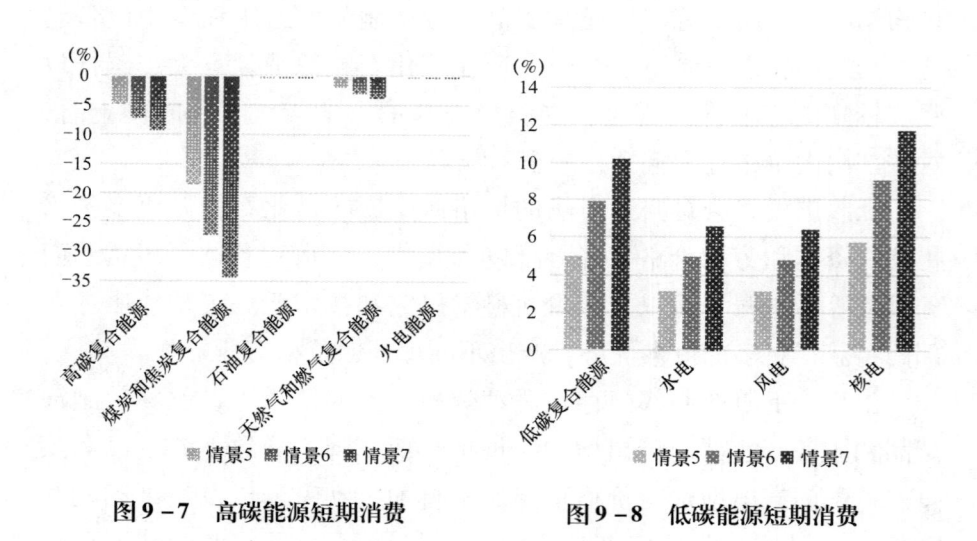

图9-7 高碳能源短期消费

图9-8 低碳能源短期消费

煤炭和焦炭作为含碳量最高的化石能源，煤炭和焦炭复合能源消费受到的冲击最为严重，并且随着碳税税率的不断提升，煤炭和焦炭复合能源消费总量大幅下降。受到煤炭价格上涨的影响，火电价格虽然有所上升，但对火电能源的消费量并未产生明显的影响。征收碳税时，天然气和燃气复合能源消费量有所减少。与煤炭相比，石油的产出和价格在受到碳税冲击时并未发生明显的变动，对石油复合能源的消费量短期内并未发生明显的变化。

与高碳能源相比，征收碳税时，政府增加了对水电、风电和核电等清洁电力部门的补贴，清洁电力部门低碳能源生产效率有所提升，产出增加，价格下降，短期内对各种低碳能源的消费量增加，特别是增加对核电的消费量。

不同情景下，提升清洁电力部门低碳能源利用率对能源消费产生的长期影响如图 9-9 至图 9-16 所示。总体来看，征收碳税时，高碳能源价格上涨，政府虽增加了对企业的补贴，但社会将减少对高碳能源的需求、增加低碳能源消费，低碳能源对高碳能源的替代效应增强。煤炭和焦炭作为含碳量最高的化石能源，碳排放系数最高，其碳税税率也最高，随着碳税税率的不断提升，煤炭和焦炭复合能源的消耗量大幅下降，天然气和燃气复合能源消耗量下降幅度较小。当碳税税率达到 70 元/吨时，政府增加对各产业部门的补贴，与其他化石能源相比，石油产出和价格受碳税影响较小，各产业部门将增加对石油的需求以替代煤炭和焦炭的消费，对石油复合能源的消费量有所上涨，在情景 5 和情景 6 中，对石油复合能源的消费量有所减少。中国火电生产部门仍以燃煤发电为主，由于煤炭价格大幅上涨，火电价格也有所提高，但由于火电在最终使用环节并未产生碳排放，火电价格比其他化石能源价格便宜，火电的消费量随着碳税税率的提升而不断增加。

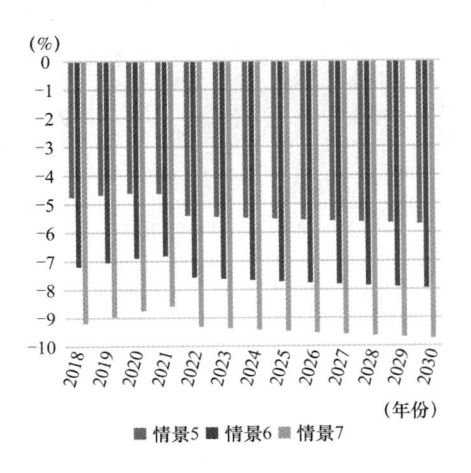

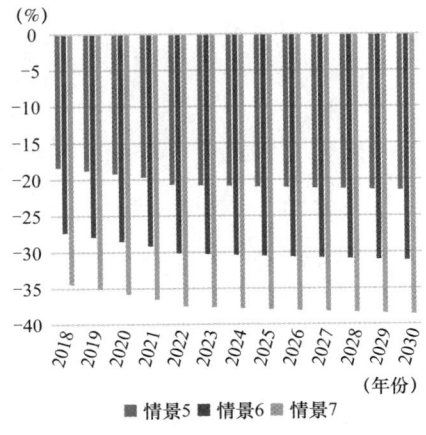

图 9-9　高碳复合能源消耗量　　图 9-10　煤炭和焦炭复合能源消耗量

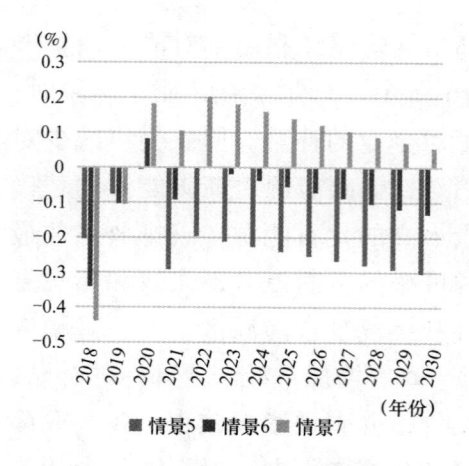

图 9–11　石油复合能源消耗量

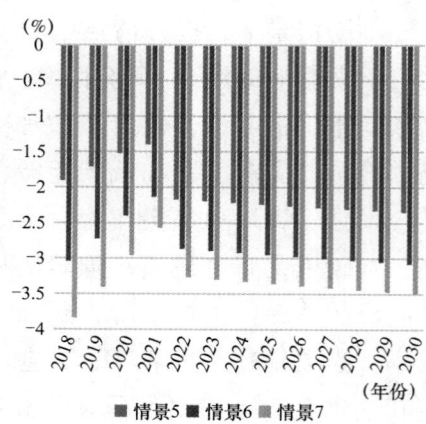

图 9–12　天然气和燃气复合能源消耗量

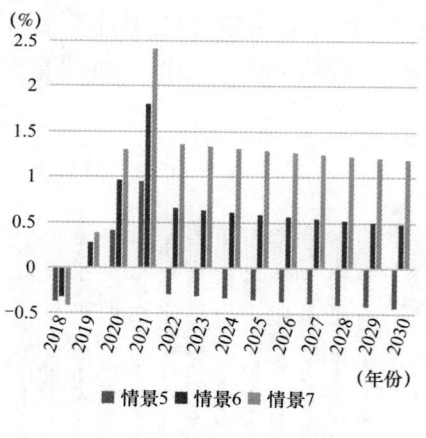

图 9–13　火电消耗量

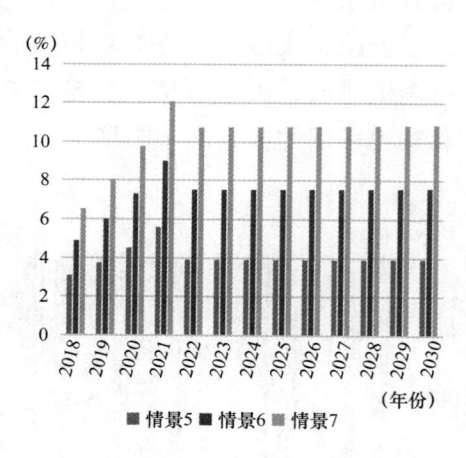

图 9–14　水电消耗量

图 9-15　风电消耗量　　　　　图 9-16　核电消耗量

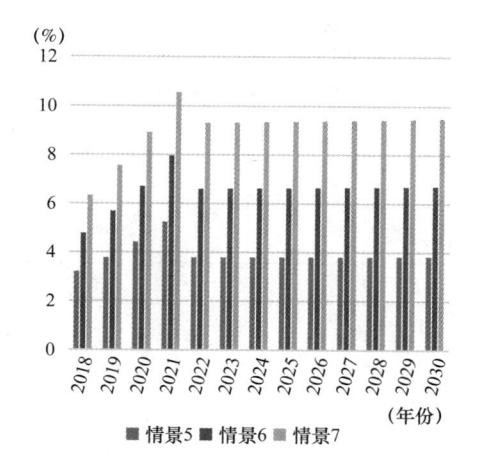

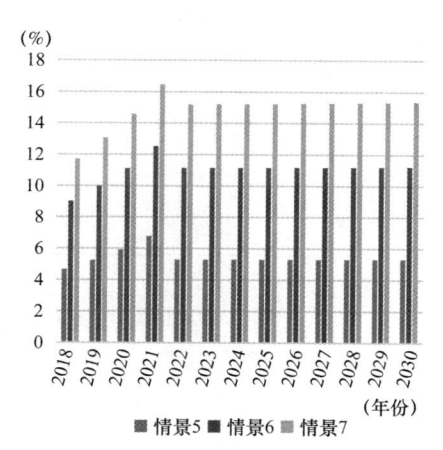

政府收入主要来自税收，征收碳税会增加政府收入，政府将这一部分增加的碳税收入用于增加对企业的补贴，特别是增加对水电、风电和核电等清洁电力部门的补贴，鼓励清洁电力部门发展，使水电、风电和核电部门有更多的资金用于研发投入。提高低碳能源利用率，清洁电力供应量不断增加，清洁电力价格有所下降，导致社会对于水电、风电和核电的需求量逐渐增加，清洁电力对高碳化石能源的替代效应增强。清洁电力的消费量随着碳税税率的提升而不断增加。

四　碳减排效果分析

短期产生的碳减排效果如表 9-5 所示。整体来看，不同情景下，短期碳减排效果显著。短期内，随着碳税征收力度的不断加大，煤炭、石油、天然气等主要化石能源的价格上涨，各产业部门生产成本增加，为控制成本、提高利润空间、减轻碳税征收对企业生产造成的冲击，各部门将不同程度地减少对煤炭、石油和天然气等化石能源的消耗。政府将部分碳税收入用来增加对企业的补贴，特别是对水电、风电、核电和其他电力部门的补贴，低碳能源利用率提升,清洁电力产出不断增加,各产业部门将增加对清洁电力的消费,各部门碳排放强度下降,进而导致总碳排放强度下降,最终实现二氧化碳排放总量下降。

表9-5　　　　　　　　　短期碳减排效果　　　　　　　　（单位:%）

		情景5	情景6	情景7
	二氧化碳排放总量	-16.1623	-23.9114	-30.1112
	总碳排放强度	-15.8682	-23.5054	-29.6225
产业部门碳排放强度	农林牧副渔产品	-9.3194	-13.9179	-17.6302
	金属矿采选产品	-9.6091	-14.3535	-18.2164
	非金属矿和其他矿采选产品	-10.5129	-15.7021	-19.9294
	食品和烟草	-13.5518	-20.2874	-25.7934
	纺织品	-13.8634	-20.7480	-26.3691
	纺织服装鞋帽皮革羽绒及其制品	-12.8723	-19.2367	-24.4182
	木材加工和家具	-11.3229	-16.9034	-21.4351
	造纸印刷和文教体育用品	-13.2418	-19.8621	-25.2986
	化学产品	-11.6765	-17.4812	-22.2367
	非金属矿物制品	-12.4252	-18.6585	-23.7964
	金属冶炼和压延加工品	-12.5557	-18.8900	-24.1300
	金属制品	-12.2033	-18.2107	-23.0816
	通用设备	-10.0921	-15.0702	-19.1131
	专用设备	-11.0264	-16.4605	-20.8706
	交通运输设备	-6.7335	-10.0803	-12.8087
	电气机械和器材	-10.6625	-15.9214	-20.1893
	通信设备、计算机和其他电子设备	-2.4534	-3.7507	-4.8360
	仪器仪表	-6.4490	-9.6591	-12.2790
	其他制造产品	-13.2339	-19.7961	-25.1525
	废弃资源和废旧材料回收加工品	-11.9346	-17.8324	-22.6353
	金属制品、机械和设备修理服务	-10.2916	-15.3685	-19.4958
	水的生产和供应	-2.4934	-3.8698	-5.0461
	建筑	-7.0266	-10.5076	-13.3429
	批发和零售	-5.0240	-7.5513	-9.6150

续表

		情景5	情景6	情景7
产业部门碳排放强度	交通运输、仓储和邮政	-1.8422	-2.8126	-3.6343
	住宿和餐饮	-11.7300	-17.5037	-22.1757
	信息传输、软件和信息技术服务	-1.3231	-2.0825	-2.7305
	金融	-3.9205	-5.9045	-7.5353
	房地产	-5.1759	-7.7757	-9.8973
	租赁和商务服务	-3.8018	-5.6962	-7.2627
	科学研究和技术服务	-5.9320	-8.8706	-11.2745
	水利、环境和公共设施管理	-6.7770	-10.1478	-12.8877
	居民服务和其他服务	-11.2123	-16.7359	-21.2117
	教育	-11.0648	-16.5274	-20.9685
	卫生和社会服务	-14.3969	-21.4907	-27.2378
	文化、娱乐和体育	-8.8736	-13.2572	-16.8104
	社会保障、公共管理和社会组织	-9.7521	-14.5630	-18.4665
	煤炭	-13.0382	-19.5765	-24.9726
	石油	-4.3473	-6.4937	-8.2547
	天然气	-8.0629	-12.0305	-15.2655
	火电	-14.6413	-21.8999	-27.7901

对火电部门来说，煤炭在碳税的影响下，价格不断上涨，为降低生产成本，火电生产部门将主动寻找价格更为低廉、碳排放更少的清洁能源。火电部门的碳排放强度随着碳税征收力度和低碳复合能源全要素生产率的提高而不断下降，三种情景中，火电部门碳排放强度下降的幅度分别达到14.6413%、21.8999%和27.7901%。

对于金属矿采选产品、非金属矿和其他矿采选产品等采矿业金属冶炼和压延加工品和金属制品、非金属矿物制品等化石能源消耗量较大的装备制造业来说，化石能源价格上涨，生产成本增加，促使企业将政府增加的补贴用于研发投入、改进生产技术、提高化石能源的生产效率，或者积极寻求更为清洁和便宜的清洁能源，最终导致部门碳排放强度不断下降。

对农林牧副渔产品和服务业等产业部门来说，清洁电力部门低碳复合能源生产效率提升，清洁电力产量增加，价格下降，对清洁电力的消费增加，碳排放强度下降。

长期来看，不同情景下碳减排效果如表9-6所示。总体来看，随着碳税征收力度和政府对清洁能源生产部门补贴力度的不断增强，二氧化碳减排总量和总碳排放强度下降幅度超过了征收单一碳税的情景，所有产业部门碳排放强度均发生不同程度的下降。从时间上来看，二氧化碳排放总量、总碳排放强度以及各部门碳排放强度逐渐下降，碳减排效果与短期相比更为显著。

表9-6　　　　　　　　　2030年碳减排效果　　　　　　　　（单位：%）

		情景5	情景6	情景7
	二氧化碳减排总量	-18.9272	-27.3904	-33.9429
	总碳排放强度	-18.7160	-27.3559	-34.1591
产业部门碳排放强度	农林牧副渔产品	-11.2601	-16.4216	-20.4573
	金属矿采选产品	-11.5536	-16.7655	-20.8349
	非金属矿和其他矿采选产品	-12.5613	-18.2563	-22.7197
	食品和烟草	-15.8902	-23.2447	-29.0788
	纺织品	-16.2493	-23.7748	-29.7424
	纺织服装鞋帽皮革羽绒及其制品	-15.2008	-22.1895	-27.7053
	木材加工和家具	-13.5097	-19.6698	-24.5042
	造纸印刷和文教体育用品	-15.4956	-22.6862	-28.4082
	化学产品	-13.7831	-20.0791	-25.0464
	非金属矿物制品	-14.5418	-21.2703	-26.6265
	金属冶炼和压延加工品	-14.6615	-21.4887	-26.9476
	金属制品	-14.5004	-21.1244	-26.3251
	通用设备	-12.1289	-17.6366	-21.9463
	专用设备	-13.1899	-19.2112	-23.9367
	交通运输设备	-8.2329	-11.9421	-14.8261
	电气机械和器材	-12.7787	-18.5962	-23.1533

第九章 碳税政策模拟Ⅲ：碳税与科技创新

续表

		情景5	情景6	情景7
产业部门碳排强度	通信设备、计算机和其他电子设备	-3.0245	-4.3947	-5.4528
	仪器仪表	-7.8937	-11.4494	-14.2137
	其他制造产品	-15.5556	-22.7200	-28.3873
	废弃资源和废旧材料回收加工品	-14.1477	-20.5821	-25.6336
	金属制品、机械和设备修理服务	-12.3487	-17.9779	-22.3957
	水的生产和供应	-3.0257	-4.5619	-5.8370
	建筑	-8.5683	-12.4195	-15.4116
	批发和零售	-6.1713	-8.9525	-11.1028
	交通运输、仓储和邮政	-2.1847	-3.0230	-3.5963
	住宿和餐饮	-13.9643	-20.3406	-25.3357
	信息传输、软件和信息技术服务	-1.5384	-2.2225	-2.7264
	金融	-4.8091	-6.9224	-8.5315
	房地产	-6.3418	-9.1691	-11.3404
	租赁和商务服务	-4.6547	-6.6207	-8.0971
	科学研究和技术服务	-7.2443	-10.4229	-12.8622
	水利、环境和公共设施管理	-8.2681	-11.9993	-14.8941
	居民服务和其他服务	-13.3955	-19.5244	-24.3338
	教育	-13.1946	-19.2161	-23.9441
	卫生和社会服务	-16.8869	-24.6763	-30.8166
	文化、娱乐和体育	-10.7407	-15.6253	-19.4392
	社会保障、公共管理和社会组织	-11.7416	-17.0945	-21.2870
	煤炭	-15.2199	-22.2812	-27.9199
	石油	-5.2207	-7.3982	-9.0139
	天然气	-9.7189	-13.9834	-17.2644
	火电	-17.0755	-24.9542	-31.1620

在生产环节征收碳税对高碳能源生产部门，如煤炭、天然气开采部门来说，受征收碳税的影响，煤炭和天然气的价格上升，社会需求减少，产出下降，煤炭和天然气生产部门碳排放强度大幅下降。由于各行业对石油的需求量较大，石油开采部门碳排放强度下降幅

度小于煤炭和天然气开采部门。从时间上来看，火电生产部门碳排放强度下降幅度会随着碳税税率和低碳复合能源生产效率的提高而增加。

不同情景下，实施碳税政策的同时，增加政府对企业的补贴，促进科技进步，提高低碳复合能源生产效率，清洁电力部门产出大幅增加，各产业部门将更多地投入低碳能源以替代化石能源消耗，各产业部门碳排放强度不断下降。特别是金属矿采选产品、非金属矿和其他矿采选产品、化学产品、金属冶炼和压延加工品等高耗能、高排放的产业部门将更多地使用清洁能源以替代化石能源，同时通过增加研发投入，加强技术改进和科技创新，促使这些部门碳排放强度大幅下降。电气机械和器材，通信设备、计算机和其他电子设备，仪器仪表等出口导向型高技术产业部门碳排放强度随着碳税税率和低碳复合能源生产效率的提高而不断下降。从长期来看，农林牧副渔产品和服务以及批发和零售、住宿和餐饮、房地产、租赁和商务服务等传统服务业碳排放强度不断下降。金融，信息传输、软件和信息技术服务，科学研究和技术服务等生产性服务业碳排放强度也有所下降。

各产业部门碳排放强度均有所下降，进而使总碳排放强度下降，二氧化碳排放总量逐渐减少，逐步实现经济绿色、低碳、可持续发展。

五　产业结构分析

受清洁电力部门低碳能源利用率提高的影响，短期内对三大产业增加值以及产业结构产生的影响如表9-7所示。征收碳税直接导致化石能源价格提升，对第二产业的影响最大，特别是能源密集型的采矿业和工业制造业，随着碳税税率的不断提升，第二产业实际产出有所下降，第二产业名义增加值下降。与其他要素相比，征收碳税时劳动力要素价格变得便宜，征收碳税使农产品、服务业等劳动密集型产业获得成本优势,第一产业和第三产业的产出增加,名义增加值有所上升。

表 9-7　　　　　　　　　短期产业结构变化　　　　　　　（单位:%）

	情景 5	情景 6	情景 7
第一产业名义增加值	0.1067	0.1532	0.1887
第二产业名义增加值	-0.3919	-0.5817	-0.7322
第三产业名义增加值	0.1514	0.2310	0.2969
第一产业增加值（不变价）占比	7.6396	7.6507	7.6600
第二产业增加值（不变价）占比	37.7873	37.6644	37.5615
第三产业增加值（不变价）占比	54.5731	54.6849	54.7785

短期内,三大产业在国民经济中的比重并未发生明显的变化,受碳税征收的冲击,第二产业增加值（不变价）占比有所下降,第三产业增加值（不变价）占比有所提升,第三产业占国民经济的比重较大,处于国民经济中的主体地位。第一产业主要以农业为主,征收碳税使得要素市场价格发生变化,劳动力要素价格相对较低,农业生产将增加劳动力要素投入,第一产业在国民经济中的占比有所提升。

长期内,三大产业实际增加值和三大产业在国民经济中的占比如图 9-17 至图 9-22 所示。总体来看,随着碳税税率的提升,政府加大对清洁电力部门的扶持力度,清洁电力部门提高低碳复合能源使用效率,第一产业和第三产业实际增加值有所上升,第二产业实际增加值下降幅度有所减小。征收较高水平的碳税时,一方面会迫使能源密集型工业企业减少能源消耗,主动寻求价格相对较低的清洁能源,随着清洁电力部门低碳能源利用率不断提升,清洁电力产出不断增加,能够更好地满足生产需要,工业企业成本费用逐渐减少,利润有所增加;另一方面会倒逼企业增加科研投入,淘汰落后产能,改进生产技术,提升生产效率和能源生产效率,加快实现产业升级转型。因此,第二产业实际增加值下降幅度有所减弱。

第一产业和第三产业受碳税征收的影响较小。碳税征收会导致要素市场上各种要素价格发生变化,劳动力要素价格变得相对便宜,资本要素价格不断下降,更多的资本和劳动力会流向第三产业,导致第三产业在国民经济中的比重不断增加。随着清洁能源产出不断增加,第二产业在国民经济中的比重在经历了短暂上升后逐渐趋于稳定,第一产业在国民经济中的比重有所下降。

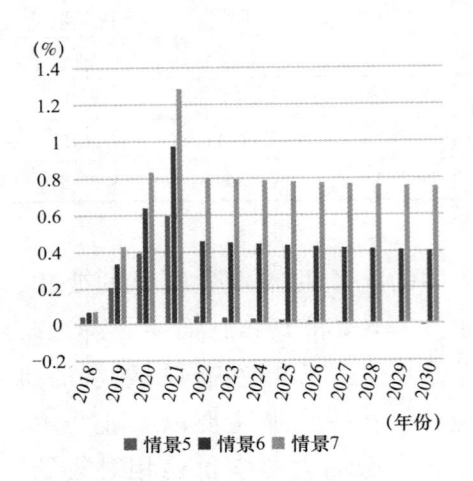

图 9-17 第一产业实际增加值

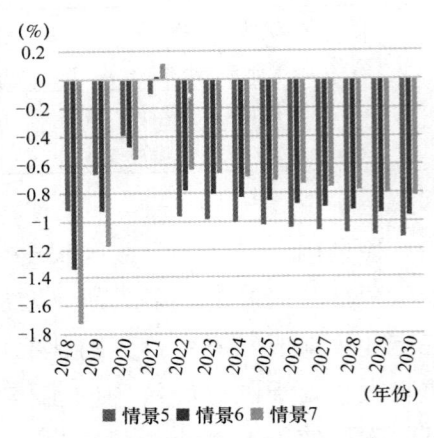

图 9-18 第二产业实际增加值

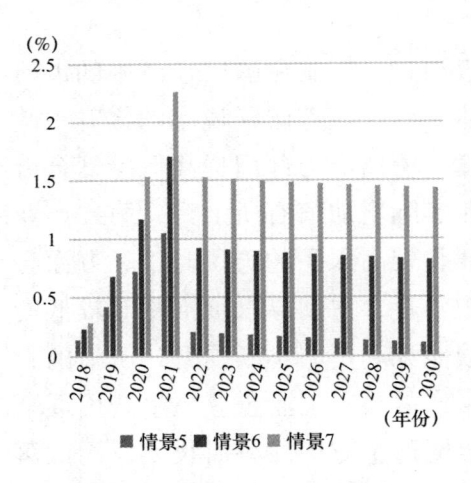

图 9-19 第三产业名义增加值

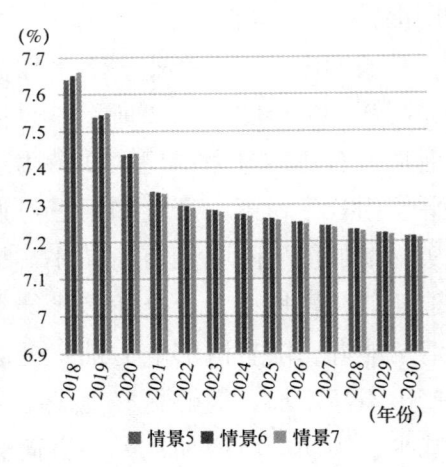

图 9-20 第一产业增加值（不变价）占比

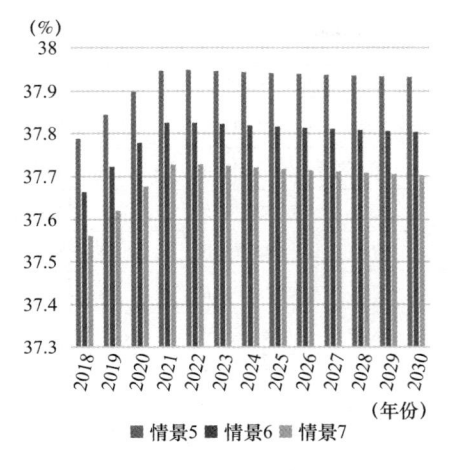

图 9-21　第二产业增加值（不变价）占比

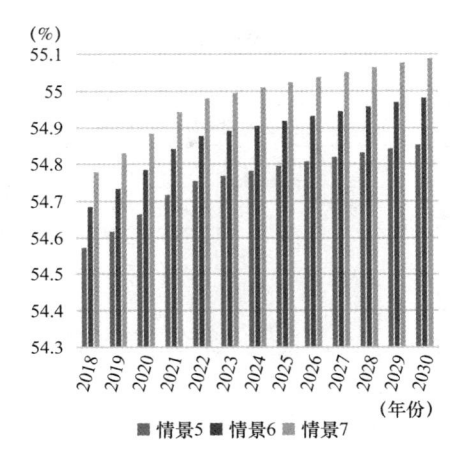

图 9-22　第三产业增加值（不变价）占比

六　能源结构分析

短期内，征收碳税时增加对清洁电力部门的补贴，并提高清洁电力部门能源使用效率对石化能源机构和能源电力结构产生的影响如表 9-8 所示。对于煤炭、石油和天然气等主要石化能源来说，煤炭作为含碳量最高的化石能源，受碳税征收的影响最大，随着碳税税率的提升，煤炭产出下降，价格大幅提升，对煤炭的消耗量减少，导致煤炭在石化能源中的占比逐渐下降。由于石油供应受碳税的影响较小，更多的企业在生产时选择增加石油的消耗，使得石油在石化能源中的占比不断增加。天然气在石化能源中的占比有所提升。

受征收碳税、煤炭价格上涨的影响，火电价格有所提高，火电在能源电力结构中占比发生小幅度下降。水电、风电、核电生产部门在征收碳税时获得了更多的政府补贴，有更多的资金可用于研发投入，但由于技术改进需要在较长的时间内进行，短期内增加对清洁电力部门的补贴、提升低碳能源使用效率时，水电、风电和核电等清洁电力在能源结构中的占比变化幅度较小，并未对能源电力结构变化产生较为明显的效果。

198　碳税理论与政策模拟:基于动态碳税 CGE 模型

表 9-8　　　　　　　　　短期能源结构变化　　　　　　　　（单位:%）

	情景 5	情景 6	情景 7
煤炭在石化能源中的占比	27.9327	26.3131	24.9063
石油在石化能源中的占比	39.5045	40.4934	41.3394
天然气在石化能源中的占比	32.5629	33.1935	33.7543
火电占比	46.3717	46.1556	45.9706
水电占比	26.5717	26.6016	26.6411
风电占比	2.4987	2.5033	2.5084
核电占比	24.5579	24.7394	24.8799

长期内，不同情景下，石化能源结构如图 9-23 至图 9-25 所示。总体来看，征收碳税时，煤炭在石化能源中的占比有所减少，石油和天然气在石化能源中的占比有所提高。随着碳税征收力度的不断加大，煤炭在石化能源中的占比不断下降。这是由于煤炭作为含碳量最高的化石能源，受到碳税征收的影响，产出持续地大幅下降，价格显著提升，能源密集型产业部门长期内将减少煤炭的消耗，转而寻找替代能源。与煤炭相比，石油的产出和价格受到碳税征收的影响较小，各产业部门将转而增加对石油的消费，最终导致石油在石化能源中的占比不断提升，并成为主要的石化能源。天然气产出随着碳税税率的提升有所下降，但价格上涨幅度远小于煤炭，社会对于天然气的需求有所增加，天然气在石化能源中的占比有所提升。

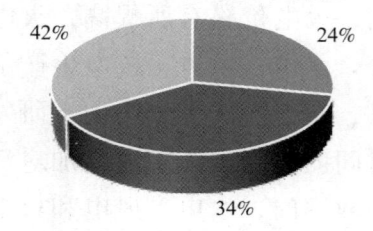

图 9-23　情景 5 石化能源结构 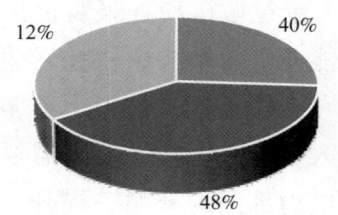　　　　图 9-24　情景 6 石化能源结构

第九章 碳税政策模拟Ⅲ：碳税与科技创新 199

- 煤炭在石化能源中的占比
- 石油在石化能源中的占比
- 天然气在石化能源中的占比

14% 75%

11%

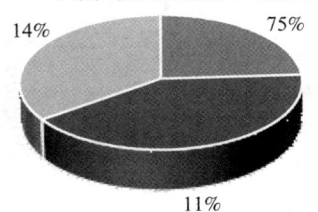

图9-25 情景7 石化能源结构

  长期内，不同情景下，能源电力结构如图9-26至图9-28所示。总体来看，政府将碳税收入更多地用来扶持清洁能源生产部门，水电、风电和核电生产部门低碳复合能源利用率提升，与征收单一碳税时相比，火电在能源电力结构中的占比明显下降，水电、风电和核电等清洁电力在能源电力结构中的占比总和将超过火电。政府征收碳税时，一方面抑制了对煤炭、石油、天然气等高碳化石能源的消耗；另一方面将增加的碳税收入更多地用于对企业的转移支付，特别是增加对水电、风电和核电等清洁电力部门的补贴，鼓励发展清洁电力，使水电、风电和核电部门能够有更多的资金用于研发投入，不断对发电设备和技术进行改造升级，提高对低碳复合能源的使用效率，使清洁电力发电量不断增加，发电成本有所减少，最终导致社会对清洁电力的消耗总量超过火电，能源电力结构发生改变。

  清洁电力中，主要是水电和核电，风电占比较小。与水电站和核电站相比，风电站对地理位置、气候条件和技术水平的要求更高。与陆上风电场相比，海上风力资源稳定、风量充足、能够较好地实现就地或就近消纳，所以海上风电将是中国发展风电的主力，但海上风电建设困难大、风机吊装精度要求严格、资本和技术要素投入大，发展速度不及水电和核电，风电在能源电力结构中的占比也远小于水电和核电。

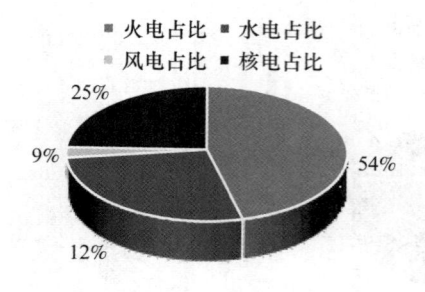

图 9-26 情景 5 能源电力结构

图 9-27 情景 6 能源电力结构

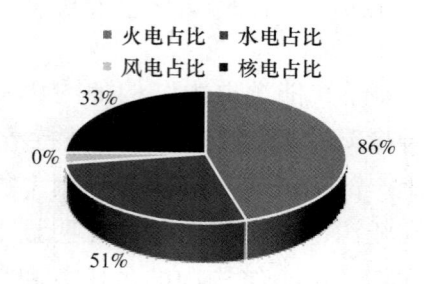

图 9-28 情景 7 能源电力结构

七 税收结构分析

短期内，不同情景下，主要税种征收情况如表 9-9 所示。短期内，由于征收碳税，化石能源价格上涨，能源消耗量较多的产业部门生产成本增加，产品价格提高，此时国外产品价格不变，采矿业出口减少，关税总额下降。建筑业产出减少，对木材和家具的需求减少，木材加工和家具产业部门的产出减少，进出口减少导致关税总额下降。居民消费主要是农产品和服务的消费，居民消费减少，对国内外农产品和服务的需求都会减少，农林牧副渔产品和服务业以及服务业关税总额下降。

企业生产成本提高，提润空间被挤压，企业所得税总额减少，居民收入增加，导致居民所得税总额有所提升。由于社会消费减少，消费税总额下降，增值税、营业税等间接税收入减少。征收碳税会迫使企业减少化石能源消耗，进而减少污染物的排放，环境税和资源税总额大幅下降。

表9-9　　　　　　　　短期税收结构变化　　　　　　（单位:%）

		情景5	情景6	情景7
关税	农林牧副渔产品	-0.0652	-0.1055	-0.1450
	金属矿采选产品	-0.3794	-0.6086	-0.8120
	非金属矿和其他矿采选产品	-0.1070	-0.1219	-0.1085
	食品和烟草	-0.0532	-0.0791	-0.1035
	纺织品	0.2766	0.4188	0.5432
	纺织服装鞋帽皮革羽绒及其制品	-0.1949	-0.2770	-0.3430
	木材加工和家具	-0.4403	-0.6477	-0.8140
	造纸印刷和文教体育用品	0.3775	0.5902	0.7786
	化学产品	0.6221	0.9582	1.2570
	非金属矿物制品	1.0404	1.6176	2.1338
	金属冶炼和压延加工品	1.3546	2.0971	2.7582
	金属制品	0.3099	0.4946	0.6707
	通用设备	0.0574	0.1084	0.1633
	专用设备	0.0180	0.0422	0.0722
	交通运输设备	0.1563	0.2537	0.3441
	电气机械和器材	0.7477	1.1583	1.5154
	通信设备、计算机和其他电子设备	0.9063	1.2839	1.5693
	仪器仪表	0.5025	0.8023	1.0629
	其他制造产品	0.2380	0.3891	0.5302
	废弃资源和废旧材料回收加工品	-0.4138	-0.6324	-0.8258
	金属制品、机械和设备修理服务	0.4697	0.7750	1.0550
	水的生产和供应	-0.4536	-0.6989	-0.9004
	建筑	0.2394	0.3818	0.5124
	批发和零售	-0.3849	-0.5869	-0.7658
	交通运输、仓储和邮政	-0.2734	-0.4104	-0.5220
	住宿和餐饮	-0.1247	-0.1865	-0.2422

续表

		情景5	情景6	情景7
关税	信息传输、软件和信息技术服务	−0.1527	−0.2278	−0.2933
	金融	−0.3496	−0.5176	−0.6622
	房地产	0.0000	0.0000	0.0000
	租赁和商务服务	−0.1793	−0.2640	−0.3356
	科学研究和技术服务	−0.0854	−0.1057	−0.1219
	水利、环境和公共设施管理	0.3321	0.5242	0.6916
	居民服务和其他服务	−0.1686	−0.2465	−0.3140
	教育	0.2026	0.3180	0.4127
	卫生和社会服务	0.5160	0.7983	1.0425
	文化、娱乐和体育	0.0470	0.0813	0.1084
	社会保障、公共管理和社会组织	0.6408	0.9904	1.2879
	煤炭	−9.9716	−15.2666	−19.7759
	石油	0.0214	−0.0710	−0.1812
	天然气	−0.6707	−0.9769	−1.1745
营业税总额		−0.0402	−0.0571	−0.0697
耕地占用税总额		0.1598	0.2732	0.3846
经营性房产税总额		0.0328	0.0519	0.0706
契税总额		0.2381	0.3659	0.4750
环境保护税总额		−1.1640	−1.6859	−2.0809
国内消费税总额		−0.4891	−0.6272	−0.6880
土地增值税总额		0.0562	0.0853	0.1087
企业所得税总额		−0.0301	−0.0526	−0.0685
居民所得税总额		0.0194	0.0302	0.0399
城镇土地使用税总额		−0.2088	−0.2992	−0.3645
其他间接税总额		0.1081	0.1699	0.2282
资源税总额		−7.2024	−10.6392	−13.3832
印花税总额		−0.0296	−0.0393	−0.0457
车辆购置税总额		0.8111	1.2471	1.6229
城市维护建设税总额		−0.2229	−0.3085	−0.3642
增值税总额		−0.3486	−0.5171	−0.6529
车船税总额		−0.0351	−0.0403	−0.0429

税收结构长期受征收碳税和加强科技创新的影响结果如图9-29至图9-31所示。长期来看，由于清洁电力部门低碳复合能源生产效率提升，清洁电力产出增加，化石能源价格受到碳税的冲击而不断提升，各产业部门和居民增加对清洁电力的需求，对化石能源的需求不断减少，从时间来看，资源税总额不断下降，并且随着碳税征收力度的不断加大，清洁电力部门能源生产效率不断提高，资源税总额下降幅度不断扩大。减少化石能源的消费，导致环境污染物排放减少，环境税总额不断下降。

长期内，为减少生产成本，各产业部门将主动使用清洁能源替代化石能源，国内产品价格有所下降，进出口贸易得到改善，关税总额有所增加。但企业为应对征收碳税带来的冲击，投入增加，收入减少，企业所得税总额下降，营业税、增值税、消费税等间接税收入减少。

对居民来说，居民收入主要包括资本收入、劳动收入和政府转移支付，征收碳税时，居民劳动收入不变、资本收入有所下降，但政府增加了对居民的转移支付，居民收入有所提高，居民所得税征收总额有所增加。虽然居民收入提高，但更多收入被用于储蓄，居民消费减少，消费税征收总额下降。

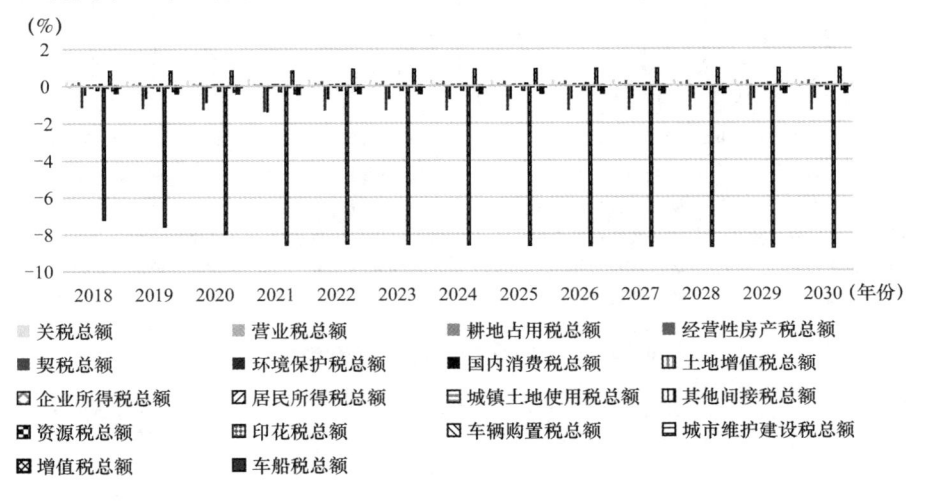

图9-29　情景5税收结构变化情况

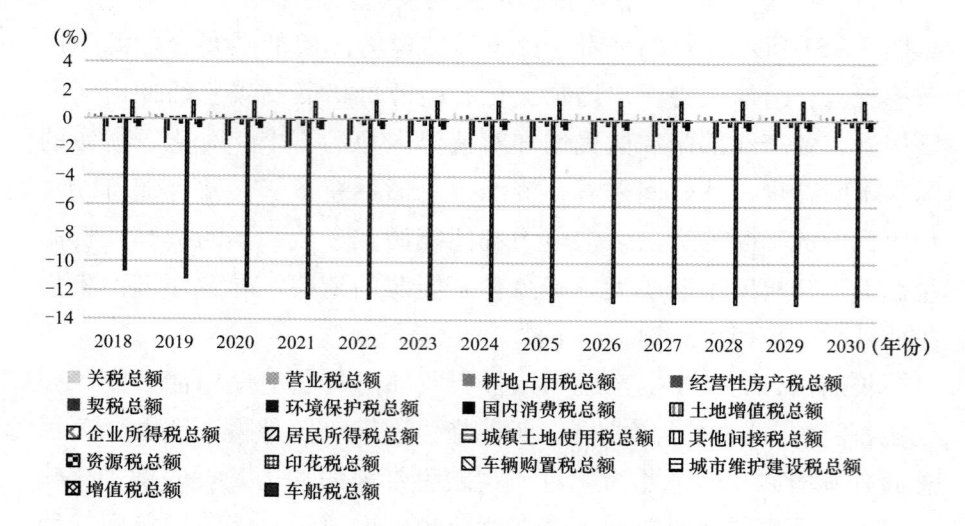

图 9-30　情景 6 税收结构变化情况

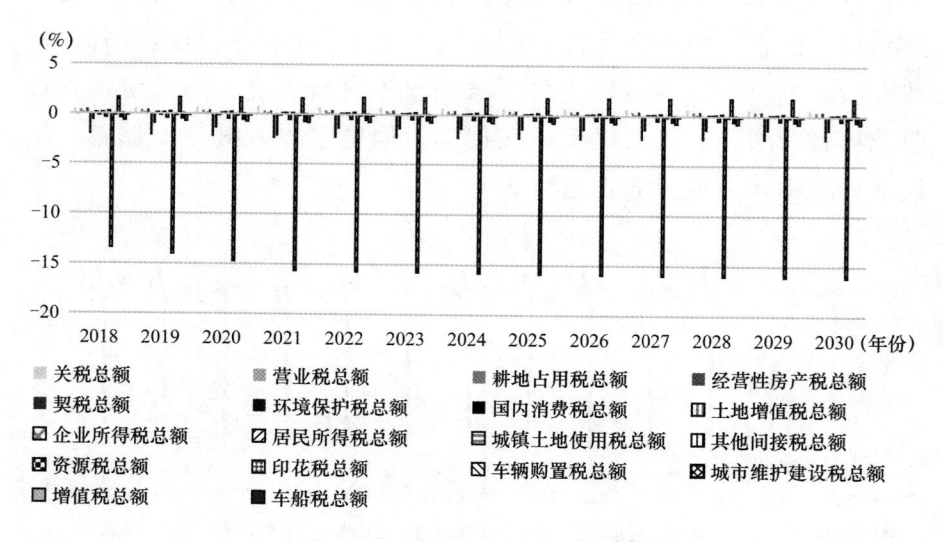

图 9-31　情景 7 税收结构变化情况

第三节　主要研究结论

本章通过建立中国碳税静态与动态 CGE 模型，对征收碳税时增加政府对企业的补贴，特别是增加清洁电力生产部门的补贴，加强科技进步，提高清洁电力部门低碳复合能源生产效率的不同政策组合情景进行模拟，并对不同情景产生的政策效果进行分析，现得出以下研究结论。

（1）征收碳税的同时，加强科技创新对经济发展产生的短期影响和长期影响不同。短期内，征收碳税会对经济发展产生负面效应，但长期来看，加强科技创新会改善进出口贸易，随着企业创新能力的不断提升，实际 GDP 有所上升，社会福利得到改善。但征收碳税将导致总的资本收入下降，最终引起名义 GDP 下降。

（2）碳税政策与鼓励科技创新的政策同时实施对不同产业部门产出和价格的影响不同。农业和服务业等部门由于要素市场价格变动将获得成本优势，产出增加。能源密集型工业制造业由于碳税征收，化石能源价格上升，产出减少，价格有所增加。一部分产业部门的产出会受到上游产业产出和价格变化的影响，如房地产、租赁和商务服务、木材加工和家具等产业部门受建筑业产出和价格影响较大。

（3）政府将碳税收入更多地用于鼓励清洁电力生产部门进行创新时碳减排效果显著。长期来看，各部门碳排放强度均有所下降，总碳排放强度下降。化石能源消耗量减少，清洁能源生产效率提高，对化石能源的替代效应不断增强，二氧化碳排放量大幅减少。

（4）受到碳税征收和加强科技创新的影响，第三产业在国民经济中的主体地位逐渐增强。第二产业受化石能源价格上涨、成本增加等因素的影响在国民经济中的比重逐渐下降，第一产业在国民经济中的比重也逐渐下降。

（5）征收碳税同时加强科技创新将改变以火电为主的能源电力结构，对石化能源结构影响较小。清洁电力部门获得更多的财政补贴，有更多的资金用于科技研发，提高低碳复合能源的使用效率，清洁电发电成本降低，发电量增加，清洁电价格下降，社会增加对清洁电力的需求，减少火电需求，清洁电力逐渐占据电力市场主体地位。对石化能源结构来说，征收碳税导致煤炭在石化能源中的占比减少，各产业部门将增加对石油和天然气的消耗。

（6）征收碳税同时加强科技创新会影响税收结构。随着化石能源消耗量的减少，资源税和环境税总额逐渐减少，增值税、营业税、消费税、城市建设维护税等间接税总额减少。企业由于生产成本增加，收入减少，导致企业所得税总额有所下降。由于政府增加转移支付，居民收入增加，居民所得税收入增加。

总体而言，本章通过建立中国碳税静态和动态 CGE 模型，模拟了不同碳税政策、增加政府对企业的转移支付、加强企业科技创新等多种政策组合情景下，对宏观经济各变量、产业部门的产出和价格、产生的碳减排效果、产业结构、能源结构和税收结构产生的影响并进行分析，结果表明：征收碳税并加强科技创新时，水电、风电、核电和其他电力等清洁电力产出大幅增加，生产成本下降，逐渐成为价格便宜的"绿电"，社会增加对清洁电力的需求，减少化石能源消费，产业部门碳排放强度、总碳排放强度和二氧化碳排放量逐渐降低，碳减排效果显著，清洁电力替代效应增强，长期将改变以火电为主的能源电力结构。此外，长期来看，征收碳税同时加强科技创新会促进经济发展、改善社会福利。

第十章

中国工业碳达峰碳中和的路径研究

第一节 研究背景与意义

一 研究背景

（一）应对气候变化的全球共识

由于二氧化碳等温室气体的排放而引起气候变化已成为人类社会永续发展的重大挑战。联合国政府间气候变化专门委员会（IPCC）在第六次评估报告中指出：2011—2020年全球平均温升达到1.09℃，自工业革命以来，人类活动是造成气候变化的主要原因，全球气温持续升高将对陆地、淡水、沿海和远洋生态系统造成不可逆转的破坏。世界气象组织在《2021年全球气候状况》报告中表明，2021年温室气体浓度创下新的纪录，全球平均气温与工业化前相比提升1.11℃。气候变化不仅会带来物种灭绝、海水酸化、冰川消融等生态问题，也会带来洪涝、干旱、飓风、极寒和异常热浪等极端天气，更会造成疾病蔓延、粮食减产等问题威胁国家安全。

共同应对气候变化已成为全球共识，也需要全世界各个国家、地区和组织共同努力。1992年《联合国气候变化框架公约》根据共同但有区别的责任原则，提出了发达国家应更多地承担碳减排的责任；2003年，在《我们未来的能源——创建低碳经济》白皮书中，首次提出了"低碳经济"的概念；为应对气候变化带来的威胁和挑战,《京都议定书》于 2005 年 2 月 6 日正式生效,将减少温室气体排放首次以法规的形式确定下来;2016 年,由全世界 178 个缔约方签订《巴黎气候变化协定》,其目标是将全球平均温度上升较工业化水平前相比控制在 2℃,并努力将温度上升幅度限制在 1.5℃以内。

(二) 能源是经济社会发展的基础要素

能源种类丰富,能够满足人类生产生活的需要,是社会经济发展不可或缺的关键元素。蒸汽机推开了工业化的大门,也使得煤炭大量投入于社会生产,源源不断地为工业大生产提供动力。19 世纪,电的发明使人类进入电气时代,电机的发明和应用使煤炭转化为电能输送到千家万户,与此同时,对煤炭的消耗量也明显增加。宾夕法尼亚州第一口油井的钻成为现代石油工业的开端,汽油、柴油的出现以及汽车行业的发展,使石油消费量逐渐超过煤炭,成为工业时代主要的能源。石油也被用于发电、化纤、塑料等石油化工用品,进入了人们的日常生活。汽车工业的发展,进一步推动了煤层气的开发和利用,天然气也成为保障社会生产和生活的重要化石能源。

煤、石油、天然气等化石能源不断为工业发展"输血"的同时,人类社会带来了更多的环境危机。煤、石油、天然气等高碳能源的消耗是二氧化碳等温室气体排放的主要来源,化石能源作为不可再生能源,长期来看,大量的开采也将面临供给危机。减少煤炭、石油、天然气等高碳化石能源的消耗,大力开发太阳能、风能、水利、生物质能、海洋能等可再生清洁能源,增强清洁能源的生产效率,提高清洁能源的替代效应是保证能源安全、满足社会生产生活能源需要、实现经济绿色发展的必行之路。

(三) 中国面临的减排压力和应承担的减排责任

中国正面临来自国际和国内双重减排压力。从国际上来看,中国作为世界上最大的发展中国家,也是世界上第二大经济体,经济发展成果举世瞩目，但中国也是世界上能源消耗量和碳排放量最高的国家，一些发达国家以气候变化为借口试图钳制中国经济的发展，迫使中国必须实现碳减排的目标。从国内环境来看，以化石能源消耗为主的粗放型经济发展方式短期内确实带来了经济效益，但是由此造成的资源浪费、环境污染、能源短缺等问题愈演愈烈。因此中国必须加快转型脚步，走资源节约型、环境友好型的可持续发展之路，减少化石能源的消耗，降低单位 GDP 二氧化碳排放强度和二氧化碳排放总量。

作为全球气候变化的敏感区和影响显著区，1951—2020 年，中国地表气温升温速率达到 0.26℃/10 年，升温速率超过了全球升温平均速率，极端降水事件呈增多趋势，1991—2020 年，中国气候风险指数平均值为 6.8，较 1961—1990 年平均值上升了 58%。应对气候变化，中国作为一个负责任的大国，不仅出台了一系列政策法规促进低碳能源发展，鼓励推广清洁生产技术，提高化石能源的利用效率，降低单位 GDP 能耗，也积极承担减排责任，提出力争在 2030 年前实现碳达峰，并努力争取 2060 年实现碳中和的目标。

（四）工业行业低碳发展

工业是国民经济的命脉，是实现建设社会主义现代化强国的重要基础，对推动经济持续健康发展发挥着不可替代的作用。中国正处于工业化、城镇化快速发展的阶段，对各种能源的需求量不断增加，工业基础设施建设需要大量投入钢铁、水泥等高能耗品。"十三五"时期，中国工业占全国 GDP 的比例为 33%。同时，工业碳排放也是中国碳排放的主要来源之一。中国的工业能源消费总量一直处于增长趋势，"十三五"时期，中国工业能源消费总量占全国能源消费总量的 65%。

在快速工业化进程中，中国政府制定了一系列政策与措施，积极构建绿色低碳的工业体系，大力提升工业能效水平，有效减缓了中国工业碳排放增长的速度。"十四五"时期，对工业发展做出了新的规划，2025年单位工业增加值二氧化碳排放降低18%，规模以上工业单位能耗降低13.9%，工业绿色转型成效显著，为2030年碳达峰的实现奠定基础。减少化石能源的消耗、提高能源利用效率、推进节能减排、产业结构和生产方式绿色转型有利于提升中国工业的竞争力，减少工业碳排放。

二 研究意义

目前，中国的工业结构中仍存在大量的高能耗、高排放产业部门，如石油加工、炼焦及核燃料加工业、化学原料及化学产品制品制造业、非金属矿物制品业、黑色金属冶炼和压延加工业、有色金属冶炼及压延加工业、电力、热力的生产和供应等。研究高耗能工业部门碳达峰、碳中和路径有助于中国工业实现碳达峰、碳中和，既是进一步确保中国碳达峰目标顺利实现，也是确保中国在碳达峰后顺利实现碳中和的重要因素，具有较高的理论价值和较强的现实意义。

第二节 文献综述

一 相关研究内容综述

（一）工业部门碳排放及其影响因素

杨顺顺（2015）通过修正的投入产出模型和双比例平衡法对中国23个工业部门碳排放进行测算，结果表明，中国能耗碳排放中超过84%的部门来自工业部门，而且绝大部分工业部门引致的碳排放超过了直接排放。张根能等（2016）基于投入产出模型，定量分析了陕西省工业品隐含碳排放情况，结果表明，石油化工业、煤炭开采业、金属制品业、非金属制品业及计算机设备制造业五个工业部门隐含碳排放较高，并具有较高的行业集中度。柴麒敏等（2017）基于自下而上的部门和行业综合评估模型（SIAM）对"十二五"时期，工业、能源、建筑、交通等重点领域低碳发展和电力、钢铁、建材、化工等重点工业行业碳排放管理绩效进行评估，结果表明，总体来看，工业部门的能源消费与碳排放趋于稳定，但重点工业行业碳排放呈现不同的趋势。柳君波等（2022）采用电力行业点—流模型从用电侧刻画出2018年电力行业全周期碳足迹。

对于工业部门碳排放的影响因素方面，高文静等（2018）运用门槛回归模型对工业化、城镇化和工业碳生产率三者的关系进行分析，结果表明，随着工业化水平的不断提高，对工业碳生产率的抑制作用也在加强。王少剑等（2021）研究发现，广东省工业碳排放受到经济规模、产业结构和技术强度的综合影响。黄海燕等（2021）研究表明，工业智能化对有效降低碳排放强度效果显著。贺勇等（2021）基于STIRPAT模型和面板回归模型对工业研发投入对不同阶段、不同行业类别产生的效应进行分析，结果表明：增加工业研发投入对促进碳减排存在正向效应，当前工业碳排放增长的主要推动因素之一是劳动力规模。田华征、马丽（2020）研究发现：对于技术密集型工业部门来说技术性碳减排效应显著，而对于初级加工部门来说结构性碳减排效应显著，金属冶炼及制品、电力、燃气、水的生产和供应部门的碳减排效应不明显。

（二）工业部门碳达峰、碳中和时间预测

清华大学牵头的"中国长期低碳发展战略与转型路径研究"（2020）研究，发现在2℃目标情景下，与中国工业化石燃料燃烧相关的二氧化碳排放约在2025年前后达峰，峰值约52亿吨；在1.5℃等更为严苛的气候目标下，则要求中国工业碳排放在2020年后开始以6%左右的速度迅速下降；到2050年，工业仍将约有8亿吨碳排放。Zhang等（2022）构建的China-TIMES-MCA模型预测结果表明，到2050年中国工业部门与能源相关的二氧化碳排放量在所设定的

PEAK20、PEAK25、PEAK30 情景①下，将分别下降到 4 亿—17 亿吨、3 亿—15 亿吨和 3 亿—11 亿吨，其中工业过程碳排放相较 2020 年将减少 72%—91%，仍将有 1 亿吨左右的碳排放。张希良等（2022）采用中国—全球能源经济模型（China-in-Global Energy Model，C-GEM），预测中国工业二氧化碳排放在 2025—2030 年前后达峰，峰值相对 2020 年水平上升 3 亿吨。余碧莹等（2021）采用国家能源技术经济模型（C3IAM/NET）预测，发现在能源系统大力减排并大规模部署 CCS 的情景中，2020—2060 年工业直接累计的二氧化碳排放占比约为全国的 35%，钢铁、化工行业是其中主要的减排领域。Duan 等（2021）集合了 IMAGE、POLES、REMIND、GCAM、IPAC 等模型的研究结果，认为在 1.5℃目标下，工业仍将是未来最大的碳排放贡献部门，在无政策情景下到 2030 年中国工业碳排放占全国能源相关碳排放的 48.7%—75.2%。上述研究均表明，在中国未来的碳达峰碳中和发展路径上，工业仍将是最为重要的减排领域之一。

（三）工业部门低碳转型路径研究

刘俊伶等（2019）通过构建包含工业模块的能源系统模型 PECE-LIU2017 对中国工业部门中长期低碳发展转型路径进行研究，发现当碳减排潜力充分释放，能源效率有效提升，工业部门将有望在 2020 年实现碳达峰。张翼、杜涛（2020）从雁阵式发展的视角出发，对中国高质量工业低碳发展路径内在逻辑进行分析，并通过实证分析发现，高质量工业低碳发展需要低碳工业化和能源低碳转型的双轮驱动，而电力行业的低碳发展更需要地区协同。汪鹏等（2021）通过构建粤港澳大湾区动态 CGE 模型，对气电、非化石电力和零煤电三种情景下电力行业低碳转型路径进行评估。

---

① PEAK20、PEAK25、PEAK30 分别指在 2020 年、2025 年、2030 年采取有力度的减排措施来实现碳中和等目标。

(四) 工业部门碳达峰、碳中和路径实现

有关工业实现碳达峰、碳中和的路径研究中，许多研究从能源转型与生产技术的角度提出了解决方案。丁仲礼（2021）认为工业领域要在2030年前完成利用"煤＋氢＋电"取代煤炭工艺过程的大部分研发和示范；在2040年前要全面推广用"煤/石油/天然气＋氢＋电"取代煤炭的工艺过程，并在技术成熟领域推广无碳新工艺；2050年前工业领域的低碳化改造基本完成；力争到2060年留出15亿吨左右的二氧化碳排放空间，分配给水泥生产、化工、某些原材料生产和工业过程等"不得不排放"领域。Duan等（2021）认为通过产业结构调整、能源低碳转型和能源效率提升，中国工业碳排放可在2030—2050年下降50%，其中贡献最大的是能源效率提升与产业结构调整带来的能源需求量大幅度减少，其次则是使用清洁能源替代化石燃料。Jiang等（2021）利用IPAC模型重点评估了氢能在工业领域中的重要作用，认为到2050年氢基炼钢所占比例需达到49%，氢制甲醇、乙烯、氨等主要化工产品的比例需分别达到55%、50%、100%。综合来看，在工业行业中，以钢铁、建材、石化化工、有色金属为代表的重点工业行业间减排路径的选择存在较大的异质性。例如钢铁行业对煤基炼钢的高度依赖需要进行大规模的超低碳技术改进，转变能源结构，建立以电炉钢、氢能炼钢为主的钢铁产业（Ren等，2021；Li等，2020；Fan等，2021）；而建材行业大量的工业过程碳排放无法通过低碳能源转型来实现，则需要通过改变原料结构、行业联动、大力发展碳捕获、利用与封存等方式来降低碳排放（Zhang等，2021；Habert等，2020；Benhelal等，2021）。

二 相关研究方法综述

(一) 指数分解模型

指数分解法是目前学术界研究碳排放影响因素较为常见的方法，

较为常用的主要由拉式（Laspeyres）指数和迪式（Divisia）指数，其中迪式指数分为简单平均迪式指数（AMDI）和对数平均迪式指数（LMDI）。LMDI模型与其他指数模型相比，分解较为完全，不存在残差项，更多地应用于对国家、省份和行业层面的碳排放影响因素的研究。

武戈、谢钰思（2014）基于时间序列的LMDI模型对南京市工业碳排放驱动因素进行分解。佟新华等（2020）通过LMDI对中国工业燃烧能源碳排放的额影响因素进行分解，发现经济发展、产业结构和人口规模对中国工业碳排放产生了较大的贡献。邵帅等（2017）运用迪式指数分解法对1995—2014年中国制造业碳排放的影响因素进行分解。马晓君等（2019）基于迪式指数分解法对2000—2016年中国工业碳排放的驱动因素进行分解，并对工业碳排放的脱钩效应进行测算，结果表明，产出规模效应、技术进步效应和人均碳排放效应对工业碳排放的贡献显著，同时工业碳排放也呈现"未脱钩—弱脱钩—强脱钩"的阶段性特点。

He等（2022）通过LMDI模型对中国电力工业部门碳排放影响因素进行分解，结果表明，经济增长是电力部门碳排放的主要驱动因素，电力消耗强度、火力发电的能源强度和电力结构是电力部门碳排增长的主要抑制因素。Liu等（2021）基于C-D生产函数和LMDI模型对中国交通行业碳排放影响因素进行分解后发现：资本投入是影响中国交通行业碳排放最重要的因素，能源强度的影响次之，劳动力投入的影响最小。Zhang等（2021）基于LMDI模型对中国工业碳排放影响因素结果进行分解后发现：能源—资本比率和劳动技术比率是影响中国工业碳排放影响最大的两种因素，但不同地区工业碳排放影响因素具有差异性。

（二）STIRPAT模型

STIRPAT模型是基于IPAT模型扩展得到的，将人口、财富和技术等变量引入后形成的随机回归影响模型。STIRPAT模型被广泛应用于人口因素、技术水平等与碳排放的影响关系以及预测等方面的研究。

王勇等（2019）通过建立门限-STIRPAT模型对北京、上海、广州、深圳、天津和重庆6个超大城市碳达峰的影响因素进行分解，发现人口、人均GDP和能源强度对超大型城市碳达峰的影响因素较大，其中人口的影响最为显著，如果能源强度仅保持中等速率下降的话，这6座超大型城市均不能实现2030年实现碳达峰的目标。潘栋等（2021）在中国东部11省市1997—2017年面板数据的基础上，通过建立STIRPAT模型对不同情景下东部11省市是否能在2030年之前实现碳达峰进行预测，结果表明，北京、上海将率先实现碳达峰的目标，天津、辽宁、浙江、广东能够在2030年实现碳达峰，而河北、福建、山东和海南无法在2030年之前实现碳达峰。胡茂峰等（2022）通过构建扩展STIRPAT模型对湖北省交通运输行业碳达峰情况进行预测，结果表明，在"高—中—中"的情景下，即经济发展高水平、人口和城镇化水平保持中等增长，湖北省交通运输行业能够实现2030年实现碳达峰的目标。

Liu等（2018）运用扩展STIRPAT模型分析了在不同情景组合下中国碳达峰的实现情况，分析结果显示，较强的能源节约和碳税征收组合情景下，中国能够在2023年实现碳达峰；在较弱的能源节约和碳税征收组合的情景中，中国将于2025年实现碳达峰。Zhu等（2022）则基于STIRPAT模型对中国建筑业碳排放的影响因素进行分解。Zhao等（2022）运用STIRPAT模型对基准情景、低情景和高情景中各省份家庭碳排放达峰情况进行预测，结果表明，大部分省份的家庭排放能够实现2030年之前碳达峰的目标，广东、江苏、河南、河北、浙江和安徽是减少家庭碳排放的重点省份。

（三）系统动力学模型

系统动力学（System Dynamics，SD）是基于系统论发展起来的一种综合仿真模拟预测模型，是融合了系统论、控制论和信息论的一种方法。碳达峰、碳中和目标的实现是一个复杂的系统工程,其中包含能源、经济、环境、产业部门等多个子系统,SD 模型更适合将多个子系统结合起来,处理更为复杂系统的非线性和长期预测问题。

韩楠和罗新宇(2022)通过构建碳排放 SD 模型对京津冀碳达峰进行预测,结果表明,在协调发展情景下,通过多种调控政策组合,京津冀地区减排效果达到最优并且能够实现 2030 年前碳达峰的目标。王火根等(2022)则通过碳排放 SD 模型模拟中国碳减排的路径,发现在综合经济增速、能源结构和产业结构组合方案下,中国碳排放能够在 2024 年达到峰值并在 2058 年实现碳中和。相楠和徐峰(2022)通过系统仿真的方法模拟了北京市经济、能源与碳排放的演进规律,结果表明,在考虑电力外调的前提下,北京市能够在 2027 年实现碳达峰,之后可实现经济发展与碳排放完全脱钩。

Wang 等(2020)通过 SD 模型分析了不同情景下的北京市交通运输碳减排效果,结果表明,单一情景下,北京市交通运输行业难以实现 2030 年碳达峰的目标,但低碳交通政策组合是最有的减排路径。Huo 等(2021)建立 SD-LEAP 模型预测重庆市 2020—2050 年碳排放及碳达峰情况。Tian 等(2022)基于 SD 模型对新冠疫情冲击下中国能否实现碳达峰的目标进行预测,结果表明,尽管受到新冠疫情的影响,中国依然能够在 2030 年实现碳达峰,并且 2025 年非化石能源占比达到 20%。

(四)可计算一般均衡模型

可计算一般均衡模型以投入产出表或社会核算矩阵为基础,可通过建立方程组的形式,在各个经济部门之间建立数量关系,对不同政策实施产生的效果进行模拟分析。

鲁传一等(2021)基于动态可计算一般均衡模型对中国提前实现碳达峰的路径和产生的经济影响进行模拟,结果表明,随着碳达峰时间向前推移,碳税税率也会随之提高,宏观经济各变量下降幅度变大，第三产业占比上升。王勇等（2017）运用包含气候保护函数的七部门 CGE 模型对中国 2025 年、2030 年和 2035 年实现碳达峰而产生的经济影响进行模拟，结果表明，碳达峰时间越早对经济的影响越大，2030 年是碳达峰最佳时间点。

Hannum 等（2017）基于州际尺度的 CGE 模型预测了科罗拉多州未来的隐含碳成本。Kat 等（2018）用于 CGE 模型对多种情景下，土耳其能源部门的发展和巴黎协定目标的实现进行预测评估。Zhang 等（2022）基于动态可计算一般均衡模型研究发现混合减排政策与单一 ETS 情景相比，能更好地实现 2030 年碳达峰的目标，并且具有较低的经济成本。

（五）神经网络预测模型

由于经济社会的发展通常是非线性的，BP 神经网络模型基于神经网络算法具有非线性的映射能力，数据驱动自适应性强，不需要对模型进行假设，并行计算实现简便且能够以根据数据内部学习来的规律预测未来数据，因此被应用于预测碳排放量和碳排放强度。

仇国芳等（2019）基于 2005—2015 年陕西省碳排放数据建立 BP 神经网络模型对陕西省碳排放进行预测。胡建波等（2021、2022）BP-LSTM 模型对中国工业碳达峰时间进行预测，并对及其影响因素进行分解，结果表明，中国工业碳排放量将在 2026 年达到峰值，随后又基于 LSTM 神经网络模型和 ARIMA-BP 神经网络模型对中国碳排放强度变化情况进行预测，通过对比，发现两种预测方法下，到 2030 年，中国碳排放强度将分别达到 0.9237 吨/万元 GDP 和 0.9840 吨/万元 GDP，两种结果均通过稳健性检验。

Yin 等（2017）通过建立 BP 神经网络模型预测燃煤的含碳量，并计算燃煤锅炉一氧化碳排放量。Wen 等（2020）基于 1997—2017 年中国商业部门面板数据建立 RF-DPSO-BP 模型对中国商业部门碳排放进行预测，发现经过随机森林算法量化后的指标会提升预测精度而且混合预测模型对中国商务部门的碳排放预测效果更好。

综上所述，为了探索中国工业实现碳达峰、碳中和目标的可行性路径，本章首先构建全国工业及重点工业行业二氧化碳排放清单，解析工业及重点行业碳排放历史特征与发展现状；基于此，结合全国碳达峰与碳中和目标约束，协同中长期国民经济发展规划及对未来产业结构等宏观经济特征影响，综合能源结构、生产技术以及各类排放控制措施，对不同情景下全国各行业二氧化碳排放的发展趋势进行研判；既考虑到工业整体的发展趋势，又关注到各重点行业在碳达峰、碳中和目标下的不同特征，最终形成工业及重点行业碳达峰、碳中和发展路径，为国家制定工业低碳发展战略提供科学支撑。

第三节　工业碳排放现状、特征和国际比较

一　工业碳排放现状

工业是中国能源消耗和碳排放的主要领域之一。2005—2020年，工业碳排放呈现阶段性峰值和高位波动的态势。2020年，中国工业能源消耗总量达到32亿吨标准煤，占全社会总能源消耗的65.3%，碳排放为78亿吨，占全社会碳排放总量的73%。

工业碳排放由化石燃料燃烧、净购入使用的电力热力和工业生产过程碳排放三部分组成。其中，化石燃料燃烧是工业碳排放最主要的来源，约占工业碳排放总量的43.2%。中国化石燃料工业碳排放量自2013年达到38亿吨下后呈逐步下降趋势，2020年为33.7亿吨。化石燃料燃烧碳排放量占工业碳排放量的比重逐年下降，从2005年的52.2%下降至2020年的43.2%。

净购入使用电力热力产生的碳排放自2005年来以年均5.1%的速度增长，到2020年已达28.3亿吨，净购入使用电力热力产生的碳排放量占工业碳排放量的比重逐年上升，从2005年的30.6%上升

至 2020 年的 36.2%。

工业生产过程碳排放是指原材料在工业生产过程中除燃料燃烧外的物理或化学变化产生的二氧化碳排放。工业生产过程排放的核算范围包括钢铁、建材、石化、有色工业生产四个高耗能行业共计 20 种主要产品的工业生产过程排放。中国工业生产过程碳排放在 2005—2020 年保持相对稳定增长的态势，从 2005 年的 7.1 亿吨增长至 2020 年的 16.1 亿吨，占工业总排放量的 20.6%。

2005—2020 年中国经济快速发展，工业增加值持续增长。"十一五"至"十三五"时期，工业增加值增幅约为 260%。与此同时，单位工业增加值碳排放降幅明显，"十一五""十二五"和"十三五"时期单位工业增加值碳排放分别下降了 18.3%、21.6% 和 22.0%。2020 年较 2005 年单位工业增加值碳排放强度下降 50%，为提前实现中国承诺的全国单位 GDP 碳排放量 2020 年比 2005 年下降 40%—45% 的目标做出了显著贡献。未来，工业碳达峰行动在推动工业发展中将起到重要作用，使其成为下一阶段中国工业现代化转型的重要契机。

二 工业碳排放的特征

（一）空间分布特征

中国工业碳排放呈现明显的空间集聚特征和地区差异性，整体上呈现"西高东低、北高南低"的分布特征，西部地区呈现高工业碳强度和高工业碳排放的特征，东部地区则呈现低工业碳强度和低工业碳排放的特征。自"西部大开发战略"实施以来，"西气东输""西电东送"两项超级工程的成功落地，使西部地区的能源资源优势逐渐转化为经济优势，也缓解了东部地区、京津地区电力紧张的局面，同时"西电东送"工程也减少了中部和东部地区的能源消耗，特别是煤炭消耗，进而减少了二氧化碳排放量和碳排放强度。西部地区经济发展以能源密集型的重工业为主，特别是煤炭、石油、天然气等化石能源的开采部门,电力部门等,产生了大量的工业碳排放。而京津地区、东部地区经济发展水平较高、工业基础好,率先进行产业结构优化,将高能耗、高排放、低附加值的重工业部门向外转移,以发展高技术产业和现代服务业为主,能源消耗量低,二氧化碳排放量少,工业碳强度低。

(二)工业碳排放总体趋势

如表 10-1 所示,整体来看,中国工业碳排放总量呈逐年上升的趋势。中国正处于工业化晚期阶段,对煤炭、石油、天然气等化石能源的消耗较大,中国在工业化进程中也产生了大量的二氧化碳排放,工业碳排总量逐年上升,但增速逐渐放缓。随着工业转型发展步伐的加快,工业碳排放总量在全社会碳排放总量中的占比不断下降。

表 10-1　　　　　　　　工业碳排放总量

	2005 年	2010 年	2015 年	2016 年	2017 年	2018 年	2019 年	2020 年
全社会碳排放总量（亿吨二氧化碳）	58.01	84.44	100.15	100.42	102.16	104.78	106.76	107.39
工业碳排放总量（亿吨二氧化碳）	43.74	64.72	73.91	73.08	73.53	74.85	76.44	78.12
工业碳排放占比（%）	75.40	76.65	73.80	72.77	71.97	71.44	71.60	72.74

(三)环节和排放源特征

如表 10-2 所示,工业部门中以钢铁、建材、石化、有色金属为主的高耗能行业是最重要的碳排放源,其碳排放占工业碳排放总量的 75% 左右。2020 年钢铁、有色金属、石化和建材行业的碳排放总量分别为 22.57 亿吨二氧化碳、6.47 吨二氧化碳、13.85 亿吨二氧化碳、15.37 亿吨二氧化碳,分别占工业碳排放总量的 28.9%、

8.3%、17.7%和19.7%。

表 10-2 工业碳排放主要构成 （单位：亿吨二氧化碳）

	2005年	2010年	2015年	2016年	2017年	2018年	2019年	2020年
钢铁行业碳排放总量	10.81	17.75	19.95	19.78	19.78	20.43	21.32	22.57
有色金属行业碳排放总量	2.17	3.85	5.56	5.54	6.07	6.33	6.18	6.47
石化行业碳排放总量	7.33	9.90	13.04	12.83	13.23	13.71	14.18	13.85
建材行业碳排放总量	9.97	14.52	16.76	16.49	15.59	14.99	15.11	15.37

从化石燃料燃烧导致的碳排放来看，钢铁、有色金属、石化、建材四大高耗能行业的碳排放占工业碳排放总量的73.7%。钢铁行业是化石燃料燃烧最大的排放部门，钢铁行业占工业燃料燃烧碳排放总量的比重达50.3%。

从净购入使用电力热力产生的排放来看，四大高耗能行业占全部工业净购入使用电力热力产生碳排放的61.2%。石化、有色金属、钢铁行业的占比较高，分别为21.9%、18.0%和14.0%。

从工业生产过程碳排放来看，建材行业的生产过程排放较高，是主要的工业过程排放源，主要源于水泥、石灰和平板玻璃的生产，其碳排放量占全部工业生产过程碳排放的比重高达53.9%；石化、钢铁和有色金属行业次之，占比分别为31.6%、10.2%和4.4%。

三 工业碳排放国际比较

2021年全球能源燃烧和工业过程产生的碳排放达到363亿吨，比2020年上涨6%，随着经济复苏，煤炭的消耗量增加，煤炭的碳排放量在全球碳排放总量中的占比达到40%。从时间来看，全球能源燃烧和工业过程碳排放总量呈上升趋势，但增速逐渐放缓。1990—2020年全球工业碳排放强度表现出一定的波动性，2010年之后，全球工业碳排放强度逐渐下降，到2020年，工业碳排强度已降至 1990 年以下水平。

如图 10-3 所示，从全球能源燃烧和工业过程碳排放行业来源来看，2020 年贡献最多的是能源发电和供热部门，占全球碳排放总量的 43%，其次是交通运输业、制造业和建筑业以及其他行业，贡献率分别为 26%、17% 和 14%。

如图 10-4 所示，2020 年全球 30.70% 的碳排放来自中国，北美、欧洲、亚太（除了中国）和世界其他地区碳排放量全球占比分别为 16.60%、11.10%、20.30% 和 21.30%。

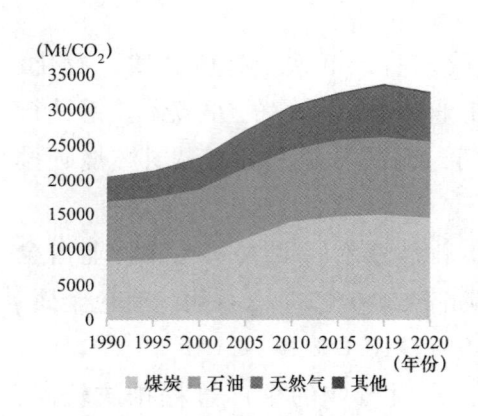

图 10-1 全球能源碳排放总量
资料来源：国际能源署。

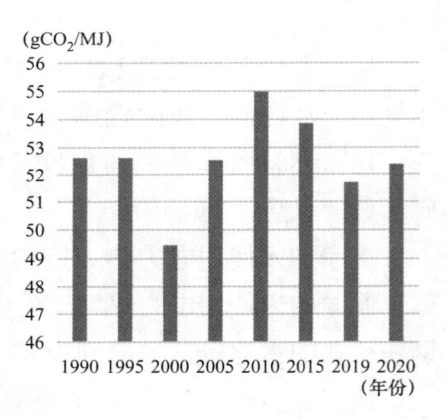

图 10-2 工业碳排放强度
资料来源：国际能源署。

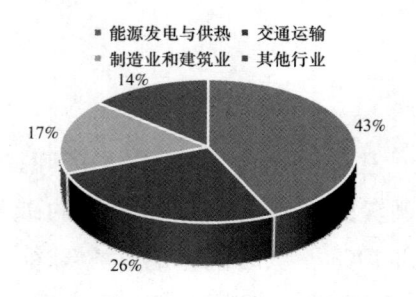

图 10-3 全球碳排放主要行业
资料来源：国际能源署。

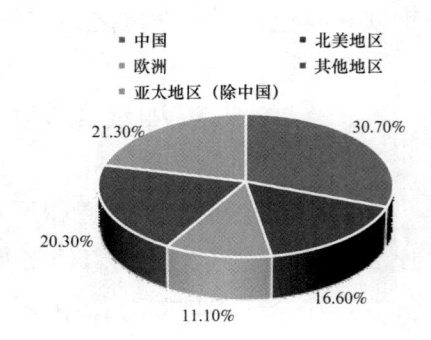

图 10-4 全球碳排放主要地区
资料来源：国际能源署。

中国和美国是全球二氧化碳排放主要来源国，但中美两国能源燃烧和工业过程碳排放总量变化趋势却呈现完全相反的状态。从时间上来看，中国碳排放总量呈现逐年上升的趋势，在全球碳排放总量中的占比也不断增加，而美国碳排放总量虽然在 2018 年有所增加，但大体上呈现逐渐下降的趋势，在全球碳排放总量中的占比也呈现逐渐减少的趋势。

中国工业化起步较晚，经济发展仍然需要大量煤炭等化石能源的消耗，2020 年中国是世界上少有的化石能源消费量增加的国家，化石能源大量投入工业生产，在推动中国工业化进程、促进经济发展的同时产生了大量的二氧化碳排放。美国作为发达国家，工业化程度高，工业技术水平处于世界领先地位，对化石能源的消耗逐渐减少，二氧化碳排放量随之下降。2019—2020 年，受新冠疫情的冲击，美国二氧化碳排放总量大幅下降，中国在及时有效的防疫政策下，工业部门快速恢复生产，二氧化碳排放总量仍有所增长。

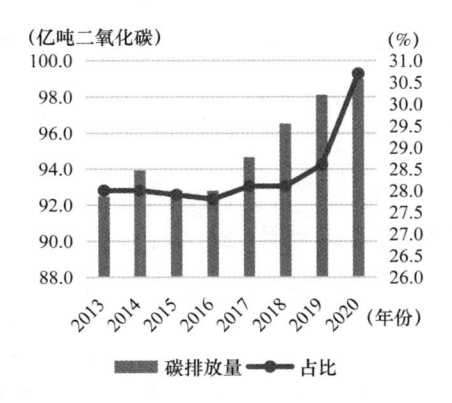

图 10-5　中国碳排放总量及全球占比

资料来源：BP 能源统计年鉴。

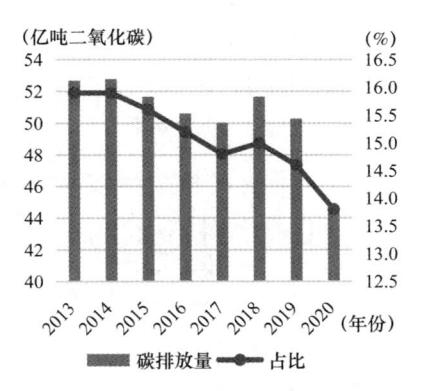

图 10-6　美国碳排放总量及全球占比

资料来源：BP 能源统计年鉴。

第四节 研究数据和方法

一 工业碳排放的数据核算

（一）工业碳排放核算范围

本章所采用的工业二氧化碳核算范围为范围一，即化石燃料燃烧产生的二氧化碳排放与工业生产过程产生的二氧化碳排放。根据《国民经济行业分类》（GB/T 4754—2017）分类，工业行业包括采矿业、制造业和电力、热力、燃气及水生产和供应业共3个门类，但在本章中不讨论电热能源供应部门，因此本章中工业包括采矿业与制造业两类，即从第06类（煤炭开采和洗选业）至第43类（金属制品、机械和设备修理业），共38个大类。工业重点行业包括四个主要行业：黑色金属冶炼和压延加工业（以下简称钢铁行业）；非金属矿物制品业（以下简称建材行业）；石油、煤炭及其他燃料加工业和化学原料和化学制品制造业（以下简称石化化工行业）与有色金属冶炼和压延加工业（以下简称有色金属行业）。

（二）工业碳排放的核算方法

工业化石燃料燃烧产生二氧化碳排放的计算公式为：

$$CE_{fossil\text{-}fuel} = \sum_i \sum_j CE_{ij} = \sum_i \sum_j AD_{ij} \times NCV_i \times CC_i \times O_{ij} \tag{10-1}$$

其中，CE_{ij}是工业部门j所消耗能源品种i所产生的二氧化碳排放，共包括了38个工业行业和17种化石燃料燃烧所产生的二氧化碳排放。AD_{ij}为化石燃料的消费量，数据来自《中国能源统计年鉴》。NCV_i为燃料热值，为单位物理量燃料i在氧气中充分燃烧所产生的热量；CC_i为碳含量，为化石燃料i每单位热值所产生的二氧化碳排放量；O_{ij}是化石燃料燃烧时的氧化率。

工业生产过程二氧化碳排放是指原材料在工业生产过程中除燃料燃烧之外的物理或化学变化造成的二氧化碳排放，等于各工业产品产量乘以该产品工业过程排放因子，如式（10-2）所示。

$$CE_{process} = \sum_{t} AD_t \times EF_t \qquad (10-2)$$

其中，AD_t 为工业产品 t 的产量，本章计算了 19 种工业品生产过程的二氧化碳排放①。各工业主要产品产量数据来自《中国统计年鉴》《中国工业统计年鉴》以及行业协会的统计。EF_t 为工业产品 t 的工业过程排放因子，石灰和电石的排放因子来源于《中国省级温室气体排放清单指南》，水泥、平板玻璃、铝、铅、锌、镁来自《2006 年 IPCC 国家温室气体清单指南》，其余过程排放因子来源于行业调研。

二 工业碳达峰、碳中和路径预测模型

本研究采用自上而下与自下而上相结合的方式，既对在"双碳"发展目标下工业及重点行业未来宏观发展趋势进行研判，又对各行业的技术路径及其对碳排放的影响深入分析。以社会经济平稳发展与全国低碳发展两个主要目标为约束，通过几个重要的宏观经济外生变量与不同减排目标下工业行业的生产技术转型路径为情景设定外生，通过宏观经济模块与工业技术路径模块间的反复迭代，最终形成在不同的经济发展与碳排放约束目标下工业及其重点行业的碳排放路径。中国工业二氧化碳排放预测模型框架如图 10-7 所示。

自上而下的宏观经济模块主要用于对全国及工业未来的增加值发展趋势研判。从经济系统建模理论出发，结合已经运行 30 多年的由中国社会科学院开发的中国宏观经济年度模型，通过耦合自下而上的技术路径模块，从而形成一个经济运行与碳排放预测相结合的

---

① 包括：钢材、水泥熟料、石灰、平板玻璃、甲醇、合成氨、炼油、煤制油、煤制气、乙烯、电石、烧碱、煤制乙二醇、轮胎、石化化工其他、铝、铅、锌、镁。

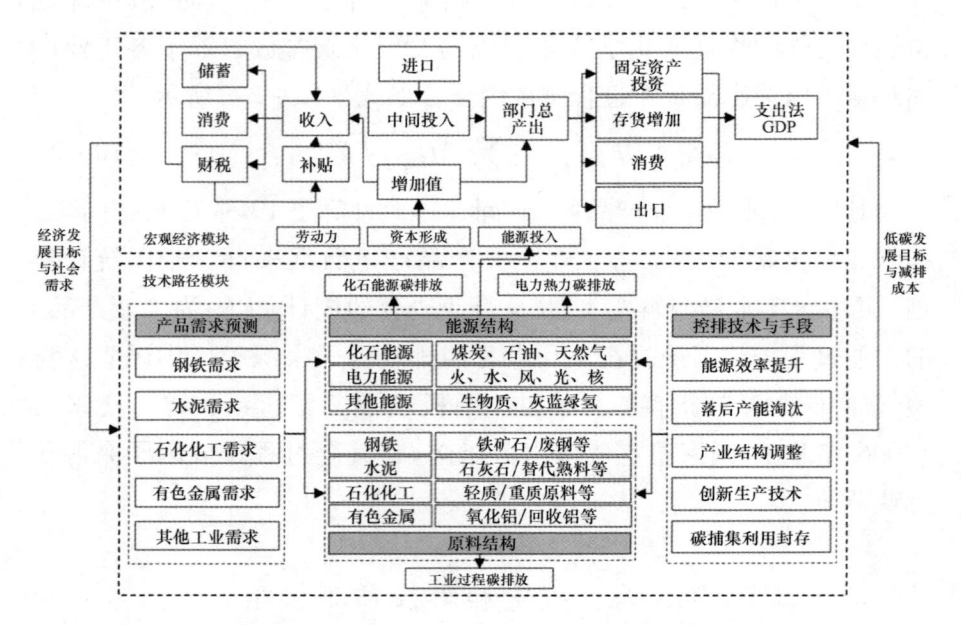

图 10-7 中国工业二氧化碳排放预测模型框架

系统模型。结合近十多年国际涌现出的新理论、新技术,如非线性协整技术、门栅理论、误差修正技术等对原年度模型进行修改、更新和扩充。细化人口模块,加强金融模块,从而进行中国经济主要经济变量预测。综合考虑生产、消费、收入、价格、投资、金融、贸易、财政、人口等经济变量间的相互联系,可测算不同情景下未来中长期全行业和各分行业的经济增速。自上而下的宏观经济系统模型由 186 个方程、201 个变量组成。

在自下而上的技术路径模块中,充分考虑了重点工业行业在不同减碳目标下可采用的技术类型,从可行性、成熟度、成本、效益等方面进行技术评估。一方面,行业技术路径模块深度耦合了自上而下的宏观经济模块,考虑了宏观经济因素对重点工业行业的需求与发展影响;另一方面,行业技术路径模块本身详细刻画了各行业用于满足社会经济平稳运行需求的生产技术细节,考虑了包括化石能源、电力能源等能源结构、原材料结构、能源效率提升、落后产能淘汰、创新技术应用等因素对碳排放的影响，建立起重点工业行业技术路径模块，测算未来各行业碳排放变化趋势。

（一）外生变量设定

该模型属于非线性联力方程模型系统，该模型的主要外生变量包括人口增长率、城镇化率、财政性教育经费占GDP的比率、研究与试验发展（R&D）经费投入强度、外商直接投资增长率、汇率六个外生变量，这些外生变量设定如下。

1. 人口增长率（*RPN*）

人口数量及其结构是反映一个国家或地区的经济发展、资源分配、社会保障等方面的重要指标。本章在中国历年育龄妇女生育率、各年龄段人口死亡率、新生儿性别比等统计数据基础上，假设各参数继续遵循其历史变化趋势，"十四五"时期人口增长达到高峰；"十五五"时期、2030—2040年、2041—2050年、2051—2060年，中国人口增长率分别为 -0.077%、-0.187%、-0.356%和-0.511%。2030年和2060年中国人口分别为14.25亿人和12.83亿人。

2. 城镇化率（*RUB*）

改革开放以来，中国城镇化快速发展，城镇化率由1978年的17.9%提高到2020年的63.89%，提高了41.9个百分点，年均增加1.05个百分点，结合"十四五"规划，以及中国城镇化发展现状，并借鉴国外相关发达国家的城镇化进程发展的基本规律，我们在基准情景中，假定"十四五"时期城镇化率每年提高0.4个百分点，"十五五"时期每年提高0.2个百分点；2030—2040年、2041—2050年和2051—2060年，中国城镇化率每年分别提高0.15个、0.1个和0.05个百分点；2030年、2040年、2050年和2060年中国城镇化率分别为67.3%、68.8%、69.8%和70.3%。

3. 财政性教育经费占GDP的比率（*RFEDUGDP*）

改革开放以来，中国财政性教育经费在GDP中的占比呈先减少后增加的变化趋势，自 1996 年以后，随着国家大力加强教育支持力度，财政性教育经费在 GDP 中的占比开始稳步上升，考虑财政性教育经费在 GDP 中占比的历史变化规律，我们在基准情景中假定"十四五"时期、"十五五"时期、2030—2040 年、2041—2050 年中国的财政性教育经费在 GDP 中的占比小幅稳步提高，分别为 4.1%、4.2%、4.3%、4.4%；2051—2060 年这一比例维持在 4.4%，与发达国家基本一致。

4. 研究与开发经费投入强度（RRD）

1980—2020 年研究与开发（R&D）经费投入强度有两个高峰时期：假定基准情景在"十四五"时期，"十五五"时期中国研究与开发（R&D）经费投入强度年均提高 0.1 个百分点，2030—2040 年、2041—2050 年和 2051—2060 年年均分别提高 0.05 个、0.025 个和 0.01 个百分点。

5. 外商直接投资增长率（FDI，现价美元）

自改革开放以来，中国的外商直接投资保持高速增长，在综合考虑未来世界经济（美国经济增长动力不足，家庭开支"去杠杆化"长期制约；欧债务危机短期内很难解决），以及中国的制造业成本持续上升等因素，基准情景假定"十四五"至"十五五"时期，外商直接投资增长率年均增长 3.0%；2030—2040 年、2041—2050 年和 2051—2060 年外商直接投资年均增长率分别为 1.5%、1% 和 0.5%。

6. 汇率（$EXRA$）

自改革开放以来，中国国际贸易持续快速增长。综合考虑到中国经济发展前景、中美贸易摩擦、中国巨额债务问题、中国出口增长空间、中国生产劳动成本等因素，以及中国的汇率政策和基本原则，基准情景是人民币保持基本稳定，稳定于在现有汇率水平，并假设国家规划"十四五"至"十五五"时期中国汇率基本稳定，然后小幅升值，2030—2040 年、2041—2050 年和 2051—2060 年中国汇率年均升值分别为 1.0%、1.5% 和 2.0%；2060 年美元兑人民币汇率达到 4.2% 左右。

（二）情景设置

根据经济增长规律，结合"十四五"规划等国家重大政策，参考过去中国经济与碳排放发展的历史特征，本研究共设定三种经济发展与碳排放情景，分别为：情景一，按照历史趋势惯性发展所设定的基准情景；情景二，以 2030 年前实现碳达峰，并按照 2035 年远景目标纲要中所设定制造业比重占 GDP 的比重保持不变，2035 年顺利实现中国人均国内生产总值达到中等发达国家水平的远景目标，且 2030 年之前实现碳达峰的碳达峰目标约束情景；情景三，实现中国 2035 年远景目标的同时在 2030 年之前实现碳达峰、2060 年实现碳中和的双碳目标约束情景。

第五节　研究结果分析

从供给侧角度，依据未来中国人口、就业、投资等经济变量，通过分行业的经济增长生产函数可测算出未来中长期全行业和各分行业的经济增速。根据经济发展目标对工业各行业提供服务的需求，根据工业各行业不同低碳发展目标下所采取的减排措施与能源结构等转变，可预测在不同社会经济发展和低碳发展目标下工业的二氧化碳排放量。

一　经济增长率预测结果分析

根据宏观经济增长机制，在基准情景下，中国能源结构转型和技术发展创新步伐相对较缓。主要依靠要素驱动的经济增长，"十四五"和"十五五"时期 GDP 年均增长率可保持约 5.5% 的年均增速，随后逐渐放缓。2030—2040 年、2040—2050 年及 2050—2060 年年均经济增速分别约为 4.2%、3.1%、2.4%。

在碳达峰目标约束情景中，预计中国将在"十四五"和"十五五"时期GDP保持年均约5.1%的增长率，2035年顺利实现中国人均国内生产总值达到中等发达国家水平的远景目标。2030—2040年、2040—2050年及2050—2060年年均经济增速分别约为3.7%、2.9%、2.2%。

在"双碳"目标约束情景中，以推动高质量发展、深化供给侧结构性改革为主线，以创新为根本动力，稳步推进城镇化，加大对难减部门的技术研发与设备更新投资，在保证经济平稳增长、实现中国2035年远景目标的同时，以碳中和目标倒逼全行业各部门实现深度减排，最终实现全国碳中和目标。在双碳目标约束情景下，预计中国在"十四五"至"十五五"时期GDP保持年均约4.5%的增长率；2030—2040年、2040—2050年以及2050—2060年年均经济增速分别约为3.2%、2.6%、1.9%。

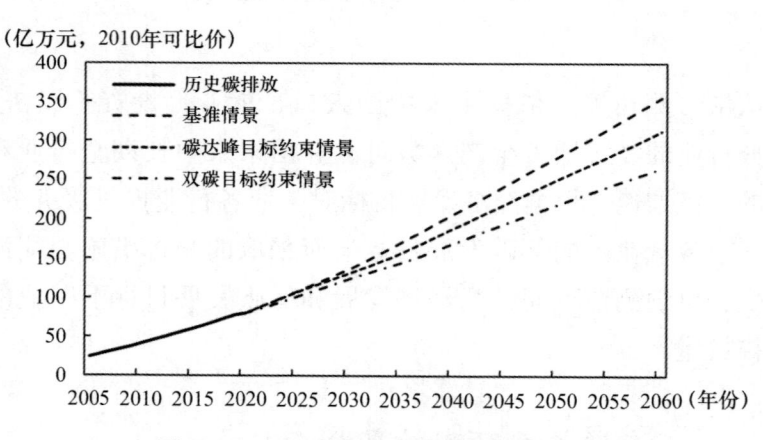

图10-8 不同情景下中国GDP增长情况

二 能源消费预测结果分析

在2030年碳达峰目标约束情景中，2020—2060年各类能源消费情况如表10-3所示。能源消费总量在2030年将达到峰值为59.6亿吨标准煤，随后逐年下降。对于煤炭、石油和天然气等高碳石化能源来说，受到 2030 年碳达峰目标的约束，2030 年能源消费总量达到峰值，煤炭、石油的消费总量分别达到 30.79 亿吨标准煤、9.72 亿吨标准煤，与 2020 年相比分别增长 5.03 个和 18.83 个百分点，天然气消费总量将于 2031 年达到峰值。对可再生能源来说，2030 年其消费总量与 2020 年相比发生显著增长，增长幅度为 77.09%。到 2040 年，可再生能源的消费量将超过煤炭，逐渐成为主要能源，2060 年可再生能源消费量为 34.13 亿吨标准煤，煤炭、石油和天然气的消费量分别为 3.84 亿吨标准煤、1.74 亿吨标准煤、5.11 亿吨标准煤。

表 10－3　　　　　　　能源消费预测结果　　　　（单位：亿吨标准煤）

年份	能源消费总量	煤炭	石油	天然气	可再生能源
2020	49.2	28.65	8.18	4.96	7.42
2021	51.1	29.51	8.49	5.18	7.91
2022	52.8	30.25	8.75	5.39	8.40
2023	54.3	30.85	8.99	5.58	8.88
2024	55.6	31.31	9.20	5.76	9.36
2025	56.8	31.63	9.37	5.92	9.85
2026	57.7	31.78	9.50	6.08	10.34
2027	58.5	31.78	9.61	6.22	10.86
2028	59.0	31.61	9.68	6.35	11.39
2029	59.4	31.28	9.71	6.46	11.95
2030	59.6	30.79	9.72	6.57	12.54
2031	59.6	30.09	9.67	6.66	13.14
2032	59.5	29.31	9.60	6.75	13.80
2033	59.3	28.43	9.52	6.83	14.52
2034	59.1	27.47	9.41	6.92	15.31
2035	58.9	26.43	9.27	7.00	16.17
2036	58.6	25.30	9.10	7.06	17.11
2037	58.2	24.10	8.89	7.11	18.12

续表

年份	能源消费总量	煤炭	石油	天然气	可再生能源
2038	57.8	22.84	8.63	7.15	19.22
2039	57.4	21.53	8.33	7.15	20.39
2040	56.9	20.17	7.97	7.14	21.62
2041	56.4	18.80	7.58	7.09	22.89
2042	55.8	17.43	7.14	7.02	24.19
2043	55.1	16.07	6.68	6.93	25.46
2044	54.5	14.76	6.20	6.81	26.68
2045	53.7	13.49	5.73	6.68	27.81
2046	52.9	12.30	5.26	6.54	28.83
2047	52.1	11.17	4.81	6.39	29.72
2048	51.2	10.13	4.38	6.24	30.46
2049	50.3	9.18	3.99	6.07	31.04
2050	49.3	8.31	3.62	5.91	31.46
2051	48.5	7.56	3.30	5.77	31.85
2052	47.7	6.90	3.03	5.65	32.18
2053	47.1	6.32	2.78	5.54	32.45
2054	46.5	5.83	2.57	5.44	32.68
2055	46.0	5.39	2.39	5.36	32.89
2056	45.6	5.01	2.23	5.29	33.09
2057	45.3	4.68	2.09	5.23	33.30
2058	45.0	4.38	1.96	5.18	33.53
2059	44.9	4.10	1.85	5.14	33.79
2060	44.8	3.84	1.74	5.11	34.13

三 工业碳排放预测结果

（一）工业碳排放总趋势

不同情景下，工业碳排放总量如表10-4所示，中国碳排放总趋势和工业部门碳排放总趋势如图10-9所示。在三种情景下，均能实现 2030 年前工业碳达峰的目标，工业部门碳排放总量变化趋势与全国碳排放总量变化趋势基本保持一致。

表 10-4　　　　　　　　工业碳排放预测结果　　　（单位：亿吨二氧化碳）

年份	情景一	情景二	情景三
2020	7825.84	7851.32	7724.18
2021	8055.95	8025.28	7895.74
2022	8239.42	8134.80	8010.61
2023	8374.00	8212.86	8073.33
2024	8463.77	8258.00	8090.58
2025	8514.68	8273.05	8080.40
2026	8541.20	8256.69	8052.90
2027	8551.39	8224.31	8018.11
2028	8552.66	8184.14	7977.42
2029	8546.71	8140.49	7932.86
2030	8539.74	8095.23	7886.59
2031	8517.28	8034.26	7824.40
2032	8480.02	7958.43	7747.24
2033	8428.78	7868.69	7655.95
2034	8364.43	7766.04	7551.42
2035	8287.91	7651.54	7434.61
2036	8200.23	7526.31	7306.45
2037	8102.41	7391.46	7167.94
2038	7995.51	7248.14	7020.02
2039	7880.61	7097.48	6863.64
2040	7758.78	6940.60	6699.69
2041	7631.09	6778.60	6529.02
2042	7498.56	6612.52	6352.42
2043	7362.21	6443.40	6170.60

续表

年份	情景一	情景二	情景三
2044	7223.03	6272.18	5984.18
2045	7081.95	6099.77	5793.70
2046	6939.86	5927.02	5599.62
2047	6797.60	5754.71	5402.29
2048	6655.96	5583.56	5201.95
2049	6515.68	5414.21	4998.78
2050	6377.43	5247.24	4792.87
2051	6241.86	5083.18	4584.25
2052	6109.53	4922.48	4372.89
2053	5980.98	4765.52	4158.79
2054	5856.68	4612.64	3941.94
2055	5737.07	4464.11	3722.43
2056	5622.56	4320.17	3500.46
2057	5513.49	4180.97	3276.42
2058	5410.20	4046.67	3050.93
2059	5312.99	3917.34	2824.89
2060	5222.15	3793.04	2599.50

情景一中，工业部门将于2028年实现碳达峰的目标，碳排放总量达到8552.66亿吨；情景二中，受2030年碳达峰和2035年远景目标的约束，将于2025年实现工业碳达峰的目标，碳排放总量峰值为8273.05亿吨；在"双碳"目标约束的情景三中，工业部门碳达峰的实现时间将提前至2024年，工业碳排放总量达到8090.58亿吨。随着碳减排压力的不断增加，工业部门碳达峰的时间逐渐提前，碳排放总量也随之减少。

（二）重点工业行业碳排放量

工业行业，尤其重点工业行业是中国二氧化碳排放的主体。基于对行业发展的判断,根据不同的情景预测,参照"双碳"目标约束下社会对各行业的产品需求,结合重大工业低碳技术变革,包括能源结构、原料结构以及各项控排措施的应用,预测在碳达峰目标约束情景与"双碳"目标约束情景下各主要工业部门不同情景下的二氧化碳排放量,得到如图 10-9 所示的不同情景下中国全国、工业行业以及四个重点工业行业的二氧化碳中长期排放趋势。

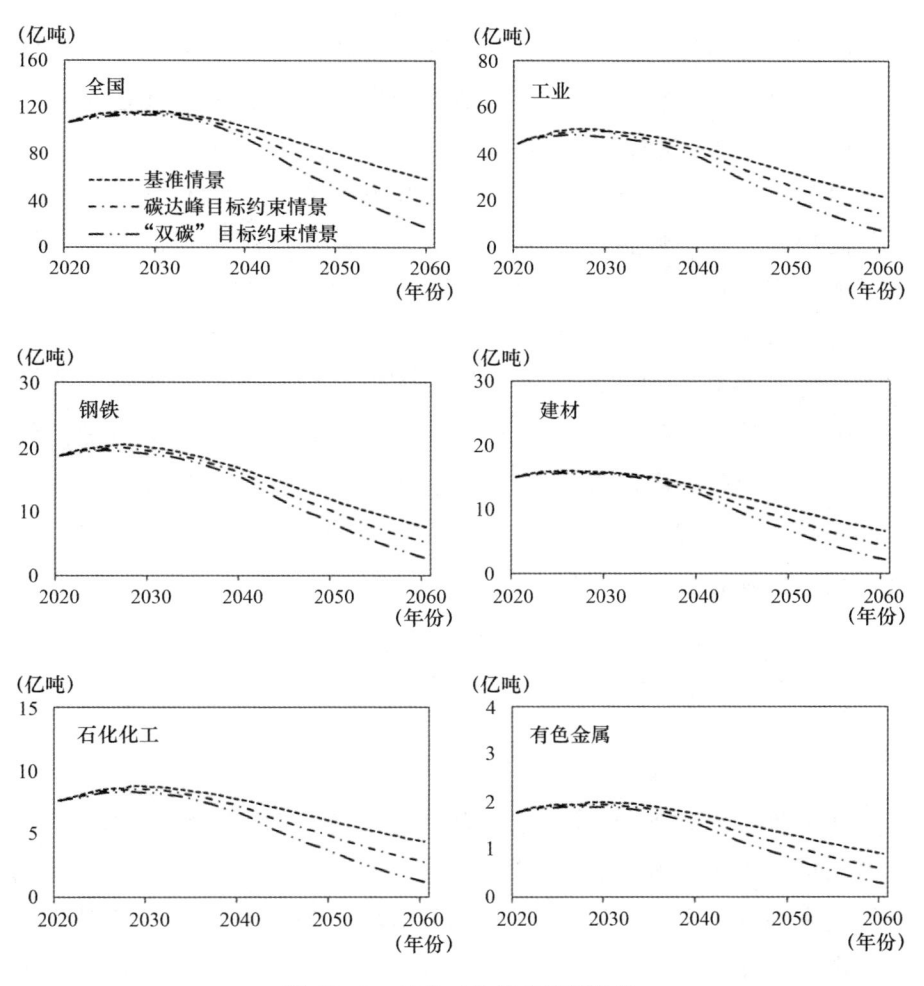

图 10-9 重点工业行业预测结果

在按照历史趋势惯性发展的基准情景下，全社会二氧化碳排放量从"十五五"时期进入二氧化碳排放的高位平台波动期，然后开始稳步下降。在此情景下，工业碳排放可在"十五五"末期达峰，峰值相比2020年将上升约7亿吨。重点工业行业的峰值相比2020年增长3.5亿吨左右。工业碳排放达峰后将经历碳排放量缓慢下降的平台期，在2035年前后开始以平均3%左右的速率下降，到2060年降至峰值水平的42%。

在碳达峰目标约束情景中，通过提升高能耗、重点工业行业能源利用效率、改善行业生产能源结构与原料结构，积极促进重点工业行业绿色低碳转型，工业碳排放可在"十五五"中后期达峰，峰值相对2020年水平上升约5亿吨，其中包括重点工业行业碳排放上升3亿吨。在碳达峰目标约束情景中，工业碳达峰后将以更快的速度下降，到2060年，工业碳排放下降至峰值水平的29%。

在"双碳"目标约束情景中，以重点工业行业为代表的重要减排领域将实现更早的达峰、更低的峰值以及更快速度的降碳。在此情景中，预计工业碳排放在"十五五"前期达峰，工业碳排放达峰的峰值相比2020年水平增长约4亿吨，其中重点工业行业增长约2.5亿吨。到2060年，工业行业面向碳中和目标实现深度减排，工业碳排放下降至峰值水平的14%。

四 产业结构和能源结构预测结果

（一）产业结构预测结果分析

在情景二中，即2030年之前顺利实现碳达峰，2035年顺利实现中国人均国内生产总值达到中等发达国家水平的远景目标，产业结果变化情况如图10－10至图10－17所示。整体来看，产业结构逐渐实现高级化。2025年，第二产业占比为33.8%，第三产业占比为57.9%；2030年，第二产业占比下降到31.8%，第三产业占比上升至60.4%；2050年，第二产业占比下降至22.5%，第三产业占比上

第十章 中国工业碳达峰碳中和的路径研究　237

升至 71.3%；2060 年，第二产业占比为 17.8%，第三产业占比为 76.8%。

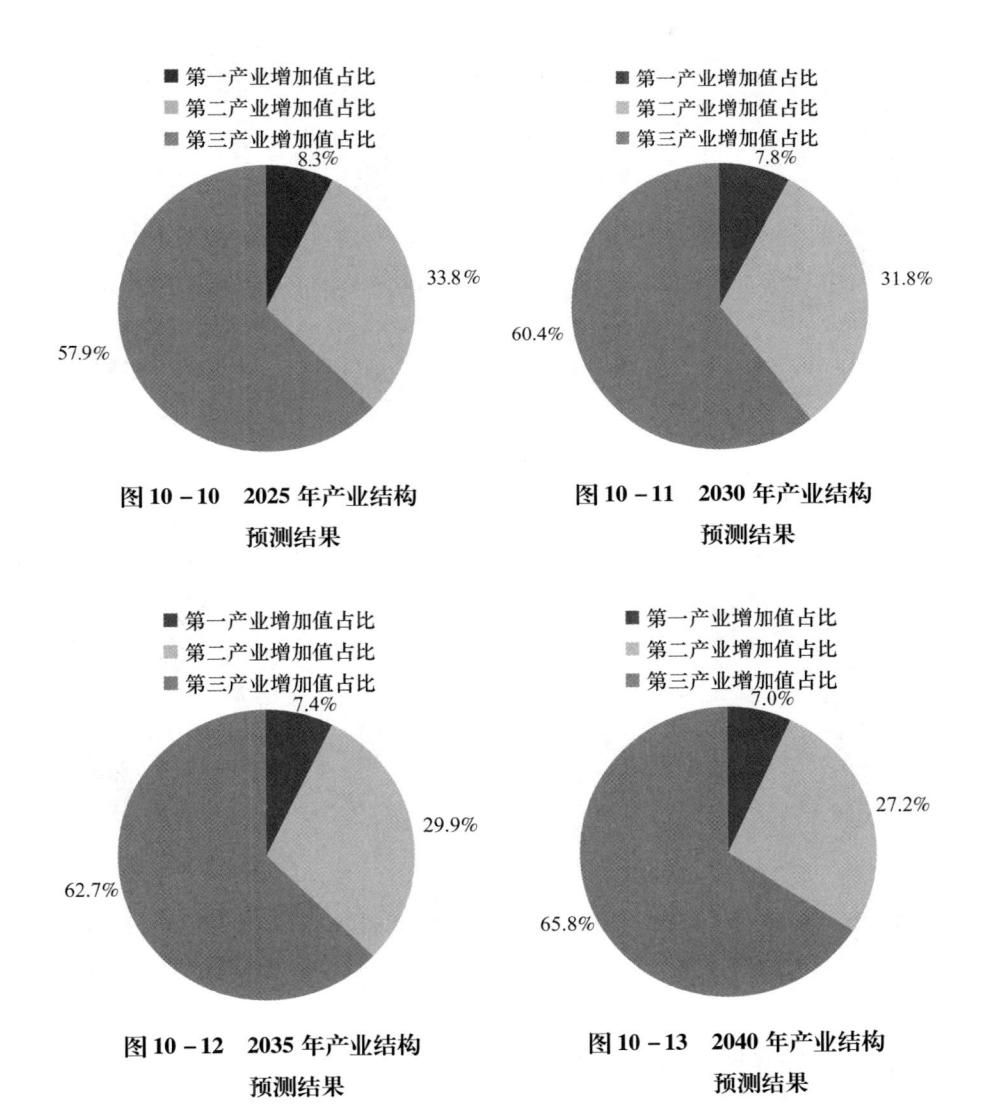

图 10-10　2025 年产业结构预测结果
第一产业增加值占比 8.3%
第二产业增加值占比 33.8%
第三产业增加值占比 57.9%

图 10-11　2030 年产业结构预测结果
第一产业增加值占比 7.8%
第二产业增加值占比 31.8%
第三产业增加值占比 60.4%

图 10-12　2035 年产业结构预测结果
第一产业增加值占比 7.4%
第二产业增加值占比 29.9%
第三产业增加值占比 62.7%

图 10-13　2040 年产业结构预测结果
第一产业增加值占比 7.0%
第二产业增加值占比 27.2%
第三产业增加值占比 65.8%

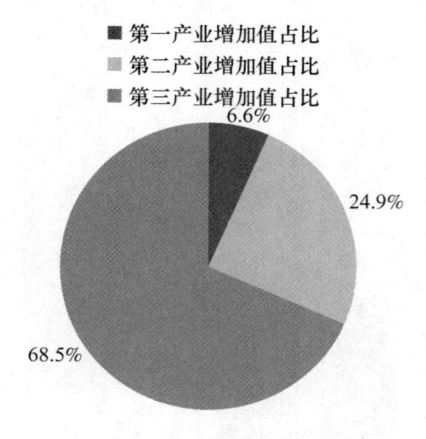

238　碳税理论与政策模拟:基于动态碳税 CGE 模型

图 10-14　2045 年产业结构预测结果
- 第一产业增加值占比 6.6%
- 第二产业增加值占比 24.9%
- 第三产业增加值占比 68.5%

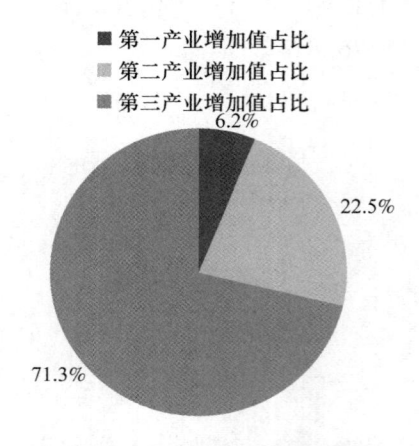

图 10-15　2050 年产业结构预测结果
- 第一产业增加值占比 6.2%
- 第二产业增加值占比 22.5%
- 第三产业增加值占比 71.3%

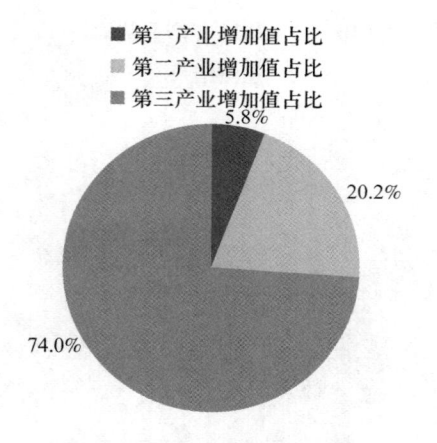

图 10-16　2055 年产业结构预测结果
- 第一产业增加值占比 5.8%
- 第二产业增加值占比 20.2%
- 第三产业增加值占比 74.0%

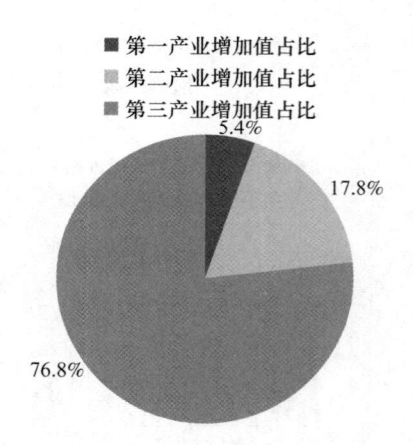

图 10-17　2060 年产业结构预测结果
- 第一产业增加值占比 5.4%
- 第二产业增加值占比 17.8%
- 第三产业增加值占比 76.8%

(二) 能源结构预测结果分析

情景二中,能源结构长期变化结果如图 10-18 至图 10-25 所示。整体来看,在 2030 年碳达峰目标的约束下,中国以煤为主的能源结构将发生较为明显的变化,煤炭、石油、天然气等化石能源的占比逐渐减少,可再生能源逐渐成为主要的能源。随着化石能源消费量的减少，工业在国民经济中的比重不断下降，到 2045 年，可再生能源在能源结构中的占比将超过 50%；2050 年可再生能源占比达到 63.8%；2060 年，可再生能源的占比将达到 76.1%。"十四五"结束，煤炭占比下降至 55.8%；到 2030 年，煤炭在能源结构中的占比下降至 51.7%；2050 年，煤炭占比则下降至 16.9%。

图 10-18　2025 年能源结构预测结果

图 10-19　2030 年能源结构预测结果

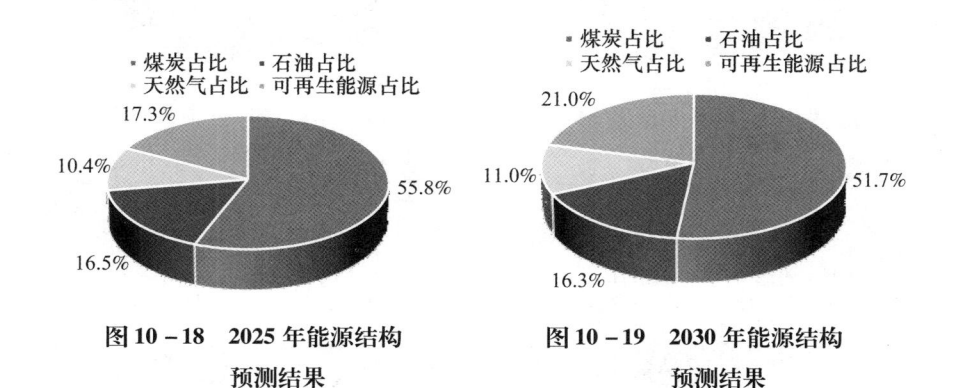

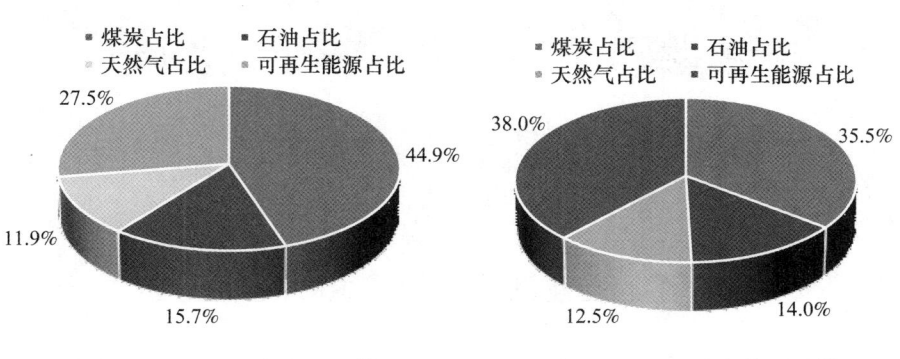

图 10-20　2035 年能源结构预测结果

图 10-21　2040 年能源结构预测结果

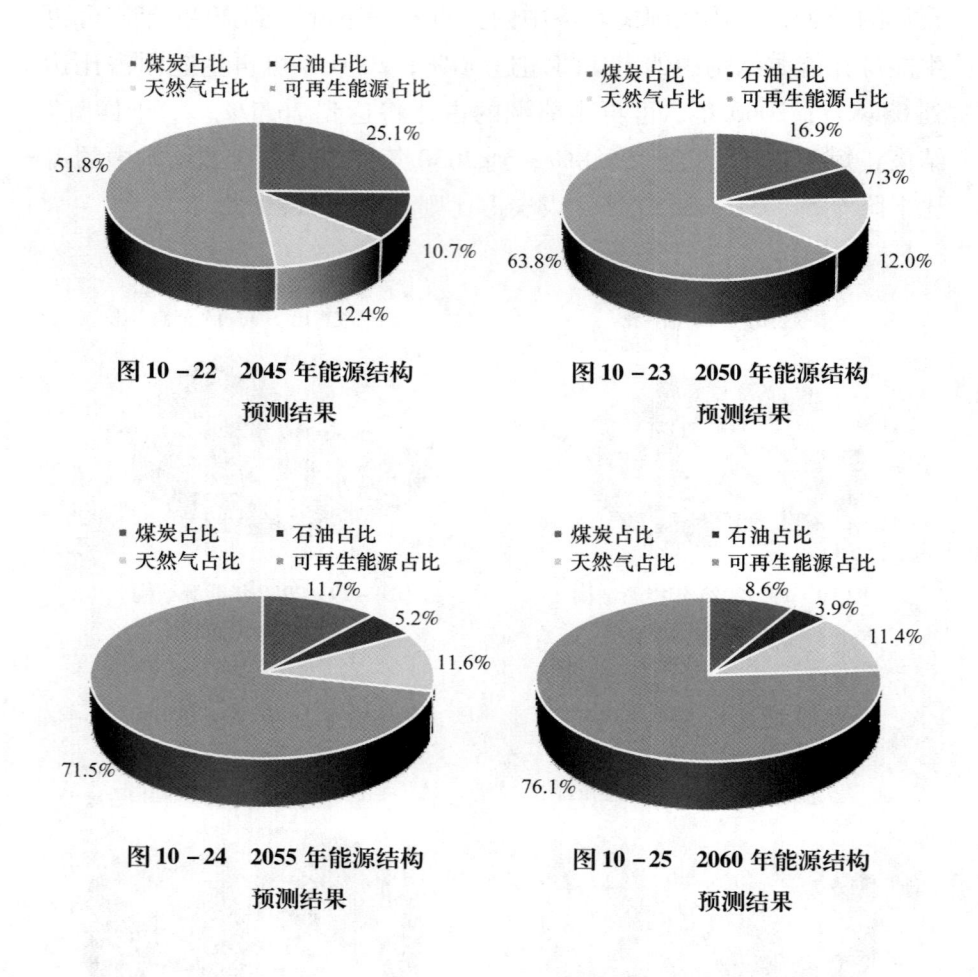

图 10-22　2045 年能源结构预测结果（煤炭占比 51.8%，石油占比 25.1%，天然气占比 10.7%，可再生能源占比 12.4%）

图 10-23　2050 年能源结构预测结果（煤炭占比 63.8%，石油占比 16.9%，天然气占比 7.3%，可再生能源占比 12.0%）

图 10-24　2055 年能源结构预测结果（煤炭占比 71.5%，石油占比 11.7%，天然气占比 5.2%，可再生能源占比 11.6%）

图 10-25　2060 年能源结构预测结果（煤炭占比 76.1%，石油占比 8.6%，天然气占比 3.9%，可再生能源占比 11.4%）

第六节　工业碳达峰碳中和的路径分析

一　工业整体的碳达峰碳中和路径分析

从基准情景结果来看，自然技术进步所带来的二氧化碳减排量无法抵消经济增长与能源消费所带来的二氧化碳排放量。为高质量实现全国碳达峰与碳中和目标，工业行业是全国碳减排的重点工作领域，需要进一步推动工业用能效率的提升，淘汰低附加值产业、遏制两高产业的发展，加快工业各行业向高附加值及绿色低碳生产转型。从碳达峰目标约束情景中模拟结果来看，随着国民经济结构进一步优化，大力推进制造业转型与升级，钢铁、建材、石化、有色金属等高耗能行业不断加强产业转型与技术减排，相比基准情景，工业二氧化碳排放总量实现大幅下降。然而，由于部分部门尚未实现深度减排，在碳达峰目标约束情景下，到2060年全国工业碳排放总量仍将需要约有14亿吨左右的碳排放空间，中国实现2030年前碳达峰以及2060年碳中和的目标面临着较大的挑战，工业行业需要更加深度的脱碳才能达到与碳中和目标一致的排放路径。

为使工业实现高质量发展，同时实现2030年前碳达峰，进而较好贡献于全国2060年前实现碳中和的目标，中国工业需要持续不断地推动创新低碳技术研发与生产设备更新投资，在保证生产安全、经济高质量发展的同时，以碳中和目标倒逼工业行业实现深度减排。通过提高工业行业清洁电气比重，推动碳捕集利用与封存、绿氢燃料替代等创新型低碳技术的不断推广与应用，在"双碳"目标约束情景中，中国工业能够在实现碳达峰后在2030—2050年以年均近3%的速率迅速脱碳，在2050—2060年通过加大负排技术的应用，进一步实现碳中和目标。

二 工业分行业碳达峰碳中和路径分析

工业要实现碳达峰和碳中和，以钢铁、建材、石化、有色金属为代表的重点工业行业的减排路径尤为关键。从碳达峰目标约束情景中模拟结果来看，部分重点工业行业产能已经达到或接近达到峰值，随着遏制"两高"项目的政策实施和节能降碳技术的推广应用，各重点工业行业有望在"十五五"时期达峰，但由于各重点行业生产、工艺流程具有差异性，各重点行业将实现梯次达峰。该情景下，钢铁行业作为碳排放量最大的工业部门，将在工业碳达峰中起到重要的作用。以长流程转短流程为代表的冶金工艺流程转变与工业电气化技术是钢铁行业短期与中期重要的减排技术，随着未来中国社会钢铁储量的继续上升，废钢回收利用率的不断提高，2030年中国基于废钢的电弧炉钢铁冶炼占比提升至20%—25%。建材行业工业过程排放较高，通过电石渣、硅钙渣、钢渣等工业固废代替石灰石生产熟料以将大幅减少工业过程排放，有力推动建材行业的碳达峰；石化化工行业中，随着一批年产量千万吨级的炼化项目逐渐落成，预计"十四五"和"十五五"时期中国石化产业整体规模还会有一定规模的扩张，因而行业整体达峰时间将略晚于钢铁、建材等行业，未来需要继续调整原料结构，控制新增原料用煤，拓展富氢原料来源，推动原料轻质化。而在有色金属行业中，则需要以能源消耗最大的有色金属子行业电解铝为主要抓手，提高能源效率，发展绿色工艺，推广节能技术。

在"双碳"目标约束情景中，各行业在实现碳达峰目标后，还需推动突破性、创新型生产技术的研发与应用，以实现以碳中和目标为导向的深度减排。在该情景中，碳捕集利用与封存技术（CCUS）将成为重要的负排技术。钢铁行业中煤基高炉炼钢技术需通过碳捕集来减排；石化行业应用CCUS技术具有先发优势和丰富经验，未来在石化行业推广CCUS技术减排具有很大的潜力。除CCUS技术的应用外，各行业需要进一步探索以碳中和为导向的技术路径，通过绿氢、绿电等的能源结构转型降低行业碳强度。钢铁行业需要进一步通过推进以绿氢炼钢为代表的重大突破性生产技术，实现各生产环节的净零碳排放。有色金属行业需大力推动电解槽余热回收等综合节能技术创新，提高电解铝等工艺技术智能化管理水平，减少能源消耗环节的间接排放；在考虑清洁能源富集地区生态承载力的前提下，鼓励有色金属行业产能向可再生电力富集地区转移；还需通过高质量阳极等创新性技术的研发，降低电解生产过程所产生的工业过程排放。

第七节 研究结论和政策建议

一 主要研究结论

本研究首先构建全国工业及重点工业行业二氧化碳排放清单，解析工业碳排放历史特征与发展现状，基于此，结合全国碳达峰与碳中和目标约束，考虑未来产业结构、能源结构等宏观经济特征，对不同情景下全国各行业二氧化碳排放的发展趋势进行研判。综合考虑各行业未来可能的低碳转型方向，综合评估工业行业碳达峰碳中和技术发展路径与行业减排贡献情况，现得出以下研究结论。

（1）在实现工业碳达峰目标的同时能够保证宏观经济平稳增长。经济增长主要依靠要素驱动，"十四五"和"十五五"时期，基准情景和碳达峰目标约束的情景中，GDP 仍能保持 5% 以上的增长，"双碳"目标约束下，"十四五"和"十五五"时期，GDP 增速为 4.5%。

（2）在不同碳减排目标约束情景下均能实现 2030 年工业部门碳达峰的目标。在自然技术进步条件下的基准情景中，工业行业将于 2028 年实现碳达峰的目标；受 2030 年碳达峰和 2035 年远景目标约束的情景下，工业部门将在 2025 年实现碳达峰；"双碳"目标约束下，工业部门碳达峰的时间将提前至 2024 年。

（3）中国以煤为主的能源结构长期将发生改变。长期来看，随着工业碳达峰目标的实现，煤炭、石油、天然气等传统化石能源的消耗量减少，煤炭在中国能源结构中的主导地位逐渐减弱，可再生能源的需求量不断增加，预计在 2045 年，可再生能源占比将超过煤炭、石油、天然气占比的总和，成为主要能源。

（4）推进工业部门低碳减排，有利于实现产业结构合理化和高级化。受碳达峰目标的约束和技术进步的影响，工业行业将逐步淘汰落后产能，实现深度脱碳，第二产业在国民经济中的比重不断下降，第三产业比重不断上升，最终成为国民经济主导产业。

（5）实现工业碳达峰、碳中和必须依靠技术进步。基准情景中，自然技术进步状态下产生的二氧化碳排放无法抵消经济增长和化石能源消耗带来的碳排放，必须不断推进低碳技术的研发和升级，通过提高工业行业清洁电气比重，推动碳捕集利用与封存、绿氢燃料替代等创新型低碳技术的不断推广与应用，推进重点工业行业深度减排，最终实现工业碳达峰的目标。

（6）受技术水平、工艺流程、部门总产量等多种因素的影响，重点工业部门将实现阶梯达峰。石化行业生产规模的扩张一定程度上推迟了其实现碳达峰的时间，随着技术进步、能源利用效率的提高、金属冶炼、建材和电力行业能够较早地实现碳达峰的目标。

二 政策建议

根据主要研究结论，提出以下政策建议。

（1）以国家减排政策为导向，有效减少工业碳排放。基于经济发展和产业发展的需要，合理制定减排目标，更加注重工业行业间存在的差异性，以国家减排政策为导向倒逼工业行业加快转型步伐，实现清洁生产，减少二氧化碳的排放。

（2）进一步提高能源、资源利用效率。加快推进能源结构转型与资源综合化利用是工业实现碳达峰的重要举措。其中，减少化石能源消费，提升非化石能源在能源消费中的比重，提升工业电气化水平是主要减排路径。同时，推动资源循环利用也是工业降碳的重要手段。加大循环经济在工业碳达峰中的支撑作用，各重点行业循环化发展模式需有所侧重，如钢铁行业需大幅提高废钢回收利用率，提高基于废钢—短流程的低碳冶炼工艺在钢铁生产中的比例；水泥行业需加大工业废渣替代熟料、城市固废替代燃料，降低水泥生产流程排放；有色金属行业需提升材料回收利用水平，提高再生铜、铝、铅产量，发挥回收材料二次生产对工业生产减碳的重要作用。

（3）大力推动创新低碳工业生产技术研发、示范与推广。技术降碳是各行业减碳的原动力，要加大对碳减排共性与关键技术的研发、示范与推广。由于不同行业在生产方式、用能结构、产业发展等方面存在差异，使得其实现碳达峰、碳中和的技术路径也有所不同。例如，钢铁行业大力推进加快开发应用氢冶金；水泥行业加大推广二代新型开发水泥，加大低钙水泥等技术应用和推广；石化行业需全面推动石化化工行业原料轻质化等。

（4）充分发挥绿色投融资在工业技术创新中的激励作用。继续提升碳金融等市场化手段的调节功能，提升市场手段尤其是金融手段的驱动作用，激发市场主体内在的碳减排积极性和创造性，建立从宏观环境到微观单元的上下融合的主动减碳机能。通过政策体系与市场机制的充分结合，全方位、全领域、多维度地推动工业高质量达峰碳中和。

第十一章

研究结论与政策建议

第一节 实行循序渐进的税率

高税率的减排效果更好，更有利于第一重红利的实现，但不断增高的税率并不总能鼓励生产部门进一步提高减排水平，并且高税率对经济的影响也不容忽视，高于临界值的碳税会增加企业的减排成本和限制生产活动。国内现存的碳排放权交易制度也会分担一部分节能减排的压力，早期碳税税率可以进一步降低，并只对企业超出碳排放配额限制的排放部分进行征税。

渐进税制可以适应中国绿色技术的研发与普及程度。短期来看，清洁能源等环保技术创新的发展在早期还不足以承受大幅度的减排政策，过于激进的措施不仅达不到减排效果，还会对经济造成损害，从而抑制技术创新。比如新能源汽车的研发和推广减少了燃油使用，改变了消费端能源结构，但中国的发电技术仍以火力发电为主，汽车行驶所使用的电能的生产过程也会消耗大量化石燃料，因此过早地增加新能源汽车的使用比例对于节能减排并没有太大的效果。另外，中国与碳税政策配套实施的气候政策工具仍处在发展的初级阶段。而随着技术的进步和气候政策的不断完善，化石能源可以被清洁能源充分替代时，较高税率的碳税可以更迅速地促进企业转型。

渐进税制也符合国际经验。由欧洲较早实行碳税的国家经验来看，大部分国家采取了低税率开征，而后根据国内经济发展形势逐步提高税率的模式。所以，短期不适宜实行较高税率，否则会过度损害国内经济发展水平和福利水平，以及影响国际经济贸易的发展。

所以在碳税制度实施的初级阶段，应当实行较低的碳税税率和较温和的碳税政策，以适应中国经济可承受能力，降低居民和企业部门的负担，减少碳税实施阻力，同时避免出现对经济增长和产业发展带来较为严重的负面影响。而后根据环境治理成本、环境质量改进以及市场状况和中国经济结构的不断调整及优化，逐步提高税率，使最终实际减排量和预期减排量相等，同时使社会总成本最低，实现碳税的"双重红利"。

第二节 保持碳税税收中性

自环境问题出现至今，40多年来，"碳定价"机制会有效地改善环境质量，如果政府对产生温室气体的经济活动征收费用，碳排放会随着时间的推移而下降。虽然提高化石燃料的成本看起来很合理，但是对经济中的个体来说相当于增加了经济负担。

为了减轻征税对象的经济负担，在碳税开征之后应实施降低其他税率或增加补贴等优惠政策来保持税收中性，即政府并未通过征收碳排放税而获得税收收入，而是将其作为报酬返还缴纳碳税的单位，减少碳税对于市场经济的干预和扭曲，尊重市场的资源分配功能，同时为政策制定者提供固定的资金来源，为提高可再生能源的效率提供资金，帮助社会过渡到低碳或非碳经济。基于税收中性原则的碳税制度的实施，一方面有利于实现碳减排的目标；另一方面可以提高居民的社会福利水平，从而实现碳税的"双重红利"。

对企业来说，政府可以通过对高耗能部门提供减免措施，对转型迅速、减排效果良好的企业提供豁免，降低企业所得税等手段维持税收中性，减少企业税收压力，有助于企业的绿色升级。同时，率先减排的企业会面临绿色技术落后、清洁能源价格较高等劣势，进而增加公司的总生产成本，使得最优市场价格上升，并带来需求的下降，从而降低均衡产量和企业总收入。因此，对减排企业豁免部分税收可以使绿色企业和高污染企业的生产成本处于同一水平，解决了减排企业竞争力不足的问题。

虽然碳税更多的是面向企业征税，但是企业最终会将税收成本部分转嫁给家庭部门，造成物价上升，增加家庭支出，家庭部门则会认为碳定价机制减少可支配收入，进而出现减少消费、降低就业等现象。最简单直接的方法是政府可以通过定期红利的形式将收入返还给家庭或居民，每个人的化石燃料消耗比例和碳税红利金额成正比，从而产生减少碳排放的激励。不过这种方式的缺点也十分明显，由于碳税红利均分，可能会存在搭便车现象。另一种方式是对家庭部门采取降低五险一金税额、提高个人所得税起征点等补贴手段实现税负总体平衡，以此弥补碳税为多个市场主体增加的经济负担，缓解碳税扭曲性的"累退效应"。随着碳税的逐步铺开，即覆盖面的不断扩大和税率的不断提高，现有税收将逐步减少以实现平稳过渡，保持原有的消费水平和工资水平。

第三节 制定配套政策措施

根据学者研究，在配套措施合理搭配的情况下，在达成相同的既定减排目标时所需要的碳税税率更低。单一的碳减排政策实施的动态效率也明显低于搭配政策工具的减排政策，且无法充分实现环境效应和技术创新激励的双重目标。所以中国在实施碳税政策之后，为了纠正和解决环境税导致的减排成本和技术创新成本，应当同步推进配套政策措施作为辅助和桥梁工具，与其他环境法规和创新政策形成协同关系，全力推动低碳经济快速发展。

第一，推进环保积分制度。政府可以对居民购买符合环保节能要求的产品和服务予以积分奖励，积分达到一定数额可以用于兑换消费券。这种方式变相地补贴清洁能源，使环保产品在市场竞争中获得价格优势，即通过制度的管控实现环境保护和消费结构优化的双重目标。和直接进行价格补贴不同，环保积分可以和居民个人信息绑定，作为居民参加"双碳"建设的凭证。因此，非环保用品生产行业面对市场的巨大压力，必然会提升环保技术、生产绿色清洁的产品以重新获得消费群体。根据日本环保积分制度的实践经验，制度实施会大大推动家用环保产品的销售和更新换代，同时显著降低电器能耗。

第二，推动国际合作。气候变化影响范围遍布全球，任何国家的过量碳排放不仅会造成本国环境污染，还会影响周边各国，因此只有通过全球共同努力才可以有效应对。中国应该积极参与国际气候谈判并推动气候外交工作，同时提高中国在国际会议和规则制定方面的话语权，为包含中国在内的发展中国家争取更大的发展潜能。

第三，继续推动碳交易市场建设。自全国碳排放权交易体系正式开始运行以来，中国碳交易市场运行稳定，市场活跃度不断提升，覆盖范围超过40亿吨碳排放，目前已经是全世界范围内规模最大的碳交易市场。目前碳交易市场覆盖的行业主要是电力部门，在未来会扩展到有色金属、钢材生产、航空运输等领域，预计将覆盖50%的碳排放，但仍难以形成适用于所有工业部门的碳定价机制，因此，仅凭碳交易制度难以实现经济发展和节能减排的双赢。在碳税政策实施之后，由于碳税覆盖面更加广泛，中国可以采用合理的方式使碳交易制度和碳税制度协同配合，继续完善碳交易市场建设。首先，要注意二者的覆盖范围，避免碳税和碳交易的重叠对部分企业造成双重负担。这需要政府出台明确的划分机制，预先规定哪些企业需要缴纳碳税，而哪些企业需要加入碳排放权交易市场，并且在划分过程中要充分考虑企业经营特点和意愿。其次，二者作为不同的碳定价机制，在实施过程中应当注意尽量减少碳税和碳交易的定价差距，如果碳价差距过大，不同制度覆盖的企业税负不同，很可能扰乱市场的良性竞争，造成市场失灵。

第四节　合理使用碳税收入

碳税作为政府新的一项收入来源，作为一般性转移支付的均等化税收，其在政策实施过程中具有累进性的特征。如何利用可观的碳税收入是必须要考虑的问题。各国碳税实践经验表明，政府增加碳税收入后可以削减其他税收、增加政府支出和减少政府借贷等多种选择，结合中国国情分析，碳税收入的主要用途应该有以下三种。第一，减少其他税收以抵消碳税给消费者、生产者等经济主体的新负担；第二，进一步投入减少温室气体排放工作中，或应用于气候变化领域，即对气候被破坏现状的改善；第三，为其他公共产品或项目、公共服务、转移支付等提供资金支持。

首先，碳税虽然可以激励企业、民众和政府有效减少二氧化碳和其他温室气体的排放，但会带来新的负担。用一部分碳税收入来抵消这些负担，可以减少不必要的经济损伤。它还可以促进公众支持，尤其是保护低收入家庭受到更小的影响。碳税相对于其他可以实现相同减排效果的气候政策的一个优势是其创造的收入可以减轻这种经济负担。最直接的办法是财政援助，而不是免除税收或以其他方式降低能源使用的价格，因为后者会降低减排的激励作用。

其次，为了改善气候现状，可以将碳税收入的一部分用于森林保育、清洁技术开发、为小型企业的转型提供周转资金支持等方面。这可以为低碳社会打下坚实的技术基础，形成技术扩散效应，并创造新的经济增长动力源泉。

最后，对于公共服务领域，可以建立基金制度，用来鼓励示范企业对于低碳技术的开发与应用。同时加强对相关企业及有关部门的监督管理，在基金制度运行过程中做到全过程公开透明，构建规范良好运行的政府补贴机制。另外，碳税也可以拨出一部分回归地方，作为地方性财政收入，减少资金转移流程，让地方政府有更多的资金直接针对管辖范围内的清洁能源项目给予支持,有利于维护中国长期稳定运行的减排机制。

第五节 实行差异化碳税

由于碳税直接作用于石化能源,而能源又是各行业基本生产要素,覆盖的行业泛、企业异质性大,且由于东部、中部、西部三大区域的发展阶段、产业结构、技术水平和资源禀赋等多维区域异质性,区域、行业和企业碳排放呈现较大的异质性,实施碳税需要考虑上述区域、行业和企业的异质性。

区域异质性:

中国不同区域的经济发展水平、能源禀赋、环境监管水平等存在很大差异,完全相同的碳税税率及减排政策在不同监管强度地区的减排效果必然不同。这需要政府在制定政策时充分考虑各省份、地区的环境规制水平的不同。否则,很多高污染企业会主动向环境监管力度低、法规不完善的地区迁移,造成某地区的集中污染。

碳税对中国的高技术产业省份的 GDP 产生了积极或中性的影响,而对严重依赖于资源开采的省份的 GDP 产生了消极的影响。这是因为资源密集型地区的劳动力、资本和自然资源相对廉价,边际减排成本相对较低,在碳税税率较高的情况下,为了维持经济增长,这些地区会倾向于降低生产水平,以减少碳税成本,反过来导致更严重的经济收缩。因此,为了保证中国各地区均可以实现"双重红利",在制定碳税税率时必须充分考虑区域异质性,并根据各区域特点动态规划碳税政策,以寻找区域协调发展的最有税收方案。

行业异质性:

碳税税率的制定还应当充分考虑不同行业的异质性。不同行业有差异化的排放标准和减排潜力。在中国,电力行业已经基本实现环境转型,而钢铁、玻璃、水泥等行业逐渐成为节能减排的关键行业。因此对于不同行业应当实施不同的税率。只有碳税的收费标准高于该行业边际减排成本时，才会促使生产部门转向清洁生产技术。而过低的碳税只会对高排放行业施加压力，但不足以进一步激励其自行采取减排措施。当达到排放标准时，企业继续生产的最佳选择是维持直接排放的处理方式，直接缴纳碳税来达到最低成本，即宁愿支付费用也不愿采用更环保的技术。过低税率会削弱碳税的节能效果和技术创新的激励作用，因此对于污染较高的行业和企业可以收取更高的税率，以促使其改进污染处理方法，用环保技术取代传统技术，大幅降低能源需求进而进一步降低排放污染。

企业异质性：

不同所有权结构、规模和能源结构的企业对于碳税的反应是有很大差别的。比如国有企业的目标较为多样，而私营企业坚持利润最大化原则，导致国有企业的管理者相比于私营企业更加重视减排问题。所以政府应该鼓励国有企业进入环保市场。另外，碳税的制定还应该充分考虑企业规模异质性的因素，针对不同的企业规模制定不同强度的税收政策、补贴和奖惩措施。

第六节　发展低碳技术

碳税在前期可以改善产业布局，通过降低清洁能源的相对价格间接影响下游企业的结果和技术水准，增加政府收入。而从长期来看，其收入可以直接用于发展可再生能源产业。可再生能源技术的发展是碳减排的主要驱动力，能源结构改革的根本问题是可再生能源的发展，因此，有必要持续投资可再生能源技术等产业，在生产过程中应促进低碳能源的开发，利用地理优势，考虑各地区消纳能力，在中国各地建立清洁能源项目、鼓励支持创新各类低碳节能产品。

第一，农业生产过程中，从化肥、农药等资源的投入使用、农作物和畜牧的生长过程以及废物处理过程都会产生大量的温室气体排放。另外，农业也是发展森林、土壤等固碳技术的主要领域，对碳中和的早日实现有不可忽视的作用。因此，建议政府将碳税收入投入农业减排和固碳技术中。农业生产减排具体包括优化畜牧业饲料品质以降低动物肠道甲烷排放技术、秸秆热解炭气肥联产技术、沼气综合利用技术等，固碳技术主要包括对退化草地进行免耕补播、中轻度退化草地切根改良，提高草地生产力、提高草地生态系统固碳能力；改进施肥方式、创新化肥种类、减少氮肥使用以有效减少氮氧化物排放，等等。

第二，第二产业是中国温室气体排放的主要来源，主要集中在工业生产部门、建筑部门、发电部门等。工业生产部门应大力发展工业化石燃料替代技术、推动水泥、钢铁等基础工业原材料的性能增强、产量适当减少和绿色化转型；增加低碳产品的需求量、加大二氧化碳捕获、利用和封存技术的研发力度。建筑部门应当提高电气化程度和零碳热力的发展、升级建筑物能效提升技术；同时在光照充足的地区可以发展光热和光伏发电，比如太阳能热水器的普及使用；利用捉光纤维技术将自然光引入地下室减少电灯的使用；以及利用无动力屋顶通风设备捕捉自然风以调节风流风速等减排技术的研发。电力部门应减少化石类能源的生产比例，大力发展如光伏、生物质燃料、风力发电等项目，提高非化石能源电力系统的使用效率和安全系数，以及大力开发电能机动车，结合发展情况配备充足的充电桩，等等。

第三，在各大产业减排的基础上，还应该同步地发展碳捕获和碳封存技术，以追求碳中和目标的早日实现。碳捕获与封存是指在二氧化碳排放到大气中之前将其捕获、运输并永久封存的过程，是减少碳排放的重要手段。具体是指通过化学方法，在二氧化碳工业排放来源中利用吸附技术将温室气体压缩封存至海底或深层土壤中，或者转化成甲醇等其他生产原料。

第七节 加强公众宣传

　　除了生产部门会造成大量碳排放，居民个人出行和生活消费也会造成一定的碳排放。随着改革开放以来中国经济的持续高速发展、城镇化率的不断提高，大量城市居民有能力和途径使用机动车、家用电器等耗能设备。在生活富足之后，一些不环保的现象也随之产生，比如长流水、长明灯现象，造成了一定程度上的资源浪费。因此，消费者的低碳意识可以很好地辅助实现经济和环境效益的"双赢"，并且使政府补贴的积极作用更加明显。

　　第一，政府和企业应该加大低碳产品的宣传力度，强化生态文明的理念宣传教育。比如宣传碳达峰与碳中和目标和实现路径、低碳产品的多元化、推广"环保积分制度"的规则和做法，等等。通过提高消费者的环境意识可以扩大低碳需求，使消费结构转向低碳产品。第二，在青少年中普及低碳环保的知识，开展主题实践活动，比如"绿色出行""节水节电""光盘行动""循环利用资源"等，让青少年群体较早地加入节能减排的进程中来。第三，城市建设交通道路的过程中忽视了步行、自行车和电动车等低碳出行方式的发展需求，造成大量非必要的机动车驾驶时间，排放了大量汽车尾气。因此建议城市规划应将上述低碳出行的需求纳入考量，发展共享单车、共享电动车，打击汽车占用非机动车道现象，为步行和自行车出现创造有利条件，不仅可以减缓城市拥堵现象，还可以减少道路空间使用，达到节能减排和改善道路环境的"双赢"效果。第四，加大公共交通设施的建设，根据不同时段的客运量动态调节公共交通发车频率，建立科学合理的地铁系统和地上公交系统，在公共交通系统完善的前提下，在社会各界加大低碳出行的宣传力度，鼓励居民在方便的情况下尽量优先选择乘坐公共交通工具。第五，政府部门应当充分发挥模范带头作用，加强政府机关工作人员的低碳意识，在日常办公中使用低碳产品，杜绝办公用品和电、水资源的浪费现象，出行尽量选择公共交通，政府用车优先选择低碳节能的新能源动力汽车等，引导政府公职人员做低碳生活的示范群体。

参考文献

曹静：《走低碳发展之路：中国碳税政策的设计及 CGE 模型分析》，《金融研究》2009 年第 12 期。

曾诗鸿、姜祖岩：《碳税政策对中国经济影响的实证分析》，《城市问题》2013 年第 8 期。

柴麒敏、傅莎、郑晓奇、赵旭晨、徐华清：《中国重点部门和行业碳排放总量控制目标及政策研究》，《中国人口·资源与环境》2017 年第 12 期。

陈诗一：《能源消耗、二氧化碳排放与中国工业的可持续发展》，《经济研究》2009 年第 4 期。

仇国芳、蔡卓珉：《基于粗糙集—神经网络方法的陕西省碳排放预测研究》，《生态经济》2019 年第 10 期。

丁仲礼：《中国碳中和框架路线图研究》，《中国工业和信息化》2021 年第 8 期。

都泊桦：《基于 CGE 模型的碳排放减排路径及模拟分析》，《统计与决策》2017 年第 8 期。

樊明太、魏涛远、张晓光、张玉梅：《低碳发展政策及其组合的复合效应——基于北京动态 CGE 模型的政策模拟和成本有效性评估》，《工业经济论坛》2015 年第 1 期。

樊星、马树才、朱连洲：《中国碳减排政策的模拟分析——基于中国能源 CGE 模型的研究》，《生态经济》2013 年第 9 期。

高文静、任雪荻、康旭华、赵国浩：《工业碳生产率提升的资源优化配置路径分析》,《宏观经济研究》2018 年第 5 期。

郭正权、刘海滨、牛东晓:《基于 CGE 模型的我国碳税政策对能源与二氧化碳排放影响的模拟分析》,《煤炭工程》2012 年第 1 期。

韩楠、罗新宇:《多情景视角下京津冀碳排放达峰预测与减排潜力》,《自然资源学报》2022 年第 5 期。

贺菊煌、沈可挺、徐嵩龄:《碳税与二氧化碳减排的 CGE 模型》,《数量经济技术经济研究》2002 年第 10 期。

贺勇、傅飞飞、廖诺:《基于 STIRPAT 模型的工业研发投入对碳排放影响效应分析》,《科技管理研究》2021 年第 17 期。

胡剑波、罗志鹏、李峰:《"碳达峰"目标下中国碳排放强度预测——基于 LSTM 和 ARIMA – BP 模型的分析》,《财经科学》2022 年第 2 期。

胡剑波、赵魁、杨苑翰:《中国工业碳排放达峰预测及控制因素研究——基于 BP – LSTM 神经网络模型的实证分析》,《贵州社会科学》2021 年第 9 期。

胡茂峰、郑义彬、李宇涵:《多情景下湖北省交通运输碳排放峰值预测研究》,《环境科学学报》2022 年第 4 期。

胡宗义、刘静、刘亦文:《不同税收返还机制下碳税征收的一般均衡分析》,《中国软科学》2011 年第 9 期。

黄海燕、刘叶、彭刚:《工业智能化对碳排放的影响——基于我国细分行业的实证》,《统计与决策》2021 年第 17 期。

黄蕊、刘昌新、王铮:《碳税和硫税治理下中国未来的碳排放趋势》,《生态学报》2017 年第 9 期。

李凤荣、何柏霖:《双碳目标约束下我国碳税制度实施的政企博弈分析》,《税务与经济》2022 年第 5 期。

李雪松、陆旸、汪红驹、冯明、娄峰等:《未来 15 年中国经济增长潜力与"十四五"时期经济社会发展主要目标及指标研究》,《中国工业经济》2020 年第 4 期。

李雪松、张涛、娄峰、张延群等:《中国宏观经济模型及经济政策评价》，中国社会科学出版社 2017 年版。

李毅、石威正、胡宗义：《基于 CGE 模型的碳税政策双重红利效应研究》，《财经理论与实践》2021 年第 4 期。

梁强、许文、苏明：《基于 CGE 模型的税收政策控煤效果分析》，《财政科学》2016 年第 5 期。

梁伟、朱孔来、姜巍：《环境税的区域节能减排效果及经济影响分析》，《财经研究》2014 年第 1 期。

刘杰、尹高：《碳达峰碳中和目标背景下耐火材料行业的发展建议》，《耐火与石灰》2021 年第 5 期。

刘俊伶、项启昕、王克、邹骥、孔英：《中国建筑部门中长期低碳发展路径》，《资源科学》2019 年第 3 期。

刘磊、张永强、周千惠：《政策协同视角下对我国征收碳税的政策建议》，《税务研究》2022 年第 3 期。

刘亦文、胡宗义：《农业温室气体减排对中国农村经济影响研究——基于 CGE 模型的农业部门生产环节征收碳税的分析》，《中国软科学》2015 年第 9 期。

刘宇、肖宏伟、吕郢康：《多种税收返还模式下碳税对中国的经济影响——基于动态 CGE 模型》，《财经研究》2015 年第 1 期。

柳君波、徐向阳、李思雯：《中国电力行业的全周期碳足迹》，《中国人口·资源与环境》2022 年第 1 期。

娄峰：《中国经济—能源—环境—税收动态可计算一般均衡模型理论及应用》，中国社会科学出版社 2015 年版。

鲁传一、陈文颖：《中国提前碳达峰情景及其宏观经济影响》，《环境经济研究》2021 年第 1 期。

陆春华、李晨光、李虹：《基于动态 CGE 模型的碳税政策促进江苏省低碳发展研究》，《科学决策》2022 年第 6 期。

吕宝玉、张海涛、赵绪礼：《水泥行业碳达峰、碳中和之浅析》，《中国水泥》2021 年第 9 期。

马骏、许永欣、孙茂洋：《基于 CGE 模型的碳减排政策的模拟分析》,《环境工程》2017 年第 5 期。

马晓君、陈瑞敏、董碧滢、牛雪琪:《中国工业碳排放的因素分解与脱钩效应》,《中国环境科学》2019 年第 8 期。

毛艳华、钱斌华:《基于 CGE 模型的分区域碳税从价征收税率研究》,《财政研究》2014 年第 9 期。

潘栋、李楠、李锋、冯奎双、彭璐璐、王震:《基于能源碳排放预测的中国东部地区达峰策略制定》,《环境科学学报》2021 年第 3 期。

庞凌云、翁慧、常靖、李永亮、蔡博峰等:《中国石化化工行业二氧化碳排放达峰路径研究》,《环境科学研究》2022 年第 2 期。

钱斌华:《基于长三角二省一市的碳税开征模拟研究》,《财政研究》2011 年第 6 期。

清华大学气候变化与可持续发展研究院:《〈中国长期低碳发展战略与转型路径研究〉综合报告》,《中国人口·资源与环境》2020 年第 11 期。

邵帅、张曦、赵兴荣:《中国制造业碳排放的经验分解与达峰路径——广义迪氏指数分解和动态情景分析》,《中国工业经济》2017 年第 3 期。

沈月琴、曾程、王成军、朱臻、冯娜娜:《碳汇补贴和碳税政策对林业经济的影响研究——基于 CGE 的分析》,《自然资源学报》2015 年第 4 期。

宋国君、王语苓、姜艺婧:《基于"双碳"目标的碳排放控制政策设计》,《中国人口·资源与环境》2021 年第 9 期。

田华征、马丽:《中国工业碳排放强度变化的结构因素解析》,《自然资源学报》2020 年第 3 期。

佟新华、周红岩、陈武、段志远、徐梦鸿等:《工业化不同发展阶段碳排放影响因素驱动效应测度》,《中国人口·资源与环境》2020 年第 5 期。

汪鹏、许鸿伟、任松彦、成贝贝、赵黛青:《基于 CGE 模型的粤港澳大湾区电力低碳转型路径评估》,《中国人口·资源与环境》2021年第10期。

汪同三、姜忠孝:《1991年中国宏观经济预测及分析》,《数量经济技术经济研究》1991年第4期。

王灿、陈吉宁、邹骥:《基于CGE模型的CO_2减排对中国经济的影响》,《清华大学学报》(自然科学版)2005年第12期。

王灿、陈吉宁、邹骥:《可计算一般均衡理论及其在气候变化研究中的应用》,《上海环境科学》2003年第3期。

王锋、陈进国、刘娟、林翔燕、陈赛:《碳税对江苏省宏观经济与碳减排的影响——基于CGE模型的模拟分析》,《生态经济》2017年第9期。

王火根、肖丽香、廖冰:《基于系统动力学的中国碳减排路径模拟》,《自然资源学报》2022年第5期。

王健:《基于可计算的一般均衡模型的我国碳税政策"双重红利"研究》,《生态经济》2011年第10期。

王丽娟、赵宇、王铮:《基于可计算一般均衡模型的中国碳税政策模拟》,《生态经济》2014年第4期。

王满仓、陈瑞英:《"碳达峰、碳中和"对我国铜工业发展的影响》,《中国有色冶金》2021年第6期。

王少剑、田莎莎、蔡清楠、伍慧清、吴璨熹:《产业转移背景下广东省工业碳排放的驱动因素及碳转移分析》,《地理研究》2021年第9期。

王新频、宋教利、李光鑫:《我国水泥工业碳达峰与碳中和前景展望》,《水泥杂志》2021年第8期。

王勇、王恩东、毕莹:《不同情景下碳排放达峰对中国经济的影响——基于CGE模型的分析》,《资源科学》2017年第10期。

王勇、许子易、张亚新:《中国超大城市碳排放达峰的影响因素及组合情景预测——基于门限–STIRPAT模型的研究》,《环境科学学报》2019年第12期。

翁智雄、吴玉锋、李伯含、顾一帆：《征收差异化行业碳税对中国经济与环境的影响》，《中国人口·资源与环境》2021年第3期。

吴乐英、王铮、徐程瑾、颜艳梅：《省区碳经济分析的CGE模型及其应用——以河南省为例》，《地理研究》2016年第5期。

武戈、谢钰思：《工业碳排放的驱动因素研究——基于南京市工业35个行业的LMDI模型分析》，《环境污染与防治》2014年第2期。

相楠、徐峰：《基于结构与效率双控的北京市碳达峰优化路径仿真模拟研究》，《北京工业大学学报》（社会科学版）2022年第4期。

肖谦、陈晖、张宇宁、庞军、金嘉瑞：《碳税对我国宏观经济及可再生能源发电技术的影响——基于电力部门细分的CGE模型》，《中国环境科学》2020年第8期。

许鸿伟、汪鹏、任松彦、林泽伟、赵黛青：《基于CGE模型的电力低碳转型速度调控策略研究——以粤港澳大湾区为例》，《气候变化研究进展》2022年第1期。

许士春、张文文、戴利俊：《基于CGE模型的碳税政策对碳排放及居民福利的影响分析》，《工业技术经济》2016年第5期。

许士春、张文文：《不同返还情景下碳税对中国经济影响及减排效果——基于动态CGE的模拟分析》，《中国人口·资源与环境》2016年第12期。

许文：《碳达峰、碳中和目标下征收碳税的研究》，《税务研究》2021年第8期。

杨顺顺：《中国工业部门碳排放转移评价及预测研究》，《中国工业经济》2015年第6期。

于娟、彭希哲：《碳税循环政策对中国农村能源结构调整的作用——基于CGE模型的政策讨论》，《世界经济文汇》2007年第6期。

余碧莹、赵光普、安润颖、陈景明、谭锦潇等：《碳中和目标下中国碳排放路径研究》，《北京理工大学学报》（社会科学版）2021年第2期。

张根能、张珩月、董伟婷：《陕西省工业行业碳排放实证研究——基于工业品贸易隐含碳视角》，《科技进步与对策》2016年第13期。

张建胜：《煤化工行业碳减排路径及煤气化技术对碳达峰碳中和的作用》，《第四届能源转化化学与技术研讨会摘要集》，2021年。

张军、吴桂英、张吉鹏：《中国省际物质资本存量估算：1952—2000》，《经济研究》2004年第10期。

张龙强、陈剑：《钢铁工业实现"碳达峰"探讨及减碳建议》，《中国冶金》2021年第9期。

张明喜：《我国开征碳税的CGE模拟与碳税法条文设计》，《财贸经济》2010年第3期。

张琦、沈佳林、许立松：《中国钢铁工业碳达峰及低碳转型路径》，《钢铁》2021年第10期。

张希良、黄晓丹、张达、耿涌、田立新等：《碳中和目标下的能源经济转型路径与政策研究》，《管理世界》2022年第1期。

张晓娣：《差异化碳税的福利及就业影响分析——跨期CGE框架下的情景模拟》，《经济科学》2015年第5期。

张兴平、朱锦晨、徐岸柳、郭正权、刘珊珊：《基于CGE碳税政策对北京社会经济系统的影响分析》，《生态学报》2015年第20期。

张翼、杜涛：《中国高质量工业碳减排的地区协同路径——基于雁阵式发展视角》，《学习与实践》2020年第11期。

赵涛、秘翠翠：《碳税CGE模型对我国经济影响分析》，《科学技术与工程》2011年第36期。

赵文会、毛璐、王辉、张斌、钟孔露：《征收碳税对可再生能源在能源结构中占比的影响——基于CGE模型的分析》，《可再生能源》2016年第7期。

赵子健、赵旭：《基于福利视角的不同减排政策比较研究》，《科技管理研究》2014年第11期。

钟帅、沈镭、赵建安、孙艳芝、武娜：《国际能源价格波动与中国碳税政策的协同模拟分析》，《资源科学》2017年第12期。

周晟吕、石敏俊、李娜、袁永娜：《碳税对于发展非化石能源的作用——基于能源—环境—经济模型的分析》，《自然资源学报》2012年第7期。

周丹、赵子健：《基于地区CGE模型的碳税效应研究——以上海为例》，《生态经济》2015年第4期。

周迪、蔡晓婷、张达泉、张雨帆：《基于CGE模型的碳税政策模拟——以广东省为例》，《气候变化研究进展》2020年第4期。

朱超、史志斌、鲁金涛：《碳达峰、碳中和对我国煤炭工业发展的影响及对策》，《煤炭经济研究》2021年第4期。

朱永彬、刘晓、王铮：《碳税政策的减排效果及其对我国经济的影响分析》，《中国软科学》2011年第4期。

卓骏、刘伟东、丁文均：《碳排放约束对我国经济的影响——基于动态CGE模型》，《技术经济》2018年第11期。

Allan G., Lecca P., Mcgregor P., et al., "The Economic and Environmental Impact of a Carbon Tax for Scotland: A Computable General Equilibrium Analysis", *Ecological Economics*, Vol. 100, No. 100, 2014.

Antosiewicz M., Fuentes J., Lewandowski P., et al., "Distributional Effects of Emission Pricing in a Carbon-Intensive Economy: The Case of Poland", *Energy Policy*, Vol. 160, 2022.

Barthold T., "Issues in the Design of Environmental Excise Taxes", *Journal of Economic Perspectives*, Vol. 8, No. 1, 1994.

Beck M., Rivers N., Wigle R., et al., "Carbon Tax and Revenue Recycling: Impacts on Households in British Columbia", *Resource and Energy Economics*, Vol. 41, 2015.

Beck M., Rivers N., Yonezawa H., "A Rural Myth? Sources and Implications of the Perceived Unfairness of Carbon Taxes in Rural Communities", *Ecological Economics*, Vol. 124, 2016.

Benavente J., "Impact of a Carbon Tax on the Chilean Economy: A Computable General Equilibrium Analysis", *Energy Economics*,

Vol. 57, 2016.

Benhelal E., Shamsaei E., Rashid M., "Challenges Against CO_2 Abatement Strategies in Cement Industry: A Review", *Journal of Environmental Sciences*, Vol. 104, 2021.

Boeters S., "Optimally Differentiated Carbon Prices for Unilateral Climate Policy", *Conference: Competition Policy & Regulation in A Global Economic Order*, Vol. 45, 2014.

Boyd R., Ibarrarán M., "Costs of Compliance with the Kyoto Protocol: A Developing Country Perspective", *Energy Economics*, Vol. 24, No. 1, 2002.

Brown, Jackson, *The Economic Analysis of Public Goods*, Public Sector Economics, 1986.

Bye B., "Environmental Tax Reform and Producer Foresight: An Intertemporal Computable General Equilibrium Analysis", *Journal of Policy Modeling*, Vol. 22, No. 6, 2000.

Cabalu H., Koshy P., Corong E., et al., "Modelling the Impact of Energy Policies on the Philippine Economy: Carbon Tax, Energy Efficiency, and Changes in the Energy Mix", *Economic Analysis & Policy*, Vol. 48, 2015.

Carlton D., Loury G., "The Limitation of Pigouvian Taxes as a Long-Run Remedy for Externalities: An Extension of Results", *Quarterly Journal of Economics*, Vol. 101, No. 3, 1986.

Chang Y., Tian Y., Li G., et al., "Exploring the Economic Impacts of Carbon Tax in China Using a Dynamic Computable General Equilibrium Model under a Perspective of Technological Progress", *Journal of Cleaner Production*, Vol. 386, 2023.

Chen Q., Zha D., Salman M., "The Influence of Carbon Tax on CO_2 Rebound Effect and Welfare in Chinese Households", *Energy Policy*, Vol. 168, 2022.

Dahlman C., "The Problem of Externality", *The Journal of Law & Economics*, Vol. 22, No. 1, 1979.

Duan H., Zhou S., Jiang K., et al., "Assessing China's Efforts to Pursue the 1.5℃ Warming Limit", *Climate Economics*, Vol. 372, No. 6540, 2021.

Dwyer L., Forsyth P., Spurr R., "Wither Australian Tourism? Implications of the Carbon Tax", *Journal of Hospitality and Tourism Management*, Vol. 19, No. 1, 2012.

Fæhn F., "A Shaft of Light into the Black Box of CGE Analyses of Tax Reforms", *Economic Modelling*, Vol. 49, 2015.

Fan Z., Friedmann S., "Low-Carbon Production of Iron and Steel: Technology Options, Economic Assessment, and Policy", *Joule*, Vol. 5, No. 4, 2021.

Farajzadeh Z., "Emissions Tax in Iran: Incorporating Pollution Disutility in a Welfare Analysis", *Journal of Cleaner Production*, Vol. 186, 2018.

Fraser I., Robert W., "The Double Dividend Hypothesis in a CGE Model: Specific Factors and Variable Labour Supply", *Working Papers*, 2010.

Freire-Gonzalez J., "Environmental Taxation and the Double Dividend Hypothesis in CGE Modelling Literature: A Critical Review", *Journal of Policy Modeling*, Vol. 40, No. 1, 2018.

Fullerton D., Metcalf G., "Environmental Taxes and the Double-Dividend Hypothesis did You Really Expect Something for Nothing", *Working Paper*, 1997.

Garaffa R., Cunha B., Cruz T., et al., "Distributional Effects of Carbon Pricing in Brazil under the Paris Agreement", *Energy Economics*, Vol. 101, 2021.

Goulder H., "Effects of Carbon Taxes in an Economy with Prior Tax Distortions: An Intertemporal General Equilibrium Analysis", *Journal of Environmental Economics & Management*, Vol. 29, No. 3, 1995.

Graves P., "A Note on the Valuation of Collective Goods: Overlooked Input Market Free Riding for Non-Individually Incrementable Goods", *The B. E. Journal of Economic Analysis & Policy*, Vol. 9, No. 1, 2009.

Gruber, Jonathan, *Public Finance and Public Policy*, Worth Publishers, 2018.

Gunnthorsdottir A., Houser D., McCabe K., "Disposition, History and Contributions in Public Goods Experiments", *Journal of Economic Behavior & Organization*, Vol. 62, No. 2, 2007.

Habert G., Miller S., John V., et al., "Environmental Impacts and Decarbonization Strategies in the Cement and Concrete Industries", *Nature Reviews Earth & Environment*, Vol. 1, No. 11, 2020.

Hannum C., Culter H., Iverson T., et al., "Estimating the Implied Cost of Carbon in Future Scenarios Using a CGE Model: The Case of Colorado", *Energy Policy*, Vol. 102, 2017.

He Y., Xing Y., Zeng X., et al., "Factors Influencing Carbon Emissions from China's Electricity Industry: Analysis Using the Combination of LMDI and K-Means Clustering", *Environmental Impact Assessment Review*, Vol. 93, 2022.

Huo T., Xu L., Feng W., et al., "Dynamic Scenario Simulations of Carbon Emission Peak in China's City-Scale Urban Residential Building Sector Through 2050", *Energy Policy*, Vol. 159, 2021.

Jaafar A., Al-Amin A., Chamhuri S., "A CGE Analysis of the Economic Impact of Output-Specific Carbon Tax on the Malaysian Economy", *Social Science Electronic Publishing*, Vol. 32, No. 3, 2008.

Jaeger, William, *Environmental Economics for Tree Huggers and Other Skeptics*, Island Press, 2012.

Jiang K., He C., Jiang W., et al., "Transition of the Chinese Economy in the Face of Deep Greenhouse Gas Emissions Cuts in the Future", *Asian Economic Policy Review*, Vol. 16, No. 1, 2021.

Jiang Y. , Lin T. , Shi C. , et al. , "Characteristics of Steel Slags and Their Use in Cement and Concrete—A Review", *Resources, Conservation and Recycling*, Vol. 136, 2018.

Jorgenson, Goettle, Ho, Wilcoxen, *Double Dividend: Environmental Taxes and Fiscal Reform in the United States*, The MIT Press, 2013.

Kat B. , Paltsev S. , Yuan M. , "Turkish Energy Sector Development and the Paris Agreement Goals: A CGE Model Assessment", *Energy Policy*, Vol. 122, 2018.

Kemfert C. , Welsch H. , "Economic Effects of CO_2 Abatement in Germany — the Role of Factor Substitution", *Empirical Studies of Environmental Policies in Europe*, Vol. 3, 2000.

Khastar M. , Aslani A. , Nejati M. , "How does Carbon Tax Affect Social Welfare and Emission Reduction in Finland?", *Energy Reports*, Vol. 6, 2020.

Kingma B. , "Public Good Theories of the Non-Profit Sector: Weisbrod Revisited", *Economic Theory*, Vol. 8, No. 2, 1997Kohn Robert. , "The Limitations of Pigouvian Taxes as a Long-Run Remedy for Externalities: Comment", *Quarterly Journal of Economics*, Vol. 101, No. 3, 1986.

Kumbhakar S. , Badunenko O. , Willox M. , "Do Carbon Taxes Affect Economic and Environmental Efficiency? The Case of British Columbia's Manufacturing Plants", *Energy Economics*, Vol. 115, 2022.

Li Z. , Hanaoka T. , "Development of Large-Point Source Emission Downscale Model by Estimating the Future Capacity Distribution of the Chinese Iron and Steel Industry up to 2050", *Resources, Conservation and Recycling*, Vol. 161, 2020.

Liu D. , Xiao B. , "Can China Achieve its Carbon Emission Peaking? A Scenario Analysis Based on STIRPAT and System Dynamics Model", *Ecological Indicators*, Vol. 93, 2018.

Liu J., Gong N., Qin J., "How would the Carbon Tax on Energy Commodities Affect Consumer Welfare? Evidence from China's Household Energy Consumption System", *Journal of Environmental Management*, Vol. 317, 2022.

Lui M., Zhang X., Zhang M., et al., "Influencing Factors of Carbon Emissions in Transportation Industry based on C-D function and LMDI Decomposition Model: China as an Example", *Environmental Impact Assessment Review*, Vol. 90, 2021.

Mahmood A., Marpaung C., "Carbon Pricing and Energy Efficiency Improvement-Why to Miss the Interaction for Developing Economies? An Illustrative CGE Based Application to the Pakistan Case", *Energy Policy*, Vol. 67, 2014.

Mankiw N., Weinzierl M., Yagan D., "Optimal Taxation in Theory and Practice", *Journal of Economic Perspectives*, Vol. 23, No. 4, 2009.

Mankiw, Nicholas, *Principios de Economía (Principles of Economics)*, Santa Fe: Cengage Learning, 1998.

Mayer J., . Dugan A., Bachner G., et al., "Is Carbon Pricing Regressive? Insights from a Recursive-Dynamic CGE Analysis with Heterogeneous Households for Austria", *Energy Economics*, Vol. 104, 2021.

McKitrick R., *The Econometric Critique of Applied General Equilibrium Modeling: A Comparative Assessment with Application to Carbon Taxes in Canada*, University of British Columbia, 1996.

Melinkov N., O'Neill B., Dalton M., et al., "Downscaling Heterogeneous Household Outcomes in Dynamic CGE Models for Energy-economic Analysis", *Energy Economics*, Vol. 65, 2017.

Meng X., Yu Y., "Can Renewable Energy Portfolio Standards and Carbon Tax Policies Promote Carbon Emission Reduction in China's Power Industry?", *Energy Policy*, Vol. 174, 2023.

Nong D., "Development of the Electricity-Environmental Policy CGE

Model (GTAP-E-PowerS): A Case of the Carbon Tax in South Africa", *Energy Policy*, Vol. 140, 2020.

Nong D., Simshauser P., Nguyen D., "Greenhouse Gas Emissions vs CO_2 Emissions: Comparative Analysis of a Global Carbon Tax", *Applied Energy*, Vol. 298, 2021.

Nordhaus W., "HowFast Should We Graze the Global Commons?", *American Economic Association*, Vol. 72, No. 2, 1982.

Ojha V., Pohit S., Ghosh J., "Recycling Carbon Tax for Inclusive Green Growth: A CGE Analysis of India", *Energy Policy*, Vol. 144, 2020.

Orlov A., Grethe H., "Carbon Taxation and Market Structure: A CGE Analysis for Russia", *Energy Policy*, Vol. 51, 2012.

Pearce D., "The Role of Carbon Taxes in Adjusting to Global Warming", *The Economic Journal*, Vol. 101, No. 407, 1991.

Pradhan B., Ghosh J., "Climate Policy vs. Agricultural Productivity Shocks in a Dynamic Computable General Equilibrium (CGE) Modeling Framework: The Case of a Developing Economy", *Economic Modelling*, Vol. 77, 2019.

Pradhan B., Ghosh J., "COVID-19 and the Paris Agreement Target: A CGE Analysis of Alternative Economic Recovery Scenarios for India", *Energy Economics*, Vol. 103, 2021.

Ramadhani D., Koo Y., "Comparative Analysis of Carbon Border Tax Adjustment and Domestic Carbon Tax under General Equilibrium Model: Focusing on the Indonesian Economy", *Journal of Cleaner Production*, Vol. 377, 2022.

Ren L., Zhou S., Peng T., et al., "A Review of CO_2 Emissions Reduction Technologies and Low-Carbon Development in the Iron and Steel Industry Focusing on China", *Renewable and Sustainable Energy Reviews*, Vol. 143, 2021.

Sabine G., Avotra N., Olivia R., et al., "A Macroeconomic Evaluation of a Carbon Tax in Overseas Territories: A CGE Model for Reunion Island", *Energy Policy*, Vol. 147, 2020.

Samuelson P., "The Pure Theory of Public Expenditure", *The Review of Economics and Statistics*, Vol. 36, No. 4, 1954.

Sancho F., "Double Dividend Effectiveness of Energy Tax Policies and the Elasticity of Substitution: A CGE Appraisal", *Energy Policy*, Vol. 38, No. 6, 2010.

Siriwardana M., Meng S., McNeill., "A CGE Assessment of the Australian Carbon Tax Policy", *International Journal of Global Energy Issues*, Vol. 36, 2013.

Stewart F., Ghani E., "How Significant are Externalities for Development?", *World Development*, Vol. 19, No. 6, 1991.

Takeda S., "The Double Dividend from Carbon Regulations in Japan", *Journal of the Japanese and International Economies*, Vol. 21, No. 3, 2007.

Tian Y., Li L., "Will COVID-19 Affect China's Peak CO_2 Emissions in 2030? An Analysis Based on the Systems Dynamics Model of Green Finance", *Journal of Cleaner Production*, Vol. 356, 2022.

Timilsina G., Csordás S., Mevel S., "When does a Carbon Tax on Fossil Fuels Stimulate Biofuels?", *Ecological Economics*, Vol. 70, No. 12, 2011.

Touffut, *Advancing Public Goods*, The Cournot Centre for Economic Studies. Edward Elgar Publishing, 2006.

Tregarthen, *Principles of Microeconomics*, Wayback Machine, 2012.

Tullock G., "The Welfare Costs of Tariffs, Monopolies, and Theft", *Economic Inquiry*, Vol. 5, No. 3, 1967.

Wang H., Cao R., Zeng W., "Multi-agent Based and System Dynamics Models Integrated Simulation of Urban Commuting Relevant Carbon Dioxide Emission Reduction Policy in China", *Journal of Cleaner Produc-

tion, Vol. 272, 2020.

Wen L., Yuan X., "Forecasting CO_2 Emission's in Chinas Commercial Department, through BP Neural Network Based on Random Dorest and PSO", *Science of The Total Environment*, Vol. 718, 2020.

Wesseh P., Lin B., "Environmental Policy and 'Double Dividend' in a Transitional Economy", *Energy Policy*, Vol. 134, 2019.

Wesseh P., Lin B., "Optimal Carbon Taxes for China and Implications for Power Generation, Welfare, and the Environment", *Energy Policy*, Vol. 118, 2018.

Wills W., Lefèvre J., "The Impact of a Carbon Tax over the Brazilian Economy in 2030 – IMACLIM: the Hybrid CGE Model Approach", Working Paper, ISEE, 2012.

Xu H., Pan X., Li J., et al., "Comparing the Impacts of Carbon Tax and Carbon Emission Trading, which Regulation is More Effective?", *Journal of Environmental Management*, Vol. 330, 2023.

Yahoo M., Othman J., "Employing a CGE Model in Analysing the Environmental and Economy-Wide Impacts of CO_2 Emission Abatement Policies in Malaysia", *Science of The Total Environment*, Vol. 584 – 585, 2017.

Yin L., Liu G., Zhou J., et al., "A Calculation Method for CO_2 Emission in Utility Boilers Based on BP Neural Network and Carbon Balance", *Energy Procedia*, Vol. 105, 2017.

Zhai M., Huang G., Liu L., et al., "Segmented Carbon Tax may Significantly Affect the Regional and National Economy and Environment-A CGE-Based Analysis for Guangdong Province", *Energy*, Vol. 231, 2021.

Zhang C., Yu B., Chen J., Wei Y., "Green Transition Pathways for Cement Industry in China", *Resources, Conservation and Recycling*, Vol. 166, 2021.

Zhang W., Xu Y., Wang C., et al., "Assessment of the Driving Factors of CO_2 Mitigation Costs of Household Biogas Systems in China: A LMDI Decomposition with Cost Analysis Model", *Renewable Energy*, Vol. 181, 2022.

Zhang Y., m Qi L., Lin X., et al., "Synergistic Effect of Carbon ETS and Carbon Tax under China's Peak Emission Target: A Dynamic CGE Analysis", *Science of The Total Environment*, Vol. 825, 2022.

Zhao L., Zhao T., Yuan R., "Scenario Simulations for the Peak of Provincial Household CO_2 Emissions in China based on the STIRPAT Model", *Science of The Total Environment*, Vol. 809, 2022.

Zhao Y., Wang C., Cai W., "Carbon Pricing Policy, Revenue Recycling Schemes, and Income Inequality: A Multi-Regional Dynamic CGE Assessment for China", *Resources, Conservation and Recycling*, Vol. 181, 2022.

Zhu C., Chang Y., Li X., et al., "Factors Influencing Embodied Carbon Emissions of China's Building Sector: An Analysis based on Extended STIRPAT Modeling", *Energy and Buildings*, Vol. 255, 2022.